CHARLY WEGELIUS
mit TOM SOUTHAM

DOMESTIK

Das wahre Leben
eines ganz normalen Radprofis

Aus dem Englischen von Olaf Bentkämper

Die Originalausgabe dieses Buches erschien unter dem Titel »Domestique.
The True Life Ups and Downs of a Tour Pro« bei Ebury Press, London.
Ebury Press ist ein Teil der Unternehmensgruppe Penguin Random House.
© Charly Wegelius 2013

Gemäß UK Copyright, Designs and Patents Act 1988
ist Charly Wegelius der Urheber dieses Werkes.

Charly Wegelius mit Tom Southam:
DOMESTIK – Das wahre Leben eines ganz normalen Radprofis

Aus dem Englischen von Olaf Bentkämper

© der deutschsprachigen Ausgabe: Covadonga Verlag 2015
Covadonga Verlag, Spindelstr. 58, D-33604 Bielefeld
ISBN (Print): 978-3-95726-005-5
ISBN (E-Book): 978-3-95726-007-9

Es wurden alle Anstrengungen unternommen, um die Inhaber etwaiger Urheberrechte an den in diesem Buch wiedergegebenen Fotografien ausfindig zu machen und zu kontaktieren. Sollten trotz allem entsprechende Angaben fehlen oder fehlerhaft sein, werden Rechteinhaber gebeten, sich mit dem Verlag in Verbindung zu setzen, damit in künftige Auflagen jeweils ein korrekter Verweis aufgenommen werden kann.

Fotografien auf dem Umschlag: Timm Kölln (Cover), Hennes Roth (Coverrückseite)
Druck: Hans Kock Buch- und Offsetdruck GmbH, Bielefeld

Alle Rechte vorbehalten. Wiedergabe, auch auszugsweise,
nur mit ausdrücklicher Genehmigung des Verlags.

Covadonga ist der Verlag für Radsportliteratur.
Besuchen Sie uns im Internet: *www.covadonga.de*

Dulce bellum inexpertis.
(Süß scheint der Krieg jenen, die ihn nie erfahren haben.)

DESIDERIUS ERASMUS VON ROTTERDAM

INHALT

Vorbemerkung des Autors 7
Vorwort 10
Prolog 14
1. Etwas, das ich tun musste 21
2. Von Ehrgeiz getrieben 49
3. Per Vincere! 70
4. Die Vuelta – oder wie ich lernte, meine Kräfte einzuteilen 93
5. Das Postamt 111
6. Giro d'Italia 133
7. Fahruntüchtig 147
8. »Tieni Duro« 166
9. Liquigas 175
10. Madrid 191
11. Alles wird gut 218
12. Die Tour 228
13. Erste Liga 250
14. Eine Tour zu viel 271
15. Vuelta a Asturias, 5. Etappe 290
Danksagung 300

VORBEMERKUNG DES AUTORS

Wie die meisten normalen Menschen habe ich mich nicht mit dem Gedanken im Hinterkopf auf meinen Lebensweg gemacht, eines Tages ein Buch darüber zu schreiben. Manche Leute sind da vielleicht anders, aber ich nicht. Selbst als die Idee an mich herangetragen wurde, unter die Autoren zu gehen, war ich unsicher, ob ich der Richtige dafür wäre. Ich hatte nichts zu beichten, aber einiges zu erzählen. Ich wollte nicht *irgendein* Buch schreiben.

Im Juli 2011 nahm dieses Buch dann langsam Formen an, und inzwischen hatte ich auch eine klare Vorstellung davon, worüber ich schreiben wollte: über das wahre Leben im Profipeloton. Die Ereignisse der vergangenen beiden Jahre haben es schwer gemacht, an diesem Vorhaben festzuhalten, ohne einem Thema, das in meiner Laufbahn nur eine untergeordnete Rolle gespielt hat, unverhältnismäßig viel Platz einzuräumen.

Als Radprofi, dessen Karriere von 2000 bis 2011 dauerte, durchlebte ich eine für diesen Sport sehr turbulente Zeit – geprägt von zahlreichen Skandalen, Drogenrazzien, Geständnissen, Anschuldigungen, Enthüllungen und all den Problemen, die mit der im Radsport tief verwurzelten Dopingkultur einhergehen.

Insofern hinterlässt es einen bittersüßen Geschmack, dass auch im Jahr 2013 offenbar noch ein hinreichendes Interesse an meinem Sport besteht, so dass ein Typ wie ich ein Buch darüber schreiben kann, ich mich gleichzeitig aber genötigt fühle, gleich darauf hinzuweisen, dass dieses Buch – so wie meine ganze Karriere – keine spannenden Geschichten rund um das Thema Doping erzählt und dies auch gar nicht erst versucht.

Das soll nicht heißen, dass um mich herum nicht gedopt worden wäre. Ganz gewiss sogar ist dies der Fall gewesen. Wer mag, kann die Namen der Leute nachschlagen, mit denen ich zusammen in einem Team gefahren bin, und wird auf etliche Dopingvergehen stoßen. Ich versuche nicht, das zu bestreiten. Ich habe aber beschlossen, mich nicht auf dieses Thema zu konzentrieren.

Ich bin meiner Idee für dieses Buch treu geblieben. In dem Buch, das ich schreiben wollte, sollte es um etwas anderes gehen: um eine ganz normale Karriere im Radsport. Klar, hin und wieder geht es um Doping, wie könnte es auch anders sein, aber ich hoffe, dass die wenigen Auftritte, die das Thema in diesem Buch hat, einen Eindruck davon vermitteln, welch geringe Rolle es in meiner Laufbahn als Radprofi tatsächlich gespielt hat. Ich hatte schlicht und ergreifend andere Sorgen, und es gab zu viele andere Dinge, die mich beschäftigten und um die ich mich kümmern musste.

Die Rolle, die ich ausfüllte, die eines Domestiken, eines Fußsoldaten des Radsports, war eine oft undankbare Aufgabe, die mich elf Jahre lang auf dem schmalen Grat zwischen der Gosse und den Sternen wandeln ließ. Nur diese Geschichte ist es, die zu erzählen ich mich berechtigt fühle, anhand der Erfahrungen, die ich in meinem Leben gemacht habe.

Sie können mir glauben, dass ich dadurch, die Geschichte in dieser Form zu erzählen, eine Reihe von Leute verschont habe. Manche von ihnen habe ich vermutlich eher unbewusst ein klein wenig geschützt. Sollte dem so sein, ist ihr Fehlen vielleicht meine Art, ihnen etwas von dem menschlichen Anstand zurückzuzahlen, mit dem sie mir begegnet sind. Es gibt andere, die mir das Gegenteil entgegengebracht haben und die zu schützen mir von den Anwälten nahegelegt worden ist. Denen sage ich: Glück gehabt, ihr Drecksäcke.

Wie auch immer, ich kann Ihnen versichern, dass ich mich selbst nur wenig geschont habe in dieser Geschichte, und das ist letztlich alles, was ich tun kann.

Charly Wegelius, im Februar 2013

VORWORT

Dieses Buch beginnt ziemlich genau in dem Moment, in dem ich Charly Wegelius zum ersten Mal traf: Es war bei den Straßenweltmeisterschaften 1999 in Verona.

Als ich Charly bei dieser Gelegenheit in Mike Taylors Zimmer im Hotel Antico begegnete, war ich sofort von ihm beeindruckt. Ich wusste, dass er wenige Stunden zuvor seinen ersten Profivertrag unterschrieben hatte. Ich konnte nicht anders, als ihn zu fragen: »Wie hast du das gemacht?«

In diesem Moment, in dem Charly mir in Verona erstmals leibhaftig gegenüberstand, sah ich ihn so, wie ihn im Laufe der Jahre wohl tausende Menschen vom Straßenrand aus wahrgenommen haben: als ein Objekt der Bewunderung, als einen Menschen, der herausragende Athletik und wahre Klasse auf dem Rennrad verkörperte. Damals war ich, so wie er es einst gewesen war, von der Vorstellung besessen, eines Tages Radprofi zu werden. Ich wollte unbedingt selbst Teil des Pelotons werden, und da ich in den 1980er Jahren in Großbritannien aufgewachsen war, war ich von dieser Welt so weit entfernt, dass echte Radprofis mir wie Götter erschienen.

Charly war ein Mann, der den Radsport genauso sah wie ich, der herkam, wo ich herkam, und der es dennoch irgendwie hinbekommen hatte. Er hatte die Kluft überwunden zwischen dem, wo ich stand, und dem, wo ich hinwollte. Vier Jahre älter als ich und mit einem Profivertrag in der Tasche, erschien mir Charly Wegelius wie ein Mann, der das fast Unmögliche geschafft hatte.

Ich folgte Charly schließlich in den Profizirkus, und im Laufe der Jahre wurden wir Freunde. Unsere Wege trennten sich abrupt, als ich der Welt des professionellen Radsports, nach nur drei Jahren im Peloton, wieder den Rücken kehrte, denn sie war überhaupt nicht so, wie ich sie mir vorgestellt hatte. Diese Erkenntnis war ein ziemlicher Schock, den ich erst einmal verdauen musste.

Während Charly seine immer erfolgreichere Karriere fortsetzte und ich mich dem Journalismus zuwandte, blieben wir Freunde. Irgendwann kreuzten sich unsere beruflichen Wege wieder, wenn auch auf ganz andere Art und Weise, als sich die Gelegenheit ergab, seine Geschichte zu schreiben. Es war eine Geschichte, die ich gut kannte, denn ebenso wie Kurt Vonnegut in seinem Meisterwerk *Schlachthof 5* quasi direkt neben Billy Pilgrim auf der Latrine saß, war auch ich bei vielen Begebenheiten in diesem Buch hautnah dabei.

Ich war in Verona dabei, als Charly der ganze Stolz des britischen Radsports war, und auch ein Jahr später bei den Peinlichkeiten rund um die Titelkämpfe in Plouay. Ich war oft zugegen und hatte sein Gästezimmer in Beschlag genommen, wenn er in seiner Zeit bei De Nardi nach einem Rennen in seine ungastliche Wohnung und zu seinem leeren Kühlschrank zurückkehrte, und ich war nicht nur dabei, sondern mittendrin, als er den größten Fehler in seiner Karriere als Radprofi beging.

Ich kannte das Gefühl, sich im Peloton mittelmäßig zu fühlen und trotz der unbarmherzigen Realität des Sports zu versuchen, ein anständiges menschliches Wesen zu bleiben.

Und trotzdem war ich nicht ganz sicher, ob dies wirklich das Buch war, das ich schreiben wollte. Tatsache war, dass ich, egal wie offen er in unserer gemeinsamen Zeit über sein Leben sprach, nie ganz die Überzeugung verloren hatte, dass Charly Wegelius schon immer ganz genau gewusst hat, wo es langgeht.

Erst als ich eines Vormittags im Dezember 2011 bei ein paar Negronis mit ihm zusammensaß, um über dieses Buch zu sprechen, erkannte ich, wie schwierig auch für Charly das Leben als Radprofi gewesen war. Da wusste ich, dass dies das Buch war, das ich schreiben wollte, denn mir wurde klar, dass seine Geschichte eine über den Radsport war, die noch nicht erzählt worden war.

Das war die Geschichte, die wir beide der Welt erzählen wollten: die Geschichte vom wahren Leben in der Mitte des großen Fahrerfeldes; die Geschichte der Rennfahrer, die jeden Tag einer Profession nachgingen, für die sie alles geopfert hatten – Freundinnen, Jobs, Ehefrauen, sogar ihre kostbare Jugend –, nur um dabei zu sein und sich für nicht mehr als ein Durchschnittsgehalt und die Chance, es am nächsten Tag wieder tun zu dürfen, die Seele aus dem Leib zu fahren.

Charly lebte das Leben, für das er ausgezogen war – bis zum bitteren Ende und trotz des Preises, den er dafür zahlen musste, und all der Narben, die er unterwegs davontrug. Charly lebte ein Leben, wie es nur wenigen Menschen vergönnt oder gegeben ist. Ihn dazu zu bringen, seine Geschichte zu erzählen, fiel uns beiden nicht immer leicht, aber es musste getan werden.

Ich denke, dass es uns mit diesem Buch zum Teil darum gegangen war, mit dem Mythos aufzuräumen, dass ein Radprofi mehr als ein normaler Mensch sei – abgesehen davon, dass er eine gewisse körperliche Begabung besitzt. Aber ironischerweise konnte ich gar nicht anders, als Charly umso mehr zu bewundern, je mehr ich über seine Lebensumstände und die Widerstände erfuhr, mit denen er fertig werden musste, um eine Karriere wie die seine zu haben. Es war ein Leben, das die Kraft und das Engagement eines aufs Äußerste entschlossenen Charakters erforderte. Aber auch für Charly war es ein Leben, das ganz anders war, als er es sich vorgestellt hatte.

Dank der Einblicke, die ich beim Schreiben dieses Buchs erhalten habe, und weil ich Charly schon seit so vielen Jahren kenne, weiß ich, wie und warum er es als Radsportler so weit geschafft hat. Aber selbst jetzt, da alles vor mir ausgebreitet ist, verstreut in Bergen von Papier, aufgezeichneten Interviews und den vielen hundert Gesprächen, die wir bei der Entstehung dieses Buchs geführt haben, gibt es immer noch einen Teil von mir, der sich fragt: »Wie hast du das gemacht?«

Tom Southam, im Dezember 2012

PROLOG

Ich lebe in ständiger Angst, und wahrscheinlich ist es das, was mich meistens dazu antreibt, mich ganz ordentlich aus der Affäre zu ziehen. Aber eigentlich mache ich mir die ganze Zeit in die Hose.

Als der Moment kam, in dem ich wusste, wirklich *wusste*, dass ich Radprofi werden würde, saß ich gerade auf der Rolle und machte mich für das WM-Rennen der U23 im Einzelzeitfahren warm, das im Oktober 1999 im Rahmen der Radweltmeisterschaften in Verona stattfand.

Bei solchen Titelkämpfen herrscht immer reger Betrieb, denn in dieser Altersklasse wimmelt es von jungen Fahrern, die unbedingt Profi werden wollen. Die WM bedeutet für viele dieser Burschen den Höhepunkt ihres bisherigen Lebens, und weil sie noch so jung sind, stehen sie emotional ziemlich unter Strom. Die Anspannung rund um das Rennen ist immens.

Um die begehrten Plätze im Profizirkus wird ein erbitterter Konkurrenzkampf geführt, und ein Einzelzeitfahren ist ein ganz anderes Paar Schuhe als ein Straßenrennen, bei dem man sich vor dem Start im Kreise der Kollegen verstecken kann. Vor dem Zeitfahren wärmen sich sämtliche Teilnehmer einzeln auf der Rolle auf, nur wenige Meter entfernt von Kerlen, gegen die man das ganze Jahr angetreten ist; Kerle, gegen die man, ohne sie zu kennen, bewusst oder unbewusst eine starke Abneigung entwickelt hat. Jeder ist eifersüchtig auf den anderen.

Mir persönlich war dieser ganze Rummel immer zuwider: die Presse, die Manager, die anderen Fahrer und der ganze Unfug, der mit hohen Erwartungen einherging. Aber an diesem Tag, als ich mich umringt von Betreuern und Beobachtern warmfuhr, sah ich zwei Männer durch das Gedränge auf mich zukommen, auf deren blauen Trainingsjacken das vielfarbige Logo von Mapei zu erkennen war, einem Unternehmen, das Radsportfans als Sponsor des gleichnamigen Rennstalls bekannt war, dem damals größten und namhaftesten Profiteam im Geschäft.

Alvaro Crespi und Serge Parsani, zwei der sportlichen Leiter der Mannschaft, waren gekommen, um mir hallo zu sagen. Angesichts der neidvollen und neugierigen Blicke der anderen Fahrer war ich stolz wie Oskar, dass sie extra meinetwegen aufgetaucht waren. Der dürre kleine Charly kriegt Besuch von zwei Mackern von Mapei, um zu plaudern. Ich freute mich wie ein Schneekönig.

Es ist gar nicht so einfach, während der Aufwärmroutine vor einem Zeitfahren vernünftig zu denken und zu reden, denn das Blut schießt einem in die Beine und all die Rollentrainer summen, dazu kommt das hektische Treiben der Betreuer und der dröhnende Rennkommentar aus den Lautsprechern, die rund um die Strecke verteilt sind. Aber als die beiden auf mich zukamen, rasten meine Gedanken vor Aufregung. Ich kannte Crespi und Parsani bereits von einem früheren Treffen, und in dem Moment fiel mir wieder das erste Mal ein, als sie an mich herangetreten waren – die Repräsentanten einer Mannschaft, für die zu fahren ich mir in meinen kühnsten Träumen nicht erhofft hätte.

Diese erste Begegnung mit Mapei hatte sich vor dem Start eines anderen Zeitfahrens zugetragen. Es war beim Etappenrennen Trans Canada, einem winzigen Profirennen, das ein einziges Mal ausgetragen wurde und die Kanadier dazu animieren sollte, eine geeintere Nation zu werden. Als ich damals auf dem Weg zum Start war, sprach mich Parsani an: »Bist du …?«

Er sah sich meine Startnummer an und dann mich, und ich dachte, er wolle vielleicht wissen, ob ich vor seinem Schützling an der Reihe wäre. Er brach sich einen ab bei dem Versuch, Englisch zu sprechen, was er nicht konnte, also machte ich es ihm leichter und verriet ihm, dass ich Französisch sprach, woraufhin wir uns beide entspannten. Er fragte noch einmal, diesmal auf Französisch: »Bist du Charly Wegelius?« Ich bestätigte, dass ich in der Tat Wegelius sei, woraufhin er sich erkundigte: »Gut. Wir haben uns nämlich gefragt, ob du dir vorstellen könntest, für unser Team zu fahren ...« Ich war vollkommen sprachlos. Ich dachte, dass er entweder den Falschen erwischt haben müsste oder vielleicht ein Amateurteam vertrat, mit dem er ebenfalls zu tun hatte. Das war aber nicht der Fall: Er war für Mapei da und er meinte mich.

Er bat um meine Telefonnummer, und dann machte ich mich auf den Weg und absolvierte das Zeitfahren wie in Trance. Ich hätte mich fast verfahren, weil ich keinen klaren Gedanken mehr fassen konnte. Es hatte mich total umgehauen.

Das Problem war, dass mir die Festnetznummer meiner Wohnung nicht mehr eingefallen war, als Parsani mich darum gebeten hatte. Auch an meine Handynummer konnte ich mich nicht erinnern. Die einzige Nummer, die mir in dem Moment einfiel, war diejenige, die ich mir als Kind, mit zehn Pence für die Telefonzelle in der Tasche, für den Fall eingeprägt hatte, dass während einer meiner Radtouren etwas passieren sollte: Ich hatte Parsani die Nummer meiner Mutter in York gegeben.

Während ich so benommen über den Zeitfahrkurs eierte, dass ich fast gestürzt wäre, wurde mir klar, dass ich nach dem Rennen nach Hause fahren und so lange dort ausharren müsste, bis jemand von Mapei anrufen würde.

Das Angebot war so überraschend gekommen, dass ich plötzlich Panik hatte, der Manager könnte anrufen und mich nicht erreichen, weil ich mal eben mit dem Hund raus oder in den Laden gegangen war, um eine Tüte Weingummis zu kaufen. Ich fürchtete, dass ihr Interesse ebenso schnell wieder erlahmen könnte, wie es aufgekommen war.

Nachdem ich ein paar bange Tage lang neben dem Telefon gewartet hatte, kam endlich der Anruf. Alvaro Crespi rief an und lud mich zu einer Reihe von Tests nach Italien ein. Allein schon seinen fetten italienischen Akzent zu hören, versetzte mich in helle Aufregung. Ich war damals schon viel herumgekommen, aber in Italien war ich noch nie gewesen. Der Nordwesten von Frankreich, wo ich als Amateur gelebt hatte, war das eine. Jeder ging damals nach Frankreich. Es war fremd, aber nicht exotisch. Italien war etwas ganz anderes. Es war weiter weg, es war mediterran und verheißungsvoll und außerdem ein Ort, über den ich so gut wie nichts wusste.

Ich nahm Crespis Anruf am Erkerfenster entgegen, das von unseren Hunden vollgesabbert war, die dort den ganzen Tag hockten und Passanten ankläfften. Über unser blaues Plastiktelefon seinen fremdländischen Akzent zu hören, kam mir vor, als würde ich eine Botschaft aus einem fremden Universum empfangen. Es war völlig surreal. Eben noch hatte kein Hahn nach mir gekräht und sich nicht einmal kleine Teams für mich interessiert, jetzt plötzlich warb der größte Profirennstall des Planeten um meine Dienste. Fast hätte ich geschrien: »Sie haben den Falschen erwischt!«

Ich hätte ihn gerne gefragt: »Haben Sie sich das auch gut überlegt?«

Für Belgier und Franzosen war der Weg ins Profigeschäft wesentlich geradliniger: Der eigene Trainer schleppte sie zu irgendwelchen Rennen und machte sie mit den richtigen Leuten bekannt; irgendwann fingen sie an, gemeinsam mit Profis zu trainieren, und sie wussten praktisch von Anfang an genau, was sie zu tun hatten und wohin die Reise ging. In England aber war man als junger Radrennfahrer zu dieser Zeit vollkommen auf sich allein gestellt. Es gab keinen wirklichen Austausch mit den Leuten, die man bei den Rennen traf, und meine Kollegen, mit denen ich damals in der Nationalmannschaft fuhr, waren sogar noch grüner hinter den Ohren als ich.

Nach dem Anruf von Crespi reiste ich im Vorfeld der WM zu Tests nach Italien und wohnte mit meinem Trainer Ken Matheson (dem damaligen Cheftrainer des britischen Verbandes) am Ufer des Comer Sees. Dort eröffnete sich mir eine wahre Welt der Wunder; ich erlebte unzählige »Kneif mich«-Momente. Als ich zum ersten Mal das italienische Fernsehen einschaltete und auf Dutzende herrlich komischer Trash-Sender stieß, war ich außer mir vor Begeisterung. Es war auf die theatralische Weise exotisch, wie sie für Italien typisch ist, angefangen vom warmen Herbstlicht bis hin zum Spinner auf dem Shopping-Kanal, dem angesichts der sagenhaften Schnäppchen, die er ekstatisch anpries, beinahe die Luft wegblieb.

Ich fand mich im Trainingszentrum von Mapei ein und staunte über die reibungslosen, professionellen Abläufe. Ich saß in einem echten italienischen Stau fest (ein Erlebnis für sich, wenn man ein solches Hupkonzert nie zuvor gehört hatte), während der legendäre Trainer Max Testa uns beiläufig Geschichten aus der Zeit erzählte, als das Motorola-Team während der Saison in Europa seinen Sitz am Comer See hatte. Es war, als hätte sich vor mir eine Tür geöffnet, durch die ich nur hindurchgehen musste. Ich konnte nicht fassen, dass sie sich *für mich* geöffnet hatte.

Nachdem ich eine Reihe von Tests mit dem Team absolviert hatte, war ich guten Mutes, als ich Crespi und Parsani in Verona wiedertraf, aber weil noch nichts in trockenen Tüchern war, hatte ich nicht die Gewissheit, dass sich mein Traum wirklich erfüllen würde. Als ich mich an jenem Tag in Verona warmfuhr, sahen mir Crespi und Parsani eine Weile zu, wie mir immer heißer und mein Gesicht immer röter wurde und mir der Schweiß ausbrach, während die Minuten bis zu meiner Startzeit heruntertickten. Schließlich hielten sie den richtigen Moment für gekommen. Ich bekam die Worte zu hören, die ich hören wollte: »Alles klar für nächstes Jahr. Wir holen dich in die Mannschaft. Morgen kommen wir mit dem Papierkram ins Hotel.«

Endlich hatte ich die Gewissheit. Ich würde tatsächlich bei einem Profiteam unterschreiben, noch dazu beim besten der Welt: Ich würde eine Karriere als Radprofi machen.

Ich wäre beinahe von der Rolle gefallen.

Ich war quasi das ganze Jahr hindurch einer der erfolgreichsten Amateurrennfahrer gewesen, aber weil ich keine Angebote erhielt, kam es mir dennoch fast so vor, als wäre ich gescheitert. Plötzlich jedoch versicherte mir die beste Mannschaft der Welt, mir einen Platz im Team geben zu wollen. Von außen betrachtet ergab es durchaus Sinn, für mich aber kam es wie ein Schock. Weil alles so schnell und auf so surreale Weise vonstattenging, hatte ich das Gefühl, auf einen raffinierten Scherz hereingefallen zu sein.

Das war ein Gefühl, das ich nie ganz abschütteln konnte, obwohl ich unheimlich stolz war, als ich bei einem so renommierten Rennstall meinen ersten Profivertrag unterschrieb. Doch die Freude darüber, es geschafft zu haben, währte nur kurz. Als mir der Ernst der Lage bewusst wurde, fing ich nicht an zu tanzen und zu feiern, sondern machte mir stattdessen in die Hose – schon jetzt wollte ich meine zukünftige Mannschaft auf keinen Fall enttäuschen, indem ich ein schlechtes Zeitfahren hinlegte.

Ich kehrte mit dem Vertrag in der Hand von den Titelkämpfen zurück, und der Ex-Profi und Sportreporter Paul Sherwen rief an, um zu gratulieren. Paul hatte mir zu Beginn meiner Karriere zur Seite gestanden und versicherte mir natürlich, wie toll es sei, einen Vertrag unterschrieben zu haben. Aber er erklärte mir auch, dass es erst der erste Schritt wäre. Bisher sei ich als Radrennfahrer praktisch noch zur »Schule« gegangen, nun hätte ich den Sprung an die »Universität« geschafft – mehr aber auch nicht. Sherwen ermahnte mich, niemals zu vergessen, welch hartes Brot der Radsport sei. Bislang sei alles wie geschmiert gelaufen, aber als richtiger Profi dürfe ich mich erst dann fühlen, wenn ich einen Anschlussvertrag bekäme. »Rein kommen viele«, sagte er, »aber durchsetzen können sich nur wenige.«

Die Angst, niemals einen Vertrag zu bekommen, wich der Angst, keinen zweiten zu erhalten. Pauls Mahnung gab den Ton für meine ganze Karriere vor. Ich fing sofort an, alles dafür zu tun, mich nützlich zu machen, mich unersetzlich zu machen, nicht in Vergessenheit zu geraten, wenn die Zeit für eine Vertragsverlängerung käme.

Den Großteil meiner Karriere schien ich von dem Gedanken getrieben zu sein, irgendwie durchhalten zu müssen – bis zur nächsten Runde, zur nächsten Etappe, zur nächsten Saison. Es war eine kontinuierliche negative Motivation. Außenstehende nehmen Radprofis vielleicht wie in die Haarspitzen motivierte Wesen wahr, die nichts dem Zufall überlassen – dieser ganze Quatsch von wegen »ultimative menschliche Höchstleistungen«. Dabei sind es in Wirklichkeit echt beschissene Dinge, die einen antreiben, zum Beispiel der Gedanke, wie peinlich es wäre, vorzeitig auszusteigen, weil man weiß, wie es sich am Montag anfühlen wird, keinen guten Job gemacht zu haben. Vieles von dem, was mich anspornte, diente vor allem dazu, mir ein ruhiges Gewissen zu verschaffen.

Sherwen wusste, dass ich mir keine Vorstellung davon machte, worauf ich mich einließ, als ich meinen ersten Profivertrag unterschrieb. In den folgenden Jahren sollte ich das wahre Antlitz meines Sports kennenlernen, und zwar auf die ganz direkte und brutale Weise – fast so, als würde man ein Tier, das man überfahren hat, eigenhändig sezieren müssen.

Wie es ist, ein großer Champion zu sein, werde ich nie erfahren. Was ich Ihnen erzählen kann, ist, wie es ist, mit dem Radfahren seine Brötchen zu verdienen. Der Job eines Radprofis ist außergewöhnlich, aber das Peloton besteht aus ganz normalen Typen, wie ich es bin, die hart, sehr hart gearbeitet haben, um irgendwann einen Beruf ausüben zu dürfen, der sie bisweilen bloßstellt und manchmal überfordert. Ich wollte kein Buch darüber schreiben, wie schwer es ist, Radprofi zu werden; ich möchte über das Leben berichten, das man führt, wenn man einer geworden ist.

Radprofi zu werden, war etwas, für das ich mich ganz bewusst entschieden habe, und diese Entscheidung traf ich lange, bevor die beiden Männer von Mapei in Kanada an mich herantraten. Für mich war schon früh klar: Ich würde es schaffen, und bis ich es nicht geschafft hätte, würde ich keinen Frieden finden.

KAPITEL 1

ETWAS, DAS ICH TUN MUSSTE

»Monsieur Chaminaud ... Charly Wegelius.«

Ich bemerkte die verständnislose Miene des Herrn in mittleren Jahren, der vor mir gegen den Kofferraum des weißen Teamfahrzeugs gelehnt stand, und beschloss, es noch einmal zu versuchen. Ich streckte die Hand aus und wiederholte, diesmal mit noch ausgeprägterem französischen Akzent, der den ungewöhnlichen Klang meines finnischen Nachnamens bis zur Unkenntlichkeit verzerrte:

»Char-lieh Weg-je-lie-üs.«

Nach einem bangen Moment des Zögerns schien bei ihm der Groschen zu fallen, und eine kalte Hand ergriff die meine und schüttelte sie zur Begrüßung. Trotz meiner Erleichterung darüber, dass Jean-François Chaminaud sich endlich entsann, wer ihm gegenüberstand, war das nicht gerade der Empfang, den ich mir erhofft hatte. Hinter dem Lächeln auf dem Gesicht meiner einzigen Bezugsperson beim französischen Amateurteam Vendée U, an dessen Stützpunkt ich soeben eingetroffen war, meinte ich einen Blick zu erkennen, der mit einem Anflug von Panik zu sagen schien: »Ach du Scheiße – bist du echt gekommen?«

Fairerweise muss ich sagen, dass ich nicht den besten Moment erwischt hatte, um mich bei meinem neuen Team vorzustellen. Als wir nach einer nächtlichen Fährüberfahrt am vereinbarten Treffpunkt ankamen, machte sich der Rest der Mannschaft gerade zum morgendlichen Training auf. Während ich nervös aus dem roten Ford Fiesta meiner Mutter stieg und die Gitane-Räder auf dem Dach des Vendée-U-Teamwagens sah, rollten die Fahrer allein oder zu zweit in den Morgen davon. Manche hatten argwöhnisch herübergeblickt, andere interessierten sich nicht die Bohne für den bebrillten blonden Teenager, der eben aufgetaucht war und darauf wartete, dass sich jemand um ihn kümmerte.

Von meinen Teamkollegen bewusst ignoriert zu werden, war etwas, woran ich mich in meiner Zeit als Amateur in Frankreich gewöhnen sollte, aber damals empfand ich es als eine ziemlich seltsame Art der Begrüßung. Für mein Dafürhalten war ich zur richtigen Zeit am richtigen Ort, als ich an diesem Morgen in Le Domaine Saint-Sauveur, ein paar Kilometer von La Roche-sur-Yon in der Vendée entfernt, eintraf, aber es stellte sich bald heraus, dass ich mit dieser Einschätzung alleine dastand.

1996 war Radfahren noch ein Sport, der weitgehend auf dem europäischen Festland stattfand. Als junger britischer Fahrer mit Ambitionen blieb einem nur eine Wahl: Man musste seine Heimat verlassen und jenseits des Ärmelkanals sein Glück versuchen. Das war ein Weg, den britische Radfahrer seit Generationen gegangen waren. Radrennsport war in Großbritannien eine Randsportart – das war schon immer so, und man hatte das Gefühl, dass sich das auch niemals ändern würde. Um es als Brite, Australier oder Amerikaner in den Profibereich zu schaffen, reichte es nicht, ein guter Fahrer zu sein, man musste auch zeigen, dass man das Zeug hatte, sich »da drüben« durchzusetzen.

Die Kommunikation zwischen Großbritannien und dem Festland ging damals noch quälend langsam vonstatten. Ein paar Monate vor meiner Ankunft in Frankreich hatte der britische Journalist Kenny Pryde mich in losen Kontakt mit Vendée-U-Trainer Jean-François Chaminaud gebracht. Nach einem handschriftlichen Briefwechsel hatte sich Chaminaud aus unerfindlichen Gründen bereiterklärt, mich aufzunehmen. Damals dachte ich mir nichts dabei, aber es war durchaus ungewöhnlich, dass eine Mannschaft wie Vendée U sich auf so etwas einließ. Ich war erst 17 und fiel noch in die Juniorenkategorie, ich war also nicht einmal alt genug, um an den gleichen Rennen teilzunehmen wie die anderen Fahrer im Team. Da ich damals immer einen Schritt weiter sein wollte, als gut für mich war, war es nur logisch, dass ich mich ausgerechnet bei Vendée U beworben hatte, der damals besten Amateurmannschaft in Frankreich. Jetzt war ich also da, nur einen Tag nachdem ich meinen Schulabschluss gemacht hatte, und brannte darauf, mein Leben als Radrennfahrer zu beginnen.

Das Absurde meiner Situation war nicht das Einzige, was über meinen Horizont ging. Abgesehen von meiner Vereinsmannschaft VC York war ich nie Teil eines organisierten Rennstalls gewesen, und so hatte ich keine Vorstellung von den verwickelten Strukturen, die innerhalb eines richtigen Radsportteams herrschen konnten. Ich ahnte nichts von Seilschaften und verfeindeten Lagern. Der VC York hatte mir eine Rennlizenz besorgt und mich in seinem Trikot antreten lassen, aber es war nur ein kleiner Radsportverein, der ein Mal im Jahr ein Rennen und ein Clubdinner organisierte, mehr nicht. Als ich daher voller Freude das scheinbar konkrete Angebot von Vendée U annahm, war ich nicht darauf vorbereitet, dass die eine Hälfte der Mannschaft nicht mit der anderen sprach und Chaminaud, der innerhalb der Teamhierarchie nur eine Randfigur war, niemand davon unterrichtet hatte, dass ich käme. Als ich eintraf und mich vorstellte, waren Fahrer, Betreuer und Teamleiter Jean-René Bernaudeau vollkommen überrascht von meiner Ankunft.

Das Team steckte mitten in den Vorbereitungen für die Landesmeisterschaft im Mannschaftszeitfahren und hatte daher weder Zeit noch Lust, die Trainingseinheit wegen des unangekündigten Auftauchens eines dürren englischen Bengels zu verschieben. Sichtlich verlegen hatte Chaminaud eine kurze Unterredung mit Bernaudeau, die fast ausschließlich aus Grunzlauten zu bestehen schien. Man wies mich an, mich nicht von der Stelle zu rühren, und versprach, sich nach dem Training um mich zu kümmern. Meine Mutter war inzwischen wieder aufgebrochen, um ihre Fähre zu erwischen, so dass ich ganz allein zurückblieb. Ich suchte mir ein Plätzchen im

Empfangsbereich der Teamzentrale und beschloss, mich zu setzen und zu warten.

Meine Reaktion war damals typisch für mich. Jemand, der für meine Karriere wichtig sein könnte, hatte mich aufgefordert zu warten, also wartete ich und dachte mir nichts weiter dabei. Ich stellte keine Fragen, und es gab keinen Teil von mir, der daran zweifelte, das Richtige zu tun, oder sich wunderte, worauf ich mich eingelassen hatte. Ich war so wild entschlossen, dass ich keinen Gedanken an Heimweh verschwendete. Ich liebte meine Mutter und wusste, dass es nicht leicht wäre, so weit weg von zu Hause zu sein, aber gleichzeitig war mir klar, dass sie im Hinblick auf meine Ziele nicht mehr für mich tun konnte, als mich hierherzubringen. Von nun an würde es andere Leute geben, denen ich zuhören müsste, und die Vorstellung, mich solchen Gefühlen wie Heimweh hinzugeben, erschien mir wie reine Zeitverschwendung. Es war, als hätte ich diesen Teil meines Verstands einfach mit dem Skalpell herausgeschnitten und zurückgelassen, als ich meine Sachen packte und nach Frankreich aufbrach, weil er mir ja fortan eh nicht mehr von Nutzen sein würde.

Ich weiß eigentlich bis heute nicht genau, warum ich unbedingt Radprofi werden wollte. Ich war ganz gut in der Schule, ich kam nicht aus ärmlichen Verhältnissen und ich war nicht darauf angewiesen, mir auf diese Weise meine Brötchen zu verdienen. Meine Eltern hatten sich getrennt, als ich zwei Jahre alt war, ich kannte es also nicht anders und war so glücklich, wie man als Kind nur sein kann. Ich führte ein für mein Dafürhalten vollkommen normales Leben. Ich wuchs mit meinem Bruder Eddie und meiner Mutter Jane in York auf, verbrachte die Sommer und Schulferien aber bei meinem Vater in Finnland. Als wir jung waren, reisten Eddie und ich ziemlich viel zwischen den beiden Ländern hin und her. Eddie war vier Jahre älter als ich. Er nahm seine Verantwortung für mich sehr ernst und passte gut auf mich auf. Ich war sein kleiner Bruder, und er achtete stets darauf, dass mir auf unseren Reisen nichts passierte, und hielt jeglichen Ärger von mir fern.

Wir liebten es, nach Finnland zu fahren. Das ganze Land kam uns wie ein einziger Spielplatz vor. Die finnische Landschaft war so unberührt, dass sie uns wie eine Welt der unbegrenzten Möglichkeiten erschien. Es war ruhig und sicher, wir konnten in jede Richtung so weit laufen, wie wir wollten, und uns trotzdem darauf verlassen, dass jeder, den wir trafen, unseren Vater kannte und wusste, wer wir waren. Unser Vater wollte, dass wir unabhängig waren und uns selbst beschäftigten, weswegen er uns viele Freiheiten ließ. Eddie und ich waren voller Abenteuerlust, und uns selbst überlassen streunten wir herum wie wilde Hunde, kletterten im Wald auf Bäume, sprangen in Seen, fuhren auf der Farm den Traktor und tollten in den Ställen im Heu herum.

Dann gab es bisweilen Momente, in denen unser Vater es sich in den Kopf setzte, uns zu erziehen. Etwas zu tun, ohne dabei sein absolut Bestes zu geben, kam für unseren Vater nicht Frage, selbst wenn es sich um die banalsten alltäglichen Verrichtungen handelte. Er wollte uns ermuntern, uns ständig weiterzuentwickeln. Dieser Einfluss war es, der vielleicht mehr als alles andere den Nährboden für meinen unbedingten Ehrgeiz bereitete. Beim Baden im Schärenmeer suchten wir nach immer höheren Felsen, von denen wir uns ins eiskalte Wasser stürzten. Die Familienausflüge mit dem Fahrrad wurden länger und länger, bis ich schon als Neunjähriger Radtouren von mehr als hundert Kilometern unternahm.

Auf einer dieser Touren gerieten wir 20 Kilometer von zu Hause in einen heftigen Sommerregen. Der Regen prasselte auf uns herab, und es wurde so finster, dass wir sicherheitshalber hintereinanderfuhren. Da ich der Jüngste war, fuhr ich vorneweg. Alles, woran ich denken konnte, war, nach Hause zu kommen und heiß zu duschen. Das Rad wog eine Tonne und hatte nur einen Gang und eine Rücktrittbremse, aber ich hämmerte in die Pedale und nahm immer mehr Tempo auf. Ich fuhr über den Lenker gekrümmt und spürte, wie mir das eiskalte Wasser in die Schuhe rann. Ich blinzelte auf die Straße vor mir und dachte an nichts anderes als daran, so schnell wie möglich nach Hause zu kommen. Als ich dort ankam, stellte ich erstaunt fest, dass ich ganz alleine war. Ich hatte keinen Sturz mitbekommen und dachte mir daher nichts weiter dabei und ging ins Haus. Als mein Vater und Eddie eintrafen, war ich bereits geduscht und aufgewärmt. Eddie war fassungslos. »Warum zur Hölle bist du einfach abgehauen?«

»Ich bin einfach nur gefahren. Ich wollte euch nicht abhängen. Ich wollte nach Hause.«

»Warst du nicht müde? Wir kamen nicht mehr mit. Du bist einfach abgedampft.«

»Klar war ich müde. Ich war völlig im Eimer und mir war arschkalt. Aber ich wollte nach Hause, also habe ich Gas gegeben. Ich dachte, ihr wärt direkt hinter mir.«

»Na ja, hast du dich nicht umgeguckt?«

Mir dämmerte, dass ich das nicht getan hatte. Ich dachte, er wäre sauer, dass ich ihn stehen gelassen hatte. Aber Eddie war nicht sauer, dass ich schneller war als er; er verstand nur nicht, wie jemand einfach abhauen konnte, ohne sich nach den anderen umzusehen. Eddie fehlte die skrupellose Mentalität eines Leistungssportlers, die ich offenbar mit Löffeln gefressen hatte.

Während Eddie staunte, war mein Vater, nachdem er den Schock, von seinem Jüngsten abgehängt worden zu sein, erst einmal verdaut hatte, ziemlich beeindruckt. Für ihn war alles, auch Zuneigung und Aufmerksamkeit, eine Frage der Leistung. Weil ich nichts anderes kannte, hielt ich das für ganz normal. Nur die fassungslosen Mienen von Freunden der Familie, wenn sie von meinen Heldentaten erfuhren, ließen erahnen, dass es ungewöhnlich war.

So wie viele Kinder versuchte ich mich von klein auf in allen möglichen Sportarten und ich fand, dass ich ziemlich gut darin war. Es war nur eine Frage der Zeit, bis ich einen Sport finden würde, dem ich mich ernsthaft widmen könnte. Als ich das Radfahren entdeckte, war mir sofort klar, dass ich den richtigen Sport für mich gefunden hatte. Es war etwas Besonderes daran – ich war zu jung und zu aufgedreht, um mich jemals zu fragen, was genau es war, aber anders als andere Sportarten, an denen ich recht schnell das Interesse verlor, zog es mich von Anfang an in seinen Bann.

Es war 1990, als ich den Radsport wirklich für mich entdeckte. Meine Mutter nahm mich zu ein paar Kriterien in York mit, wo ich unter anderem Malcolm Elliott sah, der im Jahr zuvor das Punktetrikot bei der Vuelta a España gewonnen hatte. Auf mich wirkte er wie ein verdammter Gladiator. Er war braun gebrannt, und seine Beine sahen aus, als wären sie aus Mahagoni geschnitzt worden. Mit seinem Teka-Stirnband und diesem umwerfenden Mädel im Schlepptau sah er dermaßen cool aus. Alles an ihm schien zu strahlen: sein Rad, seine Schuhe, er selbst. Er ließ Radrennfahrer wie etwas Außergewöhnliches erscheinen. In gewisser Weise sahen Radprofis nicht wie normalsterbliche Menschen aus; ihre Körper glichen eher Maschinen, die fürs Radfahren gemacht waren. Ich konnte meine Augen kaum von ihm lösen. Er war so etwas wie die Verkörperung aller Helden, die ich hatte. Es beeindruckte mich auch, wenn ich beispielsweise einen älteren Jungen sah, der ein paar coole Tricks auf seinem BMX-Rad draufhatte, aber das hier war noch mal etwas ganz anderes. Das hier war viel mehr. Es war so aufregend. Es kam mir vor, als wäre ein Filmstar aus der Leinwand gestiegen.

Malcolm Elliotts Auftritt in York hinterließ einen bleibenden Eindruck, war aber leider viel zu kurz. Ich wollte mehr, und so schaute ich mir im Sommer die Kellogg's Tour an, die nicht weit von zu Hause entfernt über die White Horse Bank führte. Robert Millar war für das Team Z dabei und trug das Bergtrikot. Ich kann mich noch gut an seinen Blick erinnern, als er den Anstieg bezwang. Ich war berauscht davon, in den Mienen der Fahrer zu erkennen, wie sehr sie sich quälten.

Der Radrennsport war damals bei uns in England keine große Nummer, aber die tollen Rennen zu sehen und von den Fahrern mit ihren fremdartig klingenden Namen zu hören, die für exotisch wirkende Teams fuhren, weckte in mir den Wunsch, selbst Teil dieser aufregenden Welt zu werden. Der Straßenradport hatte seine Wurzeln nicht in England, so wie Fußball oder Cricket, er stammte von einem ganz anderen Planeten. Und ich war zunehmend besessen von allem, was diese ferne Welt des professionellen Radfahrens zu verheißen schien. Die einwöchige Kellogg's Tour of Britain und die einstündigen Kriterien waren mir schon bald nicht mehr genug.

Meine Aufmerksamkeit richtete sich auf das größte Rennen von allen: die Tour de France.

Die Tour war das Größte, was ich mir ausmalen konnte. Ich war so erfüllt davon, die Tour zu verfolgen und von der Tour zu träumen, wie man es nur als Kind sein kann, wenn man die entsprechende Freizeit hat. Ich besorgte mir Michelin-Regionalkarten der Alpen und vertiefte mich in sie. Ich war jung und ein Tagträumer, aber in mir reifte bereits die Entschlossenheit, diese Träume eines Tages Realität werden zu lassen. Wenn ich mir den Col de la Croix de Fer auf der Karte ansah, war es fast so, als würde ich den realen Ort ergründen. Bourg d'Oisans war, wie mir klar wurde, keine geheimnisvolle Fantasiestätte wie aus einem Buch von Tolkien, sondern es war ein realer Ort, an dem Menschen lebten, zur Schule gingen und arbeiteten.

Straßenkarten von Südfrankreich sind nicht unbedingt das, wofür Elfjährige normalerweise ihr Taschengeld ausgeben, aber für mich bildeten sie eine Verbindung zwischen meinem eigenen Leben in York und der unvorstellbar exotischen Welt des Profiradsports. Indem ich mir diese Karten kaufte und versuchte, mich an diese Orte zu versetzen, unternahm ich die ersten Schritte, um diese Kluft zu schließen. Meine ersten Gehversuche in Richtung einer Profikarriere musste ich aber vor der eigenen Haustür machen.

»Mum, du musst für mich einen Brief an den Direktor schreiben.«

Es war schon recht spät für ein Abendessen unter der Woche, aber meine Trainingsfahrt war wie üblich viel länger ausgefallen, als ich angekündigt hatte. Es war schon fast neun, und meine Mutter sah mich an, während sie mir die Portion Shepherd's Pie servierte, mit der sie auf mich gewartet hatte.

»Und warum, Charles?«

»Ich verschwende in der Schule meine Zeit und ich glaube, ich könnte sie besser nutzen.«

»Wie meinst du das?«

Ich war stets dazu ermuntert worden, so zu denken und mich auszudrücken wie ein Erwachsener, und jetzt, mit 15 und zunehmendem Selbstvertrauen, fing ich an, meine Meinung unverblümt zu äußern. Ich trug meine Argumente vor.

»Ich möchte am Mittwochnachmittag meine Zeit nicht mehr mit Schulsport verschwenden, sondern sie zum Radfahren nutzen. In der Schule geht es ja darum, mich auf meine Zukunft vorzubereiten, und da ich weiß, dass ich später nicht Rugby oder Fußball spielen möchte, sondern Radprofi werde, ist das Training wichtiger als alles andere. Ich würde keinen Unterricht versäumen und außerdem mag ich es nicht, im Dunkeln zu trainieren: Es ist gefährlich und außerdem bleibt keine Zeit für Hausaufgaben, wenn ich nach Hause komme …«

Meine Mutter wusste schon, dass ich Radprofi werden wollte. Bis dahin hatte es nie Diskussionen darum gegeben, ob es mir gestattet würde, eine Laufbahn als Leistungssportler einzuschlagen. Mein Vater hatte als Springreiter Karriere gemacht, und wenngleich es grundsätzlich schwer umzusetzen und naturgemäß nicht planbar war, einen Sport zum Beruf zu machen, hatte meine Mutter, mehr als jeder andere, stets ohne Wenn und Aber an mich geglaubt. Als ich als Zehnjähriger erstmals davon gesprochen hatte, die Tour de France fahren zu wollen, hatte sie meinen Wunsch akzeptiert und sich große Mühe gegeben, mir beim Einstieg zu helfen, und mich zu Wettkämpfen im ganzen Land gefahren. An den Wochenenden saß sie, mit der *Sunday Times* und einer Thermoskanne Tee, auf Parkplätzen vor irgendwelchen Gemeindehäusern im Auto und wartete geduldig darauf, dass ich das Rennen, das ich gerade absolvierte, hinter mich brachte. Das war ihre Art, mich zu unterstützen. Nach jedem Rennen überließ sie es mir, ob ich auf dem Heimweg darüber sprechen wollte, wie es gelaufen war, oder eben nicht. Auch wenn ich auf der ganzen Rückfahrt nur mürrisch dasaß und kein Wort sagte, war sie nie genervt oder zudringlich. Mein Rennen war mein Rennen, und es war eben gelaufen, wie es gelaufen war, und das stellte sie nie in Frage. Ebenso stand nie zur Debatte, dass ich meine Ausbildung abschließen würde – das erschien mir nur fair. Ich ging weiterhin zur Schule und bekam ordentliche Noten, und im Gegenzug durfte ich praktisch meine ganze Freizeit auf dem Rad verbringen. Nun aber stand die Frage im Raum, ob es mir zu einem wichtigen Zeitpunkt meiner Schullaufbahn erlaubt werden sollte, den Schwerpunkt endgültig auf den Radsport zu verlegen. Obwohl die Abschlussprüfungen kurz bevorstanden, war es nur logisch, dem Radfahren mehr Zeit zu widmen – so sah ich es jedenfalls. Es war plausibel und es war machbar und es würde mir meinen Altersgenossen gegenüber einen Vorteil verschaffen.

Meine Mutter blickte auf die Uhr an der Wand, bevor sie wieder mich ansah und ohne eine Spur von Widerwillen sagte: »Tja, wenn du meinst, dass du deine Zeit auf dem Rad sinnvoller nutzen kannst, werde ich den Brief schreiben.«

Das war die Antwort, auf die ich gehofft hatte. Ich wusste nun, dass ich den Segen meiner Mutter hatte, das eigentliche Ziel zu verfolgen, das ich mir gesetzt hatte.

Zwei Wochen später, nachdem ich rasch zu Mittag gegessen und in der Schulumkleide in meine Radklamotten geschlüpft war, holte ich mein Rad aus dem Schuppen. Als ich in die Pedale einklickte und Richtung Schultor rollte, verspürte ich eine fast unbeschreibliche Erregung. Der Schulleiter der Bootham School hatte mir erlaubt, den Sportunterricht am Mittwochnachmittag auszulassen und stattdessen in Eigenverantwortung auf dem Rad zu trainieren. Als ich durch das Tor fuhr und der Lärm des Schulhofs allmählich hinter mir verklang, verspürte ich ein Gefühl von Freiheit und Genugtuung, wie ich es in meinem Leben noch nicht gekannt hatte. Ich ließ den gewöhnlichen Alltag hinter mir und machte mich auf den Weg in die Welt, die ich mir erträumt hatte.

Es war nicht nur der physische Akt des Radfahrens, von dem ich besessen war. Ich wollte unbedingt alles wissen, was über die Welt des Radrennsports zu erfahren war. Ich verschlang jede Geschichte darüber, wie andere junge englische Fahrer sich durchgesetzt hatten, die ich irgendwie auftreiben konnte. Ich las jedes Buch und jedes Magazin zum Thema. In gewisser Weise war das Aufspüren solcher Geschichten nicht weniger aufregend als alles andere. Damals gab es kein Internet und auch sonst keine einfache Möglichkeit, an diese Informationen heranzukommen. Der Profiradsport wurde mir sozusagen tröpfchenweise verabreicht, mittels Begegnungen, Gemunkel und weitergereichten Büchern und Erzählungen.

Natürlich suchte ich den Kontakt zu Leuten, die mir hinsichtlich meiner Ziele behilflich sein könnten. Die Unterstützung meiner Mutter war ungemein wichtig, aber als ich in die Juniorenklasse kam, wusste ich, dass ich von nun an auf Leute angewiesen wäre, die sich im Profizirkus auskannten.

Ich traf Mike Taylor zum ersten Mal bei der Junior Tour of Ireland im Herbst vor meiner Abreise nach Frankreich. Mike war kurz zuvor zum Leiter der britischen Junioren-Nationalmannschaft ernannt worden, für die ich nominiert wurde. Ich fühlte mich bei Mike gleich gut aufgehoben. Er war schon seit einer scheinbaren Ewigkeit im Geschäft, er verstand die Fahrer und er verstand den Sport. Er hatte mehr Ahnung von diesem Metier als jeder andere, den ich bis dahin kennengelernt hatte. Mike war nichts für Zartbesaitete. Er war direkt und ließ sich nichts gefallen. Nach nur einer Woche in Irland schien ich eine der Schlüsselfiguren für meine berufliche Zukunft gefunden zu haben. Ich wollte wissen, wie ich es zum Profi bringen könnte, und ich wusste, dass Mike mir dabei helfen könnte. Nachdem wir aus Irland zurückgekehrt waren, hing ich fast täglich an der Strippe und bombardierte Mike mit Fragen über Fragen. Dank seiner Ratschläge erkannte ich bald, welchen Weg ich einschlagen müsste.

Die bewährte Weise, um es in den Profizirkus zu schaffen, war, auf das europäische Festland zu gehen und es darauf ankommen zu lassen. Es gab keine Schulen oder Akademien; alles hing vom persönlichen Engagement und einer Menge Unwägbarkeiten ab. Eine andere Möglichkeit gab es nicht. Seit den 1960er Jahren hatte sich an diesem Ablauf kaum etwas verändert: Um sich als britischer Fahrer Anerkennung im Peloton zu verschaffen, musste man sich an das Leben in einem anderen Land anpassen. Es gehörte mehr dazu, als von zu Hause auszuziehen und sich einen Job zu suchen. Man musste komplett seine Zelte abbrechen und bereit sein, alles zu tun, was einem von französischen oder belgischen Teamleitern – die keinerlei Aufsichtspflicht für ihre Schützlinge hatten – gesagt wurde, um das entscheidende Quäntchen besser zu sein als die anderen. Für mich, und vielleicht auch für andere, war es ein Teil des Anreizes, sich auf dem Festland als Profi durchzusetzen – es dort zu schaffen, war für einen britischen Radsportler ein echter Ritterschlag, denn das gelang nur ganz wenigen, und es war ein hartes Stück Arbeit. Als ich in Frankreich im Trainingslager von Vendée U eintraf, gab es nicht mehr viel, was mich hätte schrecken können. Innerlich war ich überzeugt: Mich würde nichts aufhalten.

* * *

In Frankreich ließen sich die Dinge anfangs weiterhin kompliziert an. Nachdem ich geduldig auf sie gewartet hatte, kehrte die Mannschaft schließlich von ihrer Trainingsfahrt zurück, und gemeinsam fuhren wir zur Unterkunft in Saint-Maurice-le-Girard. Dort stellte sich erneut heraus, dass mein Timing nicht besonders gut war. Auf der Fahrt erklärte man mir, dass sich ein Typ aus Polen um das Haus kümmerte, der früher selbst gefahren war, mittlerweile aber die Straße runter in Bernaudeaus Sportgeschäft arbeitete. Das Haus bewohnte er mit seiner Frau und den ausländischen Fahrern des Teams: Aidan Duff, Piotr Wadecki aus Polen und Janek Tombak aus Estland. Aidan war Ire und gerade zu einem Rennen unterwegs. Ich hatte von ihm gehört und war froh, wenigstens einen englischsprachigen Mitstreiter zu haben. Ich lernte ihn aber erst ein paar Tage später kennen.

Offenbar erpicht darauf, rechtzeitig zum Abendessen daheim zu sein, machte Bernaudeau mit mir, ohne sich von der Stelle zu rühren, eine Express-Führung durchs Haus. Er wedelte mit den Armen in Richtung verschiedener Türen, die von unserem Standort im Flur aus zu sehen waren. Nachdem er den Kopf zur Küche reingesteckt hatte und unter erstauntem Geschnatter der Osteuropäer erläuterte, dass ich von nun an ihr Mitbewohner wäre, wandte er sich an mich und sagte: »Sieh zu, dass du bis 13 Uhr geduscht hast. Danach gibt's kein heißes Wasser mehr.« Und weiter: »Hier herrscht ein ständiges Kommen und Gehen. Achte darauf, deine Lebensmittel zu kennzeichnen, falls du nicht willst, dass sie ein anderer isst.« Damit war die Einführung beendet, und Bernaudeau zog ab. Das war's.

Die Unterkunft selbst war sehr schlicht. Sie wirkte auf mich wie ein Ort, an dem alte Leute wohnten oder sogar vor kurzem jemand gestorben war. Es machte auf jeden Fall den Anschein, als hätten die Bewohner soeben noch genug Kraft, um das Allernötigste sauber zu halten. Alles andere war verstaubt, und überall lagen irgendwelche vergessenen Dinge herum, die dort nicht hingehörten. Vendée U mochte das beste Team in Frankreich sein, aber die Fahrerunterkunft hatte eher etwas vom Versteck einer verfluchten Terrorzelle.

Ich sah mich noch einmal um, verzog aber keine Miene. Mir war klar, dass ich keine Wahl hatte, wollte ich Radprofi werden. Es war eine Art Initiationsritus.

Ein Teil von mir schätzte sich ehrlich gesagt sogar glücklich darüber. Die Geschichten meiner britischen Vorgänger hatten mich darauf vorbereitet, den ganzen Dreck, den ich über mich ergehen lassen musste, zu ertragen. Ich fasste diese Prüfungen als einen Prozess auf, der mir die Legitimation verschaffen würde, Profi zu werden. Selbst als ich mich in der armseligen Unterkunft umsah, die von nun an mein neues Zuhause wäre, war das einzige Gefühl, das ich verspürte, das von Schuld. Tief in mir drinnen wusste ich, dass ich es im Vergleich mit meinen Vorgängern noch leicht hatte, denn immerhin würde ich mir eine Telefonkarte von France Télécom kaufen können, um, wenn es gar nicht anders ging, meine Mutter anzurufen.

* * *

Meine ersten Wochen in Frankreich waren ganz anders, als ich sie mir vorgestellt hatte. Es war nicht so, dass man sich nicht gut um mich gekümmert hätte; man kümmerte sich einfach *überhaupt nicht* um mich.

Ich musste erst den Mumm aufbringen, aber irgendwann beschloss ich, etwas zu unternehmen. Ich ging zum Büro, in dem Jean-René Bernaudeau telefonierte und Akten wälzte, klopfte an und trat ein. Jean-René schien nicht überrascht, mich zu sehen: In den paar Wochen, seit ich in Frankreich war, hing ich fast ständig in der Teamzentrale herum. Wenn ich nicht gerade auf dem Rad saß und trainierte, hatte ich sonst nicht viel zu tun. Mein

Status als Fahrer, der noch in die Juniorenklasse fiel, stellte ein größeres Problem dar, als nur für verlegene Mienen bei meiner Ankunft zu sorgen. Das Team hatte keine Ahnung, wie sie an eine Lizenz herankommen sollten, noch bei welchen Rennen ich als Ausländer antreten durfte. Kurz gesagt wussten sie eigentlich nicht so recht, was sie mit mir anfangen sollten. Die ersten beiden Wochen verbrachte ich damit, zu trainieren, herumzuhängen und kleinere Arbeiten wie Rasenmähen zu verrichten. Eines wurde mir allmählich klar: Wenn ich nicht selbst etwas unternähme, würde es auch niemand anders für mich tun. Ich beschloss also, die Initiative zu ergreifen.

Ich besorgte mir eine Ausgabe des *France Cycliste*, des Magazins des französischen Radsportverbands, ging damit zu Bernaudeau, schlug die betreffende Seite vor ihm auf und erklärte in meinem Schulfranzösisch: »*Est ce que c'est possible de allez faire cette course?*«

Jean-René schaute mich etwas überrascht an und bedachte mich mit einem unverbindlichen gallischen Achselzucken, während er ein gedehntes und spekulatives »*Ouais ...*« von sich gab.

Das war genau die Art zurückhaltender Antwort, die ich erwartet hatte. Obwohl es Chaminaud – der Trainer des Teams – gewesen war, der mich eingeladen hatte, für die Mannschaft zu fahren, hatte ich seit unserer anfänglichen Begegnung wenig bis gar nichts mit ihm zu tun gehabt. Es stellte sich bald heraus, dass Jean-René Bernaudeau es war, der den ganzen Laden schmiss und mich jetzt an der Backe hatte.

»Ich bin los und habe mir den *France Cycliste* und eine Karte besorgt«, fuhr ich fort, »und ich habe geschaut, welche Rennen in der Nähe für mich in Frage kommen. Ich habe mal recherchiert und herausgefunden, dass ich mit einer internationalen Lizenz fahren darf, ich habe also Anmeldungen zu sämtlichen Rennen abgeschickt, die ich nächsten Monat bestreiten kann.«

Er sah mich fassungslos an, und ich konnte sehen, wie ihm buchstäblich ein Licht aufging: »Ach du Scheiße, der Knabe will echt Rennen fahren!« Das erste Rennen fand nur rund eine Stunde von unserer Unterkunft entfernt statt, und nachdem ich mein Anliegen vorgebracht hatte, lag es jetzt an Jean-René.

»Tja, nimm am besten den Transporter vom Laden und fahr selbst hin. *Bon chance.*«

Mir den Bulli zu überlassen, fasste ich als deutliches Signal auf, dass ich seinen Segen hatte, also packte ich am Wettkampftag meine Siebensachen zusammen und machte mich auf den Weg. Es war ein Rennen der sogenannten »Nationale«-Kategorie, die für junge Fahrer und berufstätige Freizeitradsportler gedacht waren – ein echtes Amateurrennen also. Als der Startschuss fiel, ging ich das Rennen an, wie ich damals jedes Rennen anging: Ich machte von Anfang an Attacke und riss aus, wenn mir danach war. Ich gewann sämtliche Prämiensprints und auch das Rennen. Nachdem ich meine Prämien eingesackt hatte, packte ich wieder zusammen und machte mich auf den Rückweg. Ich war zufrieden mit mir und machte mir wenig Gedanken darüber, was ich hatte auf mich nehmen müssen, um bei diesem Rennen dabei zu sein. Letztlich war es einfach etwas, das ich tun *musste*. Aber meine Kollegen und die Betreuer waren baff: »Leck mich, das hast du alles alleine hingekriegt?« Der Sieg war das eine, aber was sie wirklich beeindruckte, das war meine Einstellung. Die meisten Fahrer des Teams hätten nicht im Traum daran gedacht, ohne einen *soigneur* oder einen Mechaniker oder wenigstens jemanden, der sie hin- und zurückfuhr, zu einem Rennen aufzubrechen. Ich hatte die ganze Sache ganz ohne fremde Hilfe durchgezogen.

Ein gutes Beispiel dafür war die Art, wie wir unsere Räder warteten. Ich reinigte mein Rad nach jeder Trainingsfahrt mit Diesel und zwar so lange, bis es makellos sauber war. Ich achtete darauf, mein Rad jeden Morgen fit fürs Rennen zu machen, jeden verdammten Tag. Die anderen Fahrer und die Betreuer sahen mir dabei zu, und ich war sicher, dass sie sich insgeheim über mich lustig machten. Das Problem war, dass die Fahrer von Vendée U ihr Leben lang von ihren Clubs und Teams mit Rädern ausgestattet worden waren, während ich *eigene* Rahmen und Komponenten benutzte, auf die ich gespart und die ich von meinem eigenen Geld gekauft hatte. Nach jeder Rennsaison nahm ich mein Rad komplett auseinander und reinigte sämtliche Einzelteile mit Brasso-Metallpolitur und wickelte sie in Zeitungspapier ein, damit sie den Winter warm und trocken überstehen würden. Meiner Ansicht nach musste man seine Sachen hegen und pflegen, weil sie schwer zu bekommen waren. Die Kollegen von Vendée U sahen das anders, und nach ein paar Jahren im Profzirkus hatte auch ich mir diese Einstellung angeeignet. Auch mein Wettkampfrad war später eine Schande, es war ständig schmutzig, und die Reifen meiner Trainingslaufräder waren löchrig wie ein Schweizer Käse. Aber damals, Anfang der Neunziger, stand ich jeden Tag draußen und wienerte wie ein Irrer mein Rad, während meine Kollegen mich auslachten. Es war mir einfach egal.

* * *

Ich gewann in jenem Sommer noch weitere Rennen, aber gegen Ende Juli änderte sich alles.

Während ich mein Rad schob, trug Jean-René meine Tasche und führte mich durch den Vorgarten eines typischen französischen Vorstadthäuschens und klingelte an der Tür. Es war ein warmer Sommerabend, und Sprinkler wässerten träge den gepflegten Rasen vor dem Haus. Während ich auf das Gras blickte, öffnete sich die Tür und ein Mann, der ein paar Jahre älter war als Jean-René und den ich von ein paar Rennen in der Gegend kannte, bat uns herein.

Als wir hineingingen, fiel mir gleich auf, wie dunkel es im Haus war. Wegen der Hitze waren sämtliche Fensterläden tagsüber geschlossen und noch nicht geöffnet worden, um die kühle Abendluft hineinzulassen. Das Haus selbst war ordentlich und sauber, und trotz der seltsamen Stille, die von der Dunkelheit erzeugt wurde, kam es mir irgendwie heimelig vor. Wir gingen in die Küche und nahmen an einem Tisch Platz. Der Mann bot uns höflich etwas zu trinken an. Er öffnete den Kühlschrank und holte ein kaltes Bier für Jean-René und für mich ein Mineralwasser heraus. Dabei drang mir das scharfe Aroma eines vollreifen französischen Käses in die Nase. Es war das erste Mal, dass ich bei richtigen Franzosen daheim zu Gast war. Bis dahin hatte ich in Frankreich mit vier anderen Ausländern zusammengewohnt, und in unserem Kühlschrank roch es nach Schimmel und saurer Milch, und was darin war, hatte weiß Gott nichts Französisches an sich. Hier aber wurde mir gleich bewusst, dass ich mich in einem richtigen französischen Zuhause befand. Der Duft richtigen Essens hätte mich trösten sollen, aber stattdessen wurde mir noch schwerer ums Herz.

Ein paar Tage zuvor hatte ich erfahren, dass ich die Teamunterkunft verlassen sollte, denn Jean-René hatte im wenige Kilometer entfernten Städtchen La Roche-sur-Yon etwas aufgetan, was »passender« für mich wäre. Ohne mich zu fragen, war ausgemacht worden, mich im Haus eines Nachwuchsfahrers unterzubringen, der für den örtlichen Club antrat. La Roche war lose mit Vendée U verbunden und trug ähnliche Trikots, war aber nicht unbedingt das, was man sich unter einem seriösen Radsportteam vorstellte. Dem Club gehörten vor allem ältere Herren und Schüler an. Die Schulferien hatten begonnen, und entweder Jean-René oder die Eltern des Nachwuchsfahrers hatten sich wohl überlegt, dass es sicher nicht schön sein könne, so ganz ohne Altersgenossen in der Teamunterkunft zu wohnen. Vielleicht dachten sie, dass ich ein paar andere Dinge unternehmen würde außer Radfahren und Putzen, wenn ich bei ihnen unterkäme. Das war eine unheimlich freundliche Geste, aber ich war so verbohrt, dass ich am Boden zerstört war, statt mich über die Annehmlichkeiten einer familiären Umgebung zu freuen. Ich kam mir vor wie bei einem Schüleraustausch.

In meinem engstirnigen, verbissen auf mein Ziel ausgerichteten Denken war Vendée U genau der Ort, an dem ich sein musste: Vendée U war der schnellste Weg ins Profigeschäft. Das Leben in der Teamunterkunft war alles andere als einfach. Das ältere polnische Ehepaar war kurz nach meiner Ankunft ausgezogen, und mit den beiden ging auch der letzte Hauch von Sauberkeit und Ordnung verloren. Wir wuschen bestenfalls unsere eigenen Teller und unsere Plätze am Tisch ab, alles andere, wie auch Dusche und Toilette, wurde nicht ein Mal saubergemacht. Die Bude war über alle Maßen abstoßend, trotzdem hatte ich zwei Gründe, dort bleiben zu wollen. Zum einen bedeutete meine bloße Anwesenheit dort, dass ich, selbst wenn ich keine Rennen mit der Mannschaft bestritt, einen Fuß in der Tür hatte. Zum anderen hatte ich das Gefühl, dort einen echten Freund zu haben.

Aidan und ich hatten uns auf Anhieb gut verstanden. Als er nach meinem Einzug von seinem Rennen zurückkehrte, hatte er keine Ahnung, wer ich war und was ich dort zu suchen hatte, aber er schien nicht weiter überrascht, mich in der Unterkunft anzutreffen. Ich stellte mich vor, und es gab keinerlei Probleme, er sagte nur hallo und fing an zu erzählen, als wäre ich schon die ganze Saison da gewesen. So war Aidan: Er nahm die Dinge, wie sie kamen, mit einem Lächeln und einem Achselzucken, und machte weiter seinen Kram.

Als ich nach La Roche abgeschoben wurde, hatte ich das Gefühl, es verbockt zu haben, als hätte ich in den Rennen nicht genug gezeigt, obwohl ich jedes einzelne gewonnen hatte. Von dem Moment an, als Jean-René sich verabschiedete und mich am Küchentisch zurückließ, schlurfte ich durchs Haus wie ein beleidigter Teenager und geißelte mich dafür, in Ungnade gefallen zu sein. Morgens trainierte ich für mich allein und nachmittags lag ich auf dem Bett und las den *France Cycliste* von vorne bis hinten. Halbwüchsige Burschen sind nicht gerade Meister des Subtilen, und so dämmerte der Familie bald, dass etwas nicht stimmte. Nach etwa zehn Tagen klopfte eines Abends der Vater verlegen an meiner Tür und kam in mein Zimmer.

»Charly, wir haben das Gefühl, dass du nicht ganz glücklich bei uns bist, ich habe daher mit Jean-René gesprochen ... falls du also zurück in die Teamunterkunft möchtest ...«

Kaum hatte er es ausgesprochen, konnte ich meine Erleichterung kaum verbergen. Ohne darüber nachzudenken, wie unangenehm es für seine Familie war – und mir hätte sein sollen –, lief ich außer mir vor Freude durchs Haus und packte meine Sachen. Als ich etwa eine halbe Stunde später den Wagen von Vendée U vorfahren hörte, stürmte ich durch die Tür und konnte kaum erwarten, wieder in die Unterkunft zu kommen. Sobald ich zurück war in der alten Bruchbude voller polnischer Radfahrer, mit denen ich mich kaum verständigen konnte, und in der es ansonsten zuging wie im Taubenschlag, freute ich mich wie Bolle. In dem Haus einsamer Männer war ich glücklicher als im Schoß einer Familie.

Nach meiner Rückkehr eilte ich den Sommer hindurch beinahe nach Belieben von Sieg zu Sieg. Wie jeder Fahrer weiß, ist alles andere relativ egal, solange es auf dem Rad gut läuft. Das Siegen fiel mir damals leicht, aber ich hatte noch viel zu lernen.

* * *

Bevor ich nach dem Ende meiner ersten Saison heimfuhr, erhielt ich meine erste richtige Lektion im Profigeschäft. Zum ersten Mal wurde ich von jemand anderem als mir selbst unter Druck gesetzt.

Nachdem ich den einheimischen Superstar Sandy Casar bei einem Junioren-Weltcuprennen in der Bretagne locker geschlagen hatte, beschloss Jean-René, mich beim Grand Prix des Nations anzumelden, einem prestigeträchtigen Profizeitfahren, in dessen Vorprogramm auch eine Juniorenkonkurrenz ausgetragen wurde. Das Rennen wurde von den Machern der Tour de France veranstaltet und teilnehmen durfte nur, wer eine Einladung erhielt. Aus irgendeinem Grund wurde meine Anmeldung für das Rennen abgelehnt. Jean-René war außer sich. Wenn er sich etwas in den Kopf setzte, dann war er wie eine Naturgewalt: Nichts konnte ihn aufhalten. Er bestellte mich in sein Büro und sagte: »Setz dich, ich kläre das.«

Er rief sofort bei den Veranstaltern an. Ich wollte unbedingt dabei sein, aber als ich ihm so zuhörte, überlegte ich, ihm vielleicht sagen zu sollen, dass es nicht das Ende der Welt wäre, sollte ich nicht starten dürfen. Ich hörte alles mit: Er versicherte ihnen, dass ich meine Sache gut machen werde, und beteuerte mit der ganzen Empörung eines beleidigten Franzosen: »Ihr *müsst* diesen Burschen fahren lassen. Ich *schwöre* euch, dass er sich gut aus der Affäre ziehen wird.«

Vor diesem Telefonat hatte ich lediglich den Druck verspürt, den ich mir selbst auferlegte. Jetzt hatten sich die Vorzeichen geändert: Ich, der dürre kleine Charly Wegelius vom VC York, war soeben von Jean-René

Bernaudeau in die Pflicht genommen worden. Der Gedanke, dass dieser Mann, der selbst eine erfolgreiche Profikarriere gehabt und später unter anderem die Castorama-Mannschaft geleitet hatte, ließ mich in meinen blau-gelben, vom Team bereitgestellten *claquettes* erzittern. Selbst in dem Alter war mir klar, was auf mich zukam. Wie ich im Laufe der Zeit feststellen sollte, waren Druck und die Fähigkeit, mit ihm umzugehen, zwei der maßgeblichen Aspekte im Leben eines Radprofis.

Nachdem er sich so sehr reingehängt hatte, mir einen Startplatz zu besorgen, setzte Jean-René alle Hebel für mich in Bewegung. Nun war es eine Frage der Ehre, also gewährte er mir jegliche Unterstützung, die er irgendwie organisieren konnte. Ich wurde mit dem Teamwagen, drei Zeitfahrmaschinen, vier Scheibenrädern und Teammasseur Jacques Duchain zum Rennen geschickt. Jacques war seit Jahren im Radsport unterwegs und hatte für verschiedene französische Profimannschaften gearbeitet. Er war richtig gut, der beste *soigneur*, den das Team hatte, und er war nur für mich da.

Das Rennen fand am Lac de Madine in der Nähe von Nancy im Nordwesten von Frankreich statt. Ich reiste am Vortag mit Jacques an und sah staunend zu, wie er einen minutiösen Fahrplan für mich aufstellte. Seine Anwesenheit wirkte beruhigend, aber nicht genug, um meine innere Anspannung zu überwinden. Mein sonst so friedlicher und unbeschwerter Schlaf war zum ersten Mal in meinem Leben unruhig und aufgewühlt.

Am Rennmorgen war ich erst recht ein Nervenbündel. Ich wollte nur endlich auf die Startrampe und losfahren. Bis es so weit war, erschien mir jede Sekunde wie eine Ewigkeit.

Als ich auf die Startrampe rollte und von einem Ordner festgehalten wurde, versuchte ich, alles andere auszublenden. Ich konzentrierte mich ganz auf den Countdown; ich schaute auf den Starter, der auf seine Stoppuhr sah, eine behaarte Hand vor mir ausstreckte und die Sekunden runterzählte: »*Cinq … quatre … trois… deux … un … TOP!!*«

Vor lauter Ungeduld trat ich so heftig in die Pedale, dass mein Reifen auf der hölzernen Rampe, die noch feucht war vom Morgentau, seitlich wegrutschte. Einen Moment lang rutschte mir das Herz in die Hose, aber nachdem ich es unfallfrei die Rampe hinab auf den Asphalt geschafft hatte, ging ich aus dem Sattel und ließ es richtig krachen. Ich drehte so schnell es ging auf maximale Leistung hoch. Als ich entlang der Absperrung um die erste Kurve in Richtung der offenen Strecke fuhr, fing ich an zu hyperventilieren. Ich hechelte wie ein Hund, der zu blöd ist, die Verfolgung des Hasen aufzugeben. Als ich die Stadt hinter mir ließ und durch die Landschaft bretterte, konnte ich hinter mir die quietschenden Reifen des Begleitwagens hören und Jacques' Blicke auf mir spüren. Die Strecke war kurvenreich, aber es war windstill. Meine Gedanken kreisen um das Bild, das ich von Jean-Renés Telefonanruf im Kopf hatte: »*Er wird Leistung bringen, ich verspreche es.*« Meine Lunge brannte, aber weil ich unbedingt gut sein wollte, war ich beinahe sauer auf mich selbst, weil ich so litt. Ich verausgabte mich, trat immer härter – und selbst das war nicht genug. Ich forderte immer noch mehr von mir. Als ich am Limit war, stachelte ich mich dazu an, noch mehr aus mir herauszuholen. Die 35 Kilometer vergingen wie im Rausch. Ich konzentrierte mich auf einen Punkt in der Ferne und zwang jede Faser meines Körpers dazu, diesen Punkt so schnell wie möglich zu erreichen.

Begleitet vom ekstatischen Geschwätz des Sprechers schoss ich ins Ziel, aber sobald ich hinter der Linie keuchend zu Atem kam, wünschte ich mir, noch einmal von vorn beginnen zu können. Ich war sicher, dass es nicht gereicht hatte. Ich steuerte das Rad in Richtung Parkplatz und schaute mich nach Jacques um. Während der Schmerz der Anstrengung langsam meinem Körper entwich, sah ich den Wagen 50 Meter weiter in eine Parklücke brettern. Jacques sprang aus dem Auto und gestikulierte ganz aufgeregt in meine Richtung. Plötzlich begriff ich, dass sich die Mühe gelohnt hatte.

Ich kam neben dem Wagen zum Stehen, und Jacques fasste mich an den Schultern. »Fantastisch, Charly, fantastisch!« Er konnte seine Freude nicht verbergen; ich hatte die Bestzeit abgeliefert. Ich hatte Jean-Renés Versprechen eingelöst und den Zweitplatzierten um eine Minute und 20 Sekunden geschlagen, ein Riesenvorsprung über diese Distanz.

Auch auf der Rückfahrt war Jacques noch außer sich vor Freude. Es war, als hätte er soeben eine ganz besondere Entdeckung gemacht. Ich glaube, er hatte über den Sieg hinaus etwas in meiner Fahrweise gesehen, mit dem ich es weit bringen könnte. Jacques verkörperte einen Teil der Radsporttradition, er gehörte zu der Art von *soigneur*, die sich aufgrund reiner Begeisterung und Hingabe für das *métier* einen gewaltigen Wissensschatz erworben hatten. Er kannte den Radsport und wusste, wie man Talente fördert. Er zügelte seine Euphorie und sprach sehr bedächtig zu mir: »Charly, das war ein vielversprechender Anfang. Du hast das Talent, aber du darfst es dir nicht zu Kopfe steigen lassen. Wenn du Profi werden willst, hast du noch einen langen Weg vor dir und du darfst nicht durchdrehen. Es ist ein harter Job. Es heißt, *faire le métier*, wenn du verstehst, was ich meine ... Du musst sehr viel arbeiten, du musst sehr hart arbeiten und du darfst nicht abheben, aber das war ein schöner Anfang. Ein sehr schöner Anfang ...«

Der GP des Nations war mein letztes Rennen des Jahres 1996 und bildete den Abschluss meiner ersten Erfahrungen auf dem europäischen Festland. Bevor ich mich auf den Rückweg nach England machte, teilte Jean-René mir mit, dass ich auch für die folgende Saison eingeladen und ein monatliches Gehalt von 4.000 Franc erhalten würde. Dass ich es auf Anhieb in eine der besten Amateurmannschaften in Frankreich geschafft hatte, empfand ich nicht als besonderen Erfolg, sondern als ganz natürlich. Das Geld war wie alles andere nur Mittel zum Zweck. 4.000 Franc waren damals ein ziemlicher Batzen für mich, bedeuteten aber nichts weiter, als dass ich zusammen mit den Preisgeldern, die ich im Laufe der Saison gewonnen hatte, genug hätte, um durch den Winter zu kommen, ohne arbeiten zu müssen. So würde ich mich voll und ganz auf das Training für das kommende Jahr konzentrieren können. Ich war erst 18 und auf einem guten Weg, aber nichts hätte mich auf meine erste richtige Saison bei den Männern vorbereiten können.

* * *

Im April 1997 stand ich an der Startlinie der Trophée des Grimpeurs und sah mich um. Nur wenige Monate zuvor war ich noch bei den Junioren gefahren, wenn auch ziemlich erfolgreich. Jetzt war ich von einigen der besten französischen Profis der damaligen Zeit umgeben, darunter der dreimalige Bergkönig der Tour de France Richard Virenque und seine Teamkollegen von Festina. Ich war wie gelähmt. Im Vorjahr war ich meinen Konkurrenten noch so überlegen gewesen, dass ich sie nach Belieben beherrschte, und hatte es großartig gefunden. In einem Rennen hatte ich mich zum letzten Erwachsenen umgedreht, der noch an meinem Hinterrad klebte, und hätte fast gelacht, als er mich anbettelte, »bitte langsamer zu fahren«, weil er unbedingt Zweiter werden wollte. Ich war sadistisch und grausam gewesen, aber nun war ich nicht mehr auf dem Kinderspielplatz und würde am eigenen Leib erfahren, wie es sich anfühlte, wenn einem wehgetan wurde.

Dank seines Status als eines der besten Amateurteams in Frankreich erhielt Vendée U Einladungen zu zahlreichen Profirennen, bei denen zu jener Zeit auch Amateure zugelassen waren. Eins davon war die Trophée des Grimpeurs. Es mag nicht so bekannt sein, aber es war ein hartes Rennen, und ich war erst 18. Als wir am Start losfuhren, rollte ich mit und hoffte, dass die Kollegen es gemächlich angehen würden und ich mich so lange wie möglich im Feld verstecken könnte. Keine Chance. Das Rennen war nur 96 Kilometer lang und führte über einen Rundkurs in der Nähe von Paris, auf dem es buchstäblich einen Hügel rauf- und wieder runterging. Sobald es losging, hatte ich das Gefühl, in Treibsand zu versinken. Ein Fahrer nach dem anderen zog an mir vorbei, und so sehr ich mich auch abstrampelte, ich konnte das Tempo einfach nicht mitgehen. Ich schaffte es nicht mal, meine Position im Hauptfeld zu halten. Verzweifelt musste ich mitansehen, wie mich die Konkurrenz einfach stehen ließ. Noch bevor es zum ersten Mal in den Anstieg ging, wurde ein barbarisches Tempo angeschlagen – so etwas hatte ich nie zuvor erlebt. Ich hielt nicht mal eine Runde durch. Als ich ausstieg, schämte ich mich in Grund und Boden und stellte mich auf einen gewaltigen Anpfiff von Jean-René ein.

Ich fürchtete, dass er wütend und enttäuscht sein würde und dass das Team nun sähe, dass ich doch nicht so gut war, wie alle dachten. Komischerweise schien sich aber niemand an meiner jämmerlichen Vorstellung zu stören – zumindest nach außen hin. Meine Ergebnisse im Vorjahr hatten Bernaudeau von meinem Talent überzeugt. Vielleicht hielt er mehr von meinen Leistungen, als ich es selbst tat, oder vielleicht stellte ich einfach unrealistisch hohe Erwartungen an mich. Womöglich zog ich mich gar nicht so schlecht aus der Affäre. Wie auch immer, Jean-René stellte mich weiterhin in der ersten Mannschaft auf, und ich war weiterhin bei allen größeren Rennen dabei, an denen das Team teilnahm.

Nach der Trophée des Grimpeurs bestritten wir die Tour de Vaucluse in der Provence, wo die Anforderungen und das Leiden sich nochmals steigerten. In einem Etappenrennen ist man gezwungen, irgendwie durchzuhalten und sich die ganze Quälerei bis zum bitteren Ende und bis zum nächsten Tag anzutun – ganz einfach, weil es einen nächsten Tag *gibt*. Ich kam durchweg als Letzter ins Ziel. Sobald das Feld Ernst machte, wurde ich durchgereicht und fiel hinter das Peloton und die Begleitwagen zurück. Ich war vollkommen platt. Wenn ich morgens zum Frühstück ging, legte ich mich danach in der kurzen Pause bis zum Start noch einmal hin, weil ich dermaßen im Eimer war.

Es waren nicht nur die Anforderungen des Rennens, mit denen ich mich schwertat. Für meine Kollegen, die in der Regel sehr viel älter waren als ich, war ich nur einer dieser Ausländer, die es auf ihren Platz abgesehen hatten, und daher verdiente ich kein Mitleid. Auf einer Etappe der Tour de Vaucluse stand ich plötzlich im Wind, als das Feld in die Länge gezogen wurde. Ich versuchte verzweifelt, mich wieder einzureihen, aber selbst mein eigener Teamkollege Walter Bénéteau ließ mich nicht rein. Ich war fassungslos. Er hätte nur einen Tritt auslassen müssen, damit ich nicht bis ans Ende des Feldes durchgereicht würde, aber er sah mich nur an, schüttelte den Kopf und machte die Lücke wieder zu. Das enttäuschte mich damals und tut es auch heute noch. Ich glaube nicht, dass es an der Sprachbarriere lag oder das Problem kultureller Natur war oder mir der Sinn für den französischen Humor fehlte. Ich wollte Profi werden und sämtliche meiner Kollegen wollten es auch. Die Zahl der Plätze war begrenzt, und letztlich kämpften wir alle, jeder auf seine Weise, mit allen Mitteln darum. Derartige Konkurrenzkämpfe sind es, die über das Wohl und Wehe vieler Fahrer den Ausschlag geben. Sie zwingen einen dazu, entweder aufzugeben oder noch mehr aus sich herauszuholen.

Meine einzige Rettung war Aidan. Aidan lebte bereits seit zwei Jahren in Frankreich, als ich dort ankam. Er hatte ähnliche Erfahrungen wie ich gemacht, und dieses Verständnis trug dazu bei, dass wir auf Anhieb prächtig miteinander auskamen.

Wir hatten nicht viel Geld und setzten uns in den Kopf, damit so lange wie möglich über die Runden zu kommen. Wir machten eine Art Wettbewerb daraus und verfielen auf immer neue Möglichkeiten, jeden Penny zu sparen. Das Spiel war für uns eine Art Erweiterung der Welt, als dessen Teil wir uns verstanden: Amateurfahrer waren dazu bestimmt, kein Geld zu haben, also setzten wir es uns in den Kopf, dementsprechend zu leben. Wir lachten darüber und machten uns einen Spaß daraus, aber jedes Mal, wenn wir den Wagen im Leerlauf bergab rollen ließen, um Sprit zu sparen, oder morgens zum Supermarkt fuhren, um das muffige Brot vom Vortag zu kaufen, grinste Aidan mich an und sagte: »Wir machen das, damit wir später Champagner trinken können.« Das Ganze wurde zu einer fixen Idee. Selbst die Gratiskekse in einem Campanile-Hotel abzugreifen, werteten wir als sagenhaften Coup. Wir kehrten mir aberwitzigen Mengen an Beute aus Hotels zurück, unsere Koffer bis zum Bersten gefüllt mit Toilettenpapierrollen, Seife, Zuckertütchen – alles, wovon man behaupten konnte, es würde die Haushaltskasse irgendwie entlasten (und die Sparfuchs-Erfolge des anderen übertreffen).

Zwar waren diese Eskapaden mit Aidan eine nette Ablenkung, aber mehr eben auch nicht. Mitte 1998, in meinem zweiten Amateurjahr bei Vendée U, reifte in mir die Gewissheit, dass sich etwas ändern musste. Ich hatte reichlich Prügel eingesteckt, war aber bei keinem einzigen Rennen dabei gewesen, bei dem ich mir ernsthafte Hoffnungen auf einen Sieg machen konnte. Ich war zunehmend frustriert. Zielstrebigkeit und Jugend bilden eine Kombination, die einen den Kummer bisweilen vergessen lässt. Wie man sich wirklich fühlt, wird einem erst klar, wenn man eines Tages die spontane Entscheidung trifft, alles über den Haufen zu werfen.

Ich zitterte beinahe, als ich an Jean-Renés Tür läutete. Ich zwang mich dazu, geradezustehen, bevor ich den Klingelknopf drückte. Als ich es tat, spürte ich den Adrenalinschub, der einen durchfährt, wenn es kein Zurück mehr gibt. Wenn man einen schwierigen Anruf hinter sich bringen muss, gibt es beim ersten Läuten immer diesen Bruchteil einer Sekunde, in dem das Herz rast und man sich sagt: »Noch kann ich auflegen.« Aber sobald ich die Klingel betätigte, wusste ich, dass ich von Jean-Renés Tür nicht einfach davonlaufen könnte. Ich musste die Sache durchziehen, komme, was da wolle.

Als die Tür entriegelt wurde, klopfte mir das Herz in der Brust. Jean-René war ein wenig überrascht, mich um neun Uhr morgens vor seiner Haustür anzutreffen. »Charly?«

»Jean-René, ich komme, um dir zu sagen, dass ich das Team verlasse. Ich gehe zurück nach England, sobald ich einen Flug organisiert habe. Ich danke dir für alles, was du für mich getan hast, aber es ist an der Zeit, dass ich weiterziehe.«

Er sah aufrichtig erstaunt aus.

»Und die Tour de l'Avenir?«

Die Tour de l'Avenir im September war für das Team eines der größten und wichtigsten Rennen der Saison und nur noch drei Wochen entfernt. Meine Entscheidung aber war gefallen, und ich wusste, dass es kein Zurück gab und ich nicht mehr mit der Mannschaft weitermachen könnte. Es hatte mir so viel abverlangt, bis hierher zu kommen, dass ich fest entschlossen war, auf keinen Fall einen Rückzieher zu machen.

»Ich werde nicht für Vendée U dabei sein. Ich gehe. Es tut mir leid, aber das ist das Beste für meine Karriere.«

Es war getan. Jean-René akzeptierte meine Entscheidung, aber ich wusste, dass sein Stolz verletzt war. Fahrer verließen Vendée U nicht einfach aus eigenem Antrieb. Es war das beste Amateurteam in Frankreich, und

Jean-René genoss in den Kreisen, in denen er verkehrte, großen Respekt. Er war ein Mann, der einem jungen Fahrer den Traum von der Profikarriere erfüllen konnte, und dementsprechend wurde er auch von den Leuten um ihn herum behandelt. Mein Schritt muss ihm ziemlich anmaßend erschienen sein, aber für mich ergab er Sinn.

Die Entscheidung war mir keineswegs leicht gefallen. Die Kehrseite meiner borniertem Zielstrebigkeit, die mich eine Menge Dreck erdulden ließ, war die fehlende Einsicht, dass man manchmal einen Schritt zurückmachen muss, um voranzukommen. So konnte es nicht weitergehen, und eines Tages, bei meiner Rückkehr aus einem Trainingslager, war das Maß voll. Wie sich abends herausstellte, war in meiner Abwesenheit etwas vorgefallen. Ich weiß bis heute nicht, was genau, aber offenbar war jemand in mein Zimmer eingebrochen, als er es verschlossen vorfand. An sich war das nur eine Lappalie und vielleicht belanglos, aber diese Verletzung meiner Privatsphäre ging mir gegen den Strich und sie war der Auslöser, den ich brauchte. Als ich entdeckte, was passiert war, war ich so sauer, dass ich einen fürchterlichen Wutanfall bekam. Ich werde Aidan ewig dafür dankbar sein, eingeschritten zu sein. Er hatte meine Unzufriedenheit schon gespürt, als ich noch blind dafür war. Er nutzte den Zwischenfall, um mich zu bestärken: »Du kannst jetzt nicht mehr zurück, du musst hier weg.« Das war genau, was ich gebraucht hatte.

Ich war nach Frankreich gegangen, weil es mir als die einzige Möglichkeit erschienen war, es zum Profi zu schaffen. Ich setzte eine lange Tradition britischer Radfahrer fort, indem ich den ganzen Mist in Frankreich auf mich nahm, auf einem Bett auf Ziegelsteinen schlief, in einem Haus voller Kakerlaken, und mich wieder und wieder vom System und den Leuten um mich herum verarschen ließ. Das alles konnte ich ertragen. Das Problem war, dass es mich überhaupt nicht weiterbrachte, in Frankreich zu fahren, und ich keine Gelegenheit erhielt, mich zu profilieren. Ich hatte das Gefühl, seit meinem Wechsel von den Junioren zu den Amateuren nur versagt zu haben. Ich hatte in meinem ersten Jahr in Frankreich elf Rennen gewonnen, aber seither war ich bei allen Wettkämpfen nur noch unter ferner liefen gelandet.

Zum ersten Mal in meiner Karriere war mein Selbstvertrauen angekratzt. Ich fing schon bald an, alles um mich herum in Frage zu stellen. Nüchtern betrachtet verbrachte ich meine Zeit damit, gegen 35-jährige Amateure in Mavic-Cup-Rennen zu fahren oder in Rennen der Coupe de France gegen Profis anzutreten. Letztere waren viel zu schwer für mich und die erstgenannten, die typisch französischen Rennen, fanden auf flachen Straßen statt und waren eher etwas für Fahrer, die den ganzen Tag Tempo fahren konnten oder sich mit Kortison zudröhnten und grundsätzlich bis zum Anschlag bolzten. Welche Art Fahrer ich war, lag auf der Hand: Mit 60 Kilogramm, schmaler Figur und zierlichem Körperbau war ich zweifellos zum Klettern bestimmt. Weil ich kräftig war, konnte ich auch in der Ebene mithalten, aber in flachen, windgepeitschten Rennen war meine Physis ein großes Handicap.

Als ich mich mit dem Gedanken an eine mögliche Karriere als Profi auseinandersetzte, begann ich dies als Problem zu sehen. Man muss schlicht und ergreifend Siege vorweisen können, um ins Geschäft zu kommen. Damit sah es bei mir aber mager aus. In taktischer Hinsicht funktionierte Vendée U wie eine Profimannschaft, meine Dienste waren also vor allem in der Anfangsphase eines Rennens gefragt, mit dem Ausgang hatte ich aber nichts zu tun. Ich fing an, mir einzureden, dass ich einfach nicht gut genug sei, aber Jean-René verstand den Radsport und erkannte mein Talent. Was er nicht ahnen konnte, war, dass mir das nicht klar war. Ich war zunehmend ernüchtert über das, was ich tat. Ich fuhr die Rennen zu Ende, mehr aber auch nicht. Ich hatte das Gefühl, dass es eh niemanden interessierte. Tatsächlich wurde ich ein immer besserer Fahrer, aber ich nahm die Fortschritte nicht wahr, und Jean-René hielt es nicht für nötig, mir dies zu erklären.

Nachdem ich meinen Frust herausgelassen und Aidan mich auf die eigentlichen Probleme gestoßen hatte, sah ich sehr klar, was ich zu tun hatte und was falsch lief. Von da an hielt ich es keinen weiteren Tag mehr dort aus. Mein Entschluss war gefasst. Ich verkaufte Aidan noch am gleichen Abend mein Auto und bereitete mich innerlich darauf vor, Jean-René gegenüberzutreten und mich für immer zu verabschieden.

KAPITEL 2

VON EHRGEIZ GETRIEBEN

Als ich Ende 1998 nach Großbritannien zurückkehrte, wusste ich, dass ich mir ein paar Gedanken machen müsste. Ich zog wieder bei meiner Mutter in York ein und führte zahllose Telefonate, um zu erkunden, welche Möglichkeiten mir in der Saison 1999 offenstanden. Ich hatte soeben dem renommiertesten Amateurteam in Frankreich den Rücken gekehrt und war dementsprechend nicht scharf darauf, mit einer anderen französischen Mannschaft dem gleichen System erhalten zu bleiben. Ich hatte einen mutigen Schritt gewagt und ein Umfeld verlassen, das für mich nicht funktionierte. Nun galt es herauszufinden, was funktionieren würde.

Dann erhielt ich einen Anruf, mit dem sich eine ganz neue Richtung auftat.

»Charly, ich bin's, Ken. Wie stehen die Aktien?«

Ken war mein Trainer und rief normalerweise an, um das Training zu besprechen, also setzte ich ihn kurz über meine körperliche Verfassung ins Bild: »Ehrlich gesagt bin ich immer noch ziemlich müde, Ken. Keine Krankheiten oder so, aber du weißt ja, wie das ist, wenn man auf der Suche nach einem Team ist.«

»Eigentlich rufe ich dich genau deswegen an. Wie wär's, wenn du zum Velodrom in Manchester kämst, um mit John und mir über das neue

World-Class-Programm zu sprechen? Ich glaube, das könnte was für dich sein.«

Ken Matheson war mein Coach, seitdem ich 16 war. Wegen der Entfernung und weil ich mich an das vom Team verordnete Trainingsprogramm halten musste, war unsere berufliche Beziehung während meiner Zeit in Frankreich zum Erliegen gekommen, trotzdem standen wir uns immer noch nah. Neben Mike Taylor, den ich so oft es ging angerufen hatte (ohne zu viel Geld für Telefonkarten auszugeben), gehörte Ken zu den wenigen Leuten, derentwegen ich in Frankreich eine Telefonzelle aufsuchte, wenn ich einen Rat brauchte. Ken war vor kurzem zum Leiter des neuen Förderprogramms der U23 ernannt worden und sah darin die perfekte Gelegenheit, unsere gemeinsame Arbeit wieder aufzunehmen.

Im Vorjahr war ich bei den U23-Straßenweltmeisterschaften im holländischen Valkenburg für Großbritannien an den Start gegangen. Schon damals hatte es Pläne gegeben, ein Förderprogramm für ambitionierte britische Fahrer einzurichten, aber ich hatte keinen Gedanken daran verschwendet, dass es etwas für mich sein könnte. Bis dahin hatte es für britische Fahrer im Ausland keinerlei Unterstützung finanzieller oder sonstiger Natur seitens des Verbandes gegeben. Ich hatte lediglich ein kleines Stipendium vom Dave Rayner Fund bekommen, einer Stiftung, die in Gedenken an den gleichnamigen britischen Fahrer eingerichtet worden war, der unter tragischen Umständen zu Tode gekommen war. Die Stiftung unterstützte jährlich eine Handvoll britischer Fahrer, aber für den nationalen Verband war die Welt des professionellen Radsports ein Mysterium, so wie auch für die meisten britischen Fahrer.

Es war nicht nur eine Frage fehlender Mittel. Es fehlte an der Kompetenz, den richtigen Kontakten und dem Verständnis für das Profigeschäft. Auf nationaler Ebene war der Radsport in Großbritannien damals so miserabel organisiert, dass Generationen von Fahrern praktisch gezwungen waren, ihr Glück in der unberechenbaren Welt des Amateurradsports auf dem europäischen Festland zu versuchen. Doch ohne, dass ich es mitbekommen hatte, hatte sich in letzter Zeit offenbar einiges getan, und dank des World Class

Performance Plans, kurz WCPP, würde sich auch für mich vieles verändern.

Ein paar Tage später fand ich mich im fensterlosen, kühlen Büro des WCPP in den Katakomben des Manchester Velodrome ein. Mir gegenüber saßen Ken Matheson und John Herety, der Teamchef der Nationalmannschaft. Ich kannte Ken so gut, dass ich mich angesichts des formellen Rahmens und Tonfalls des Gesprächs ein wenig unbehaglich fühlte.

Es war John, der als Erster das Wort ergriff: »Ich weiß, dass du dir ungefähr denken kannst, worum es hier geht. Im Wesentlichen sieht es so aus, dass wir für die Finanzierung grünes Licht bekommen haben und Peter Keen die Idee eines Förderprogramms für British Cycling entwickelt hat. Unser Ziel ist es, ein System auf die Beine zu stellen, das junge Fahrer finanziell unterstützt und ihnen die Ausrüstung und die notwendigen Trainingsmöglichkeiten bereitstellt, damit sie die Chance haben, bei Welt- und Europameisterschaften konkurrenzfähig zu sein.

Du bist als einer der Fahrer ausgemacht worden, die das Talent mitbringen, bei großen Meisterschaften um die Medaillen mitzufahren, und wir möchten dir für das Jahr 1999 einen Platz im Programm anbieten … und wenn du in diesen Rennen für uns an den Start gehst, bedeutet das für dich natürlich auch die Chance, dich für einen Platz in einem Profiteam zu empfehlen.«

Sie erläuterten mir die Einzelheiten des Deals. Ich würde ein Gehalt von 12.000 Pfund bekommen und in Großbritannien stationiert sein, von wo aus ich mit der Nationalmannschaft zu Rennen in ganz Europa reisen würde. John und Ken wussten natürlich ganz genau, dass mich vor allem eines interessierte: Mehr als Geld und Medaillen wollte ich einen Profivertrag. Alles andere diente nur dazu, mich dorthin zu bringen.

Obwohl es verlockend klang, wollte ich nichts überstürzen. Ken und John gaben sich alle Mühe, mir sämtliche Vorzüge des neuen Programms vor Augen zu führen. Zwar stimmte es, dass dem WCPP ein beachtliches Budget zur Verfügung stand, trotzdem hatte ich nach wie vor das Gefühl, dass sie eigentlich nicht wussten, was sie taten. Es gab ein neues Logo und einen neuen Briefkopf und Leute, die Wettkampfprogramme herumfaxten, aber letztlich war es immer noch der britische Radsportverband und irgendwie konnte ich mir nicht vorstellen, dass es möglich sein sollte, bei einem Profiteam auf dem Festland unterzukommen, solange man in Großbritannien ansässig war. Insgeheim war ich nach wie vor überzeugt, dass Radprofis auf eine ganze bestimmte Weise geschmiedet wurden; auf dem europäischen Festland zu leben und zu fahren, war bis dahin ganz einfach die *einzige* Möglichkeit gewesen, es zu schaffen. Die Entscheidung fiel mir nicht leicht.

»Kann ich noch ein bisschen Bedenkzeit haben?«

Ken und John wirkten beide ein wenig perplex. Sie hatten mir soeben ein Angebot gemacht, um das sich viele britische Fahrer gerissen hätten, und ich zierte mich.

In den folgenden Tagen grübelte ich über einer Entscheidung. Das Problem war, dass der Weg ins Profigeschäft aus meiner Sicht grundsätzlich über das Ausland führte. Mannschaften wie Vendée U in Frankreich und vergleichbare Amateurteams in Italien und Spanien brachten jedes Jahr zwei oder drei Profis hervor. Soweit ich wusste, hatte es in der Geschichte nur ein einziger britischer Fahrer zu den Profis geschafft, ohne den Umweg über das europäische Amateursystem zu machen, und das war Chris Boardman. Er war aber die Ausnahme von der Regel; als absoluter Zeitfahrspezialist hatte er es außerdem vermieden, jemals ein echter Teil der europäischen Radsportszene zu werden.

Mir war klar, dass der WCPP die Geschichte nicht auf seiner Seite hatte, aber andererseits würde er mir die Gelegenheit geben, wieder mit Ken zusammenzuarbeiten. Ken hatte mich seit meinem ersten Rennen bei den Junioren betreut. Er wusste besser als jeder andere, wie mein Körper reagierte, und seine Trainingskonzepte passten perfekt zu meinen physischen Möglichkeiten. Sich wieder mit ihm zusammenzutun, war ein gutes Argument. Das andere große Plus war, dass sich das Programm ausschließlich an junge Fahrer richtete und mir ermöglichen würde, U23-Weltcuprennen zu bestreiten. Nach zwei Jahren, in denen ich als Amateur gefahren und bei vielen Rennen gegen Profis angetreten war, mochte das auf den ersten Blick wie ein Rückschritt zu den Junioren aussehen. Aber nun, im U23-Weltcup, würde ich mich mit den weltweit besten Fahrern meines Alters messen. Ich würde mich für die Profiteams ins Schaufenster stellen.

Eine gewisse Skrupellosigkeit meinerseits gab letztlich den Ausschlag darüber, sich dem Programm anzuschließen, statt auf das europäische Festland zurückzukehren. Ich kannte so ungefähr das Niveau der anderen Fahrer, die für den WCPP in Frage kamen, und wusste, dass ich auf der Straße der einzig aussichtsreiche Kandidat war. Somit würde das gesamte Programm auf meine Bedürfnisse maßgeschneidert werden müssen. Damit der WCPP erfolgreich wäre, müsste ich erfolgreich sein. Das Programm war darauf angelegt, mir die besten Bedingungen zu ermöglichen. Sie brauchten mich, und ich brauchte sie.

Zwar war die Konkurrenz wesentlich überschaubarer, aber auch das U23-System hatte seine Tücken. Die Altersbegrenzung gaukelte den Fahrern eine Art Verfallsdatum vor, was mir schon in Frankreich im Hinterkopf herumgespukt war. Als ich darüber nachdachte, in der U23 an den Start zu gehen, rückten solche Überlegungen jetzt wieder in den Vordergrund. Unter uns jungen Fahrern herrschte die Vorstellung, dass der Zug quasi abgefahren wäre, hatte man die 23 erst einmal überschritten. Im Nachhinein wurde mir klar, dass das Blödsinn war. Junge Fahrer brauchen unterschiedlich lange, um sich zu entwickeln, und es gibt keine Altersgrenze dafür, wann man Profi werden kann. Wie jeder andere auch hatte ich es einfach sehr eilig gehabt. Schon bevor ich für den WCPP zusagte, war ich ein recht verbissener junger Mann gewesen. Aber nachdem ich die Entscheidung getroffen hatte, bei dem Programm mitzumachen, war es erst recht so, als würde die Uhr ticken. Wir schrieben das Jahr 1999, mir blieben noch zwei Jahre in der U23, aber innerlich dachte ich, dass es in *diesem* Jahr passieren müsste.

Doch bei diesem Unterfangen hätte ich kaum einen schlechteren Start erwischen können.

* * *

Ich wachte nachts mehrmals unter Schmerzen auf, in diesen gestärkten, weißen Laken, an denen man ein Krankenhausbett sofort erkennt. Ich war kein einziges Mal wach genug, um einen klaren Gedanken zu fassen, aber ich konnte Stimmen hören. Ganz in der Nähe vernahm ich zwei mit unverkennbar irischem Akzent.

»... als junge Kerle so im Wald herumzuturnen ...«

»Tja, wenn er nicht durchkommt ... ich hoffe nur, er macht mal hin, ich würde echt gerne nach Hause.«

Am nächsten Tag erwachte ich mit großen Schmerzen und mir fiel wieder ein, was geschehen war. Es war November, und ich hatte mich einverstanden erklärt, für den WCPP zu fahren, aber bevor ich ins Training für die Saison 1999 einstieg, reiste ich nach Irland, um Aidan zu besuchen. Gleich am Morgen nach meiner Ankunft hatten wir uns das Quad seines Nachbarn Killian (»Killer« für seine Freunde) geborgt, um im Wald die Sau rauszulassen. Es war ein Riesenspaß, aber weil wir ungestüme, mit Testosteron aufgeladene junge Burschen waren, wurden wir natürlich übermütig, und es kam, wie es kommen musste. Aidan saß am Steuer und ich auf dem Soziussitz, als wir mit Vollgas in eine Kurve gingen, die sich als enger herausstellte, als wir dachten. Das Quad richtete sich auf und warf Aidan einfach ab, aber ich blieb irgendwie drauf und geriet darunter, so dass das ganze Gewicht des Fahrzeugs auf mir lastete, als es sich überschlug. Ich hatte schon eine Menge Stürze auf dem Rennrad hinter mir, aber als ich aufstand, war sofort klar, dass es mich übel erwischt hatte. »Huch, ich lebe noch«, dachte ich erschrocken, bevor ich allmählich wieder klar wurde und die Lage checkte. Entsetzt stellte ich fest, dass mein Fuß vollkommen verdreht war und in die falsche Richtung zeigte.

Mein Verstand setzte aus. Aidan begriff, dass er handeln musste, und versuchte, einen Notarzt zu rufen. Aidan war damals einer der wenigen Menschen, die ich kannte, die ein Mobiltelefon besaßen, aber es war 1998 und wir befanden uns mitten in einem Wald in Irland – was den Handyempfang anging, hätten wir genauso gut mitten auf dem verfluchten Atlantik sein können. Unsere einzige Option war, das Quad wieder aufzurichten und zurückzufahren. Der Weg zurück zum Pritschenwagen, den wir für den Transport benutzt hatten, war die Hölle. Jede Wurzel und jede Bodenwelle jagte mir stechende Schmerzen durch den ganzen Körper. Als wir den Wagen erreichten, hatte Aidan endlich wieder Empfang und rief einen Krankenwagen, aber wir hatten keinen blassen Schimmer, wo genau wir waren. Aidan versuchte so gut es ging die Strecke zu beschreiben, die wir gekommen waren, sah jedoch bald ein, dass es keinen Zweck hatte. Ich hörte ihn sprechen, aber mir dämmerte allmählich, dass etwas ernsthaft nicht stimmte. Ich krümmte mich vor Bauchschmerzen und wagte nicht, meinen Fuß anzusehen, der am Ende meines Beins baumelte. Ich spürte, wie mich die Kräfte verließen.

Aidan befand, dass es nicht in Frage käme, auf den Krankenwagen zu warten, doch in all der Aufregung hatten wir auch noch unterwegs den Autoschlüssel verloren. Er schlug die Scheibe ein und schloss seinen eigenen Wagen kurz, bevor er mich auf den Beifahrersitz hievte und losfuhr. Ich verlor immer wieder das Bewusstsein. Um nicht ohnmächtig zu werden, versuchte ich, mich auf den entsetzlichen und nicht enden wollenden Schmerz zu konzentrieren, der mich durchfuhr. Als wir das Krankenhaus erreichten, konnte ich nicht mehr. Ich kritzelte meine Unterschrift unter die Einverständniserklärung, die man mir unter die Nase hielt, und dann bekam ich endlich eine Narkose.

Das ist alles, woran ich mich erinnern kann, ehe ich nachts wach wurde. Während ich weggetreten war, hatten die Ärzte meine Milz entfernt und meinen Knöchel gerichtet. Ich hatte innere Blutungen gehabt, und weil es so lange gedauert hatte, mich ins Krankenhaus zu bringen, hatte ich in echter Lebensgefahr geschwebt. Am Morgen war ich stabil, aber die Schmerzen waren immer noch grauenvoll. Mein Magen wurde von Klammern zusammengehalten, und aufgrund einer allergischen Reaktion gegen das Anästhetikum musste ich die ganze Zeit kotzen. Der Schmerz, den ich beim Aufwachen und beim ständigen trockenen Würgen verspürte, waren die schlimmsten Qualen, die ich jemals erlebt habe. Um die Schmerzen irgendwie zu ertragen, bettelte ich unablässig um Morphium. Ich verfiel in einen benommenen, semikomatösen Zustand und verlor immer wieder das

Bewusstsein, während Celine Dion im Krankenhausradio scheinbar in einer Endlosschleife »That's The Way It Is« sang. Noch heute jagen mir eiskalte Schauer über den Rücken, wenn ich dieses Lied höre.

Mein erster Besucher war Pat McQuaid. Er hatte von Mike Taylor von dem Unfall gehört und war sofort gekommen, um nach mir zu sehen. Pat war damals Organisator der Junior Tour of Ireland, und sein Besuch gab mir wirklich Auftrieb. Ich wurde in ein größeres Krankenhaus in Dublin verlegt, wo ich erneut operiert wurde, diesmal um meinen Knöchel mit zwei Metallstiften zu stabilisieren. Ich hatte ohnehin schon eine Heidenangst angesichts der Schwere des Unfalls gehabt, aber als nach der zweiten Operation der Chefarzt zur Visite kam, wurde es noch schlimmer.

»Tja, alles gut verlaufen. Sie werden Ihren Fuß wieder normal bewegen können ... aber Gelbe Trikots werden Sie nicht mehr gewinnen.«

Diese Bemerkung ging mir durch Mark und Bein. Als er das Zimmer verließ, um seine Runde fortzusetzen, war ich gelähmt vor Entsetzen. Ich wiederholte laut seine Worte: »Gelbe Trikots werden Sie nicht mehr gewinnen.« Was hatte diese Bemerkung zu bedeuten? In meiner Panik wurde ich wütend. Hatte er das Gelbe Trikot nur erwähnt, um sich bei mir einzuschmeicheln? Oder wusste er, wovon er sprach und dass ich nicht mehr derselbe sein würde? Ich hätte nichts davon, mich nur »normal bewegen« zu können, schließlich wollte ich Profi werden, und zwar in einer der härtesten Sportarten der Welt. Was, wenn meine Radsportkarriere vorbei wäre, bevor sie richtig begonnen hatte? Ich war so sauer, dass ich den Arzt auf dem Flur zur Rede stellen und ihn fragen wollte, was zum Teufel er gemeint hatte, aber schon beim Gedanken daran, mich zu bewegen, jagten mir Schmerzen in Schockwellen durch den Körper.

Ich war zwei Wochen lang bewegungslos ans Bett gefesselt, bevor ich nach York zurückkehren konnte. Im Krankenhaus hatte ich über die sehr reale Möglichkeit nachgedacht, meine Träume von der Profikarriere begraben zu müssen. Das war mehr als nur ein bloßer Rückschlag, hier ging es ums Eingemachte: Nie wieder Rennen fahren zu können, würde bedeuten, nicht mehr das tun zu können, was ich liebte und was ich brauchte. Alles in meinem Leben war akribisch auf dieses Ziel ausgerichtet, und jetzt, nach einem Moment der Dummheit, war vielleicht alles vorbei. Meine Stimmung schlug von grimmiger Zuversicht in vollkommene Niedergeschlagenheit um. Die Ungewissheit war die schlimmste Strafe von allen. Als ich in Irland im Krankenhaus lag, entwickelte ich eine Abgebrühtheit, die mich durch die nächsten zwölf Monate brachte: eine Unbarmherzigkeit, die ich mir selbst nicht zugetraut hätte. Aus Frankreich zurückzukehren, hatte ich als eine Art Niederlage empfunden, und nun würde mich dieser Unfall weitere wertvolle Zeit kosten. Wenn ich schon vorher das Gefühl gehabt hatte, dass mir die Zeit davonlief ... tja, so blieb mir jetzt noch weniger, und ich war wild entschlossen, sie zu nutzen.

Weniger als einen Monat später humpelte ich auf Krücken zu meinem Rad, um zum ersten Mal wieder in den Sattel zu steigen (sehr zur Verwunderung meiner Nachbarn, die sich fragten, was zum Geier ich da trieb, als ich über die Einfahrt humpelte, um mich auf ein Rennrad zu setzen). Für mich war sonnenklar, dass ich wieder aufs Rad musste, sobald ich die nötige Beweglichkeit hatte. Ich musste Gewissheit haben. Solange ich mich auf mein Rad setzen und trainieren konnte, wäre es mir egal gewesen, das ganze nächste Jahr auf Krücken laufen zu müssen. Meine erste Ausfahrt dauerte etwas weniger als 45 Minuten. Ich war zufrieden, als ich nach Hause kam, denn ich war zum ersten Mal seit drei Wochen wieder gefahren. Gleichzeitig war ich frustriert, dass ich nicht aus dem Sattel gehen konnte. Ich hatte es versucht, in den Wiegetritt zu wechseln, war aber gleich wieder auf den Sattel geplumpst, weil mein Knöchel noch zu schwach war.

Davon abgesehen wusste ich aber, dass ich es schaffen könnte; ich müsste mich nur mehr reinhängen. Meine Entschlossenheit wurde dadurch nur gesteigert. Ich humpelte auf meinen Krücken ins Haus und schleppte mich die Treppe hinauf ins Bad. Ich zog das Radtrikot aus und nahm eine Schermaschine aus dem Regal. Ich wusste, der Moment war gekommen. Von nun an würde es nichts anderes mehr geben. Jede Kleinigkeit – selbst Haare kämmen und stylen – war eine unnötige Verschwendung von Zeit und Energie. Ich schaltete die Maschine ein und spürte die Vibrationen am

Kopf, als ich mir den Schädel zu rasieren begann. Mein blondes Haar fiel in Büscheln zu Boden und klebte mir am schweißnassen Rücken und im Nacken. Als ich fertig war, fuhr ich mir mit der Hand über den borstigen weißen Skalp und betrachtete mich im Spiegel. Ich sah mein Gesicht, das ohne die weiche Umrahmung meiner Haare sehr viel härter wirkte. Ich bedachte mein Spiegelbild mit einem brutalen, sadistischen Grinsen. Nun sah ich auch äußerlich so pragmatisch und skrupellos aus, wie ich mich innerlich fühlte.

In den folgenden Monaten tat ich nichts anderes als Rad fahren. Um der kalten Witterung zu entkommen, mietete ich zusammen mit Ken Mathesons Sohn Tim, der ebenfalls Radamateur war, eine Wohnung in Spanien. Wir verkrochen uns in Benidorm in einer saisonbedingt verwaisten Unterkunft und hausten wie die Attentäter: Wir taten nichts als essen, schlafen und trainieren. Die einzigen anderen menschlichen Wesen, die im Januar an der Costa Blanca zu sehen waren, waren Rentner und andere Radfahrer. Es gab keinerlei Ablenkungen, und wir nahmen keine Rücksicht auf Fragen der Normalität. Es gab nur Radfahren. In meinem Kopf herrschte absolute Klarheit. Mir war klar: Wollte ich Profi werden, würde ich alles andere hintanstellen und einige Opfer bringen müssen. Ich blendete alles aus, was mich nicht weiterbrachte oder im Hinblick auf mein Ziel im Weg stehen könnte. Die Nachwirkungen meiner Knöchelverletzung tat ich mit einem Schulterzucken ab. Ich konnte in den Sattel steigen und die Pedale bewegen, alles andere war egal. Ich lebte an meinem Limit.

Mein Ehrgeiz hatte vollkommen Besitz von mir ergriffen. Als Radrennfahrer, und überhaupt als Sportler, hat man die Vorstellung, dass man abends nur dann seinen Seelenfrieden findet, wenn man sich im Training völlig verausgabt hat. Mein zwanghafter Drang, mich zu verbessern, beschränkte sich nicht auf das, was ich auf dem Rad tat. Ich brauchte das Gefühl, tagsüber absolut alles richtig gemacht zu haben, um das Beste aus mir und meinem Rad herauszuholen. Ich musste richtig trainiert, richtig gegessen, mich richtig aufgewärmt und richtig regeneriert haben. Das war eine Frage des Gewissens. Falls ich verlor, aber alles in meiner Macht

Stehende getan hatte, konnte ich das akzeptieren. Aber falls ich scheiterte, weil ich eine Kleinigkeit außer Acht gelassen hatte, hätte ich mir das niemals verzeihen können.

Ich beschäftigte mich zwanghaft mit jedem noch so winzigen Aspekt meines Lebens. Es gab nichts, was ich nicht versuchte, um noch etwas mehr aus mir herauszuholen. Das Problem war, dass es damals keine echten Bezugsgrößen in Großbritannien gab und es eher ein osmotischer Prozess war, das Radsportmetier zu erlernen. Ratschläge wurden über eine Art stille Post weitergereicht. Die Leute traten mit den absurdesten Ideen an mich heran, aber sofern sie aus verlässlicher Quelle stammten, probierte ich es aus.

Ich befolgte gewissenhaft die absonderlichsten Ratschläge. Ratschläge, die ich mit ein bisschen gesundem Menschenverstand sofort hätte zurückweisen können. Aber was ich tat, hatte nichts mit Logik zu tun, es war pure Emotion in wissenschaftlichem Gewand. Ich erinnerte mich, gelesen zu haben, dass einige Fahrer während der Rennen Tee in den Trinkflaschen hatten (was auch stimmte), aber weil meine Mutter ihren Tee stets mit Milch getrunken hatte, füllte ich milchigen Tee in meine Flaschen und bescherte mir damit schlimme Bauchschmerzen. Weil ich Profis bei 30 Grad mit Mützen und Beinlingen hatte fahren sehen, radelte ich in einer Thermojacke durch Yorkshire, ohne auch nur den Hauch einer Idee zu haben, was der Schwachsinn sollte (vermutlich wussten es die Kollegen selbst nicht). Ich trank nie kalte Cola, weil man davon angeblich Durchfall bekam, und ich aß auch nicht die Mitte des Brotes, weil es hieß, davon würde sich der Magen aufblähen. Diese kleinen Aufgaben und Prüfungen, oder wie auch immer man es nennen möchte, wurden zu den Fixpunkten meines Lebens. Ich musste sie unbedingt bewältigen und ich durfte nichts und niemandem gestatten, mir dazwischenzufunken.

Ich tat alles, was in meiner Macht stand, und tatsächlich machte es sich bezahlt: Als die Rennsaison begann, war bald klar, dass ich meiner Konkurrenz weit überlegen war. Der größte Unterschied, der sich gleich bemerkbar machte, als ich für den WCPP an den Start ging, war das Wettkampfniveau. Gemessen an dem, was ich aus den vorigen Jahren gewohnt war, kamen mir die U23-Weltcuprennen ziemlich einfach vor. Jetzt zahlten sich all die Kilometer aus, die ich in Frankreich in aussichtsloser Position hinterhergehechelt war, denn verglichen mit der Trophée des Grimpeurs war der Espoir Triptyque des Monts et Châteaux geradezu ein Spaziergang. Nachdem ich zuvor reichlich Prügel eingesteckt hatte, war ich es jetzt, der austeilte. Von meinen WCPP-Kollegen erhielt ich wenig bis gar keine Unterstützung – sie waren entweder überfordert oder Spezialisten für die Bahn, die ein paar Straßenrennen als Training einstreuten –, aber meine Entschlossenheit, mich durchzusetzen, erhielt einigen Auftrieb durch die anfänglichen Erfolge, so dass sich die entsprechenden Ergebnisse fast zwangsläufig einstellten. Ich gewann zwei Etappen bei der Thüringen-Rundfahrt, einem U23-Weltcuprennen in Deutschland. Bei Lüttich–Bastogne–Lüttich wurde ich Dritter in meiner Altersklasse. Ich wurde britischer U23-Meister im Straßenrennen und Zweiter bei der Europameisterschaft im Einzelzeitfahren.

Mein ganzes Leben war darauf ausgerichtet, solche Rennen zu bestreiten und erfolgreich zu gestalten, und doch gestattete ich mir kaum zu feiern, als ich sie schließlich gewann. Siege waren, wie ich fand, nichts, worüber man sich groß freuen müsste. Sie waren nur die logische Folge meiner harten Arbeit. Siege bedeuteten eine gewisse Befriedigung, mehr aber auch nicht. Für andere Emotionen ließen meine Zielstrebigkeit und Entschlossenheit keinen Raum. Ich bewahrte keine Zeitungsausschnitte und auch keine Startnummern auf. Für Sentimentalität hatte ich keine Zeit. Ein gewonnenes Rennen war nur eins mehr von einer schier unendlichen Anzahl an Häkchen, die ich machen musste, um zufrieden zu sein.

Den ganzen Sommer über hielt meine Erfolgsserie an, aber in meinem nervösen Kopf spukte schon bald die Frage herum, wann der große Moment, auf den ich so hart hinarbeitete, denn nun endlich käme. Mittlerweile hatte ich eine ganze Latte an guten Ergebnissen vorzuweisen, aber bislang waren die Manager der großen Profirennställe noch nicht an mich herangetreten, um sich zu erkundigen, was ich im nächsten Jahr denn so vorhabe, oder auch nur das geringste Interesse an mir zu bekunden. Ich hatte so viel investiert, dass der Gedanke, keinen Vertrag zu bekommen, mich richtiggehend krank machte. Am ehesten schnupperte ich an der Chance auf meinen großen Durchbruch, als ich nach der Tour of Britain (die damals PruTour hieß) in einem Pub in Edinburgh saß und jemand mich Brian Holm vorstellte. Holm war damals sportlicher Leiter der dänischen AcceptCard-Mannschaft aus der zweiten Division. »Du willst also Profi werden?«, fragte mich Brian. »Yeah«, antwortete ich schüchtern. Und das war's. Nach einer kurzen Pause zog er weiter, um sich mit jemand anderem zu unterhalten. Es war der letzte Abend der Rundfahrt und schon spät, so dass ich mir einredete, dass Brian bestimmt gegangen sei, weil ich mich dadurch, noch in der Kneipe abzuhängen, unprofessionell verhalten habe. Ich biss mir wochenlang in den Hintern dafür, so dumm gewesen zu sein. Ich war so jung und borniert, dass ich nicht begriff, dass Brian einfach nur einen entspannten Abend haben wollte und sich mit einem übermotivierten jungen Amateur über den Profiradsport zu unterhalten so ziemlich das Letzte war, wonach ihm der Sinn stand.

Im September, einen Monat vor dem Ende der Saison, machte ich endlich einen kleinen Schritt in die richtige Richtung. Ich erhielt das Angebot, für das Team Linda McCartney als *stagiaire* beim Etappenrennen Trans Canada an den Start zu gehen. Das McCartney-Team war eine britische Profimannschaft aus der dritten Division. Sie hatten mir sehr überzeugend ihre Zukunftspläne dargelegt, trotzdem war es nicht die Art von Rennen, die ich eigentlich anstrebte oder die zu bestreiten ich aufgrund meiner Ergebnisse zu verdienen glaubte.

Aber Trans Canada stellte sich als harte Prüfung für mich heraus. Nicht nur, weil das Wetter so mies war – es goss die ganze Woche wie aus Kübeln –, sondern auch, weil sämtliche Etappen auf endlos langen, flachen kanadischen Straßen stattfanden und fast zwangsläufig mit einem Massensprint endeten, was mir überhaupt nicht lag. Was die Sache nicht einfacher machte, war der Umstand, dass mein Körper mit dem Jetlag nicht zurechtkam. Ich achtete sehr genau auf meinen Körper, aber ich war lange Wettkampfreisen nicht gewohnt und den Flug auf die andere Seite des Atlantiks steckte ich nicht einfach so weg. Alles schien durcheinandergeraten und ich wachte zu allen möglichen Zeiten im Hotelzimmer auf, lag lange wach und dämmerte endlich weg, wenn es fast schon wieder Zeit zum Aufstehen war. Das war ein Gefühl, an das ich mich in den nächsten Jahren gewöhnen sollte, aber damals war es noch so, als hätte man mich an den Knöcheln gepackt und auf den Kopf gestellt.

Zu allem Überfluss musste ich für die Dauer des Rennens auch noch zum Vegetarier ehrenhalber werden. Unser Teamsponsor verdiente sein Geld mit dem Vertrieb vegetarischer Fertigprodukte und wollte zeigen, dass man als Profi auch fleischfrei Leistung bringen konnte. Auf dem Papier war es bestimmt eine prima Idee, mit einem Radsportteam für vegetarische Ernährung zu werben (außer vielleicht auf dem europäischen Festland, wo man mit dieser Idee vor allem auf fassungslose Köche und mitleidiges Servicepersonal stieß), aber es war vollkommen bescheuert von mir, zu erwarten, meine Ernährung von jetzt auf gleich so drastisch umstellen und dennoch auf gleichem Niveau Leistung bringen zu können. Das war einfach mehr, als mein Körper verkraften konnte. Das Engagement für das Team Linda McCartney war mir anfangs wie ein Licht am Ende des Tunnels erschienen, doch gegen Ende des Rennens war davon nicht mehr als ein schwaches, hoffnungsvolles Flackern geblieben.

Aber dann, als ich vor dem abschließenden Zeitfahren in Richtung Start rollte, änderte sich meine Welt für immer. Die hoch aufgeschossene, wohlmeinende Gestalt von Serge Parsani stellte sich mir in den Weg und bat um meine Telefonnummer. Parsani war als Leiter der Mapei-Mannschaft beim Rennen, er war also genau wie ich seit zehn Tagen da, aber bis dahin hatte er kein einziges Wort mit mir geredet. Ich konnte beim besten Willen nicht verstehen, warum jetzt plötzlich ein wichtiger Vertreter des erfolgreichsten Rennstalls der Welt an mich herantrat. Ich war ganz aus dem Häuschen. Ich war so aufgeregt, dass ich nicht einmal hätte sagen können, ob ich Freude oder Erleichterung oder eine Mischung aus beidem verspürte. Ich wollte lachen und weinen und jemanden küssen und einen Fernseher aus meinem Hotelzimmer werfen! Mein Kopf schwebte irgendwo über den Wolken.

Von dem Moment an, als das Gespräch mit Parsani endete, bis zu dem Tag drei Wochen später, als ich den Vertrag bei Mapei unterschrieb, hatte ich das Gefühl, überhaupt nicht mehr den Boden zu berühren.

Nach meiner Rückkehr nach Hause hatte Mapei mich kontaktiert und zu Tests in die Teamzentrale bestellt. Bevor wir uns auf den Weg nach Italien machten, holte Ken einen dicken Ordner mit meinen Blutuntersuchungen hervor: »Nur für den Fall, dass sie es sehen wollen.« Ich war zunächst überrascht. Weil ich bis dahin nie mit EPO in Berührung gekommen war, lebte ich in einer ganz anderen Welt als die meisten italienischen Amateure, mit denen Mapei es sonst zu tun bekam. Mir war bis dahin nicht mal in den Sinn gekommen, dass ein Profiteam sich vielleicht erst mal meine Blutwerte ansehen wollte, bevor es mich unter Vertrag nahm, um nicht die Katze im Sack zu kaufen.

Mit meinen Blutwerten hatte ich mich erstmals beschäftigt, als ich noch bei den Junioren an den Start ging. Ken, der sich intensiv mit Sportwissenschaft beschäftigte, hatte mein Blut regelmäßig untersucht, um sicherzustellen, dass mich das Training, das er mich absolvieren ließ, nicht vollkommen ruinierte. Ich hatte schon damals extrem hohe Hämatokritwerte, lange bevor die UCI, der internationale Radsportverband, die 50-Prozent-Regel und das System der »Gesundheitskontrollen« einführte, mit denen Fahrer vorübergehend aus dem Rennen genommen werden konnten. Als ich meine ersten Tests absolvierte, kam dabei am Ende nicht mehr als ein Haufen Zahlen heraus, die mir absolut nichts sagten. Ich wollte nur wissen, ob mein Blut in Ordnung war oder nicht. Soweit es mich betraf, war ich zufrieden, solange »hohe« Werte bedeuteten, dass ich gesund war.

Nachdem ich die Tests hinter mich gebracht hatte und wir in der Mapei-Zentrale auf die Resultate warteten, wurde mir schlagartig die Tragweite des Ganzen bewusst und ich geriet ein wenig in Panik. Ich redete mir ein, sie würden die hohen Hämatokritwerte sehen und lieber die Finger von mir lassen, weil ich ein Risiko darstellte. Ich machte mir Vorwürfe, einem so wichtigen Aspekt nicht mehr Bedeutung beigemessen zu haben. Aber da ich keinerlei Berührung mit Doping gehabt hatte, hatte es für mich auch keinen

Grund gegeben, sich mit dem Thema auseinanderzusetzen. Als die Resultate vorlagen, ging mein Hämatokrit wie gewohnt durchs Dach, aber Ken, der offenbar gut vorbereitet war, erläuterte die Messwerte und versicherte Aldo Sassi, dass ich zu 100 Prozent sauber war. Zu unserer beider Überraschung war Sassi keineswegs beunruhigt: Er hatte den hohen Hämatokritwert zur Kenntnis genommen, aber ebenso gründlich die anderen Testergebnisse studiert und sagte: »Nein, das ist schon in Ordnung. Wir können das einschätzen.«

Wie sich herausstellte, war der Hämatokrit-Test die simpelste Form der Blutanalyse, aber bei Mapei war man schlau genug, sich nicht nur auf diese günstigste und einfachste Methode zu verlassen. Sie schauten sich auch andere Werte an, die wesentlich zuverlässigere Hinweise darauf lieferten, ob jemand EPO nahm oder nicht. Die Ärzte untersuchten die Retikulozytwerte, die angaben, wie viele junge rote Blutkörperchen im Körper produziert wurden. Fielen sie extrem hoch aus, war das ein sicheres Anzeichen dafür, dass manipuliert wurde. Solche Verfahren standen auch der UCI zur Verfügung, aber aus irgendeinem Grund gaben sie sich mit der einfachsten Testmethode zufrieden und legten einen beinahe willkürlichen Grenzwert fest, mit dem sie redliche Sportler um ihren Lebensunterhalt bringen konnten.

Ich war unglaublich erleichtert. Damals interessierte mich nur, ob Mapei mich weiterhin verpflichten wollte, aber es war klar, dass ich der Sache in Zukunft mehr Aufmerksamkeit schenken müsste. Im Laufe meiner Karriere war mein Hämatokrit aber ohnehin ein Thema, bei dem ich gar nicht erst in Versuchung kam, es irgendwie vergessen zu können …

Nachdem ich die Tests hinter mich gebracht hatte, konnten wir die Vertragsunterzeichnung im Anschluss an die U23-WM in Verona im Teamhotel der britischen Mannschaft endlich unter Dach und Fach bringen. Als ich mit der Aussicht auf einen Profivertrag zu den Titelkämpfen anreiste, war ich der ganze Stolz des WCPP. Vor dem WM-Rennen auf der Straße, meinem wichtigsten Wettkampf des Jahres, stand ich, wie schon 1996 beim GP des Nations der Junioren, im Mittelpunkt des Interesses.

Aber diesmal kümmerte sich nicht nur Jacques Duchain um mich und es stand nicht nur Bernaudeaus Ruf auf dem Spiel; nun schaute eine ganze Rad-Nationalmannschaft auf mich.

Der Druck war größer geworden – ich konnte spüren, wie er sich in mir aufbaute. 1996 hatte sich, wenige Tage vor dem GP des Nations, ein riesiger Fleck auf meiner Nasenspitze gebildet. Vielleicht war es der Stress, vielleicht aber auch nur Zufall, aber als jetzt direkt vor den Weltmeisterschaften ein kolossaler Pickel an *genau* der gleichen Stelle auftauchte, hielt ich das für ein gutes Omen. In meinem komischen Aberglauben wertete ich es als ein Zeichen meiner guten Form und dass ich etwas Besonderes vollbringen würde, weswegen ich mich auch weigerte, den Pickel auszudrücken, obwohl er auf meiner Nasenspitze nicht zu übersehen war. Ich ließ ihn einfach munter vor sich hineitern. Wie sich herausstellte, war der Pickel nichts weiter als ein Pickel und keineswegs ein Indiz meiner guten Form. Gleichwohl erlebte er – trotz meines schwachen Abschneidens im Rennen – seinen Moment des Ruhms, als er in seiner ganzen Pracht auf dem Cover der *Cycling Weekly* zu sehen war, nachdem die Neuigkeiten von meinem Profivertrag die Runde machten.

Das U23-Rennen hatte am Freitag stattgefunden. Am Samstag unterschrieb ich den Vertrag, anschließend wurde ich von Mapei eingeladen, mir die Entscheidung der Elite am letzten Tag der WM von ihrem gigantischen Teambus aus anzuschauen. Nach einem Tag im imposanten Bus, wo ich farbige Fliesen mit Mapei-Logo bestaunte und jeden Moment damit rechnete, von der Security rausgeschmissen zu werden, ging es zu den Fahrerunterkünften, die im nächsten Jahr auch mein Zuhause sein würden.

Der Tag im Mapei-Bus war schon ziemlich abgefahren, aber die teameigenen Apartments setzten dem Ganzen die Krone auf.

Als wir am Ufer des Lago di Comabbio entlang in Richtung der Anlage fuhren, hatte Patrick Lefevere, einer der sportlichen Leiter des Teams, der mich und die beiden Amerikaner Chann McRae und Fred Rodriguez mitnahm, in bescheidenem, beinahe verlegenem Tonfall von den Unterkünften gesprochen. Aber als er den Wagen durch das elektrische Eingangstor steuerte, glaubte ich meinen Augen nicht zu trauen.

Die »Zimmer« stellten sich als 110 Quadratmeter große Luxusapartments heraus, die sich direkt am Ufer des Sees befanden. Während Patrick verschwand, um beim Verwalter die Schlüssel für meine Wohnung abzuholen, sah ich mich um und entdeckte zu meiner Begeisterung, dass zur Anlage ein Swimmingpool sowie ein riesiger Garten mit herrlichem Blick auf den Monte Rosa gehörten. Es war beeindruckend, aber das Beste kam noch.

Patrick kam zurück, die Schlüssel in der Hand, und schaute sich nach dem Apartment um, das mir zugewiesen wurde. Sein Blick blieb schließlich an einer Wohnungstür haften, die die gleiche Nummer trug wie der Schlüsselbund.

»Ah, hier lang.«

Er führte mich über den Hof zu einem der Apartments, die dem See am nächsten waren, öffnete die Tür und bat mich herein. Dass die Räume nicht funkelten, war aber auch alles: Die Wohnung sah aus, als wäre sie soeben für eine Putzmittelwerbung verwendet worden. Die komplette Einrichtung war brandneu, es fehlte an nichts. Ich ging in die noch unberührte Küche und öffnete aus reiner Neugier eine der Schubladen. Sie war bis oben hin voll mit jeglichem Besteck, das ich brauchen würde, und dazu mit ein paar Geräten, von denen ich nicht einmal wusste, dass es sie gab. Es war ein bezugsfertiges Luxusapartment und es war für mich. Ich war platt.

Während ich staunend durch die Räume ging, stand Patrick in der Tür und glaubte offenbar immer noch, sich für die Wohnung entschuldigen zu müssen. »Es kann sein, dass du dir das Apartment zu Anfang mit einem anderen Fahrer teilen musst, bis sich alles eingespielt hat. Wäre das in Ordnung?«

Ich hätte beinahe gelacht. Zwei Jahre zuvor hatte ich in einer Hütte gehaust, die scheinbar nur noch vom Dreck zusammengehalten wurde, und auf einem Bett geschlafen, das auf Ziegelsteinen aufgebaut war. Patrick hätte mir mitteilen können, dass ich mir das Apartment mit fünf Fahrern teilen müsste, und ich wäre immer noch überzeugt gewesen, das große Los gezogen zu haben.

Ich übernachtete dort, bevor ich mich am nächsten Tag auf die Heimreise machte. Als ich zu Bett ging, drehte sich mir der Kopf. In den vergangenen drei Wochen waren meine Sinne mit so vielen neuen Eindrücken überladen worden, dass mir beinahe schwindlig wurde. Ich war zum ersten Mal in Italien, und es war alles genau so, wie ich es mir vorgestellt hatte und sogar noch besser. Ich lag da und dachte bei mir, dass dies nun bald mein Zuhause wäre. Ich war nicht nur zu Besuch da, ich würde dort tatsächlich *leben*. Es war unglaublich – fast wie ein Traum, der plötzlich Realität geworden war. Es dauerte eine Weile, bis ich endlich einschlief. Als ich mitten in der Nacht aufwachte und pinkeln musste, machte ich im Bad das Licht an und sah mich um, überglücklich, dass noch alles da war.

Am nächsten Morgen wurde es noch besser. Ich suchte für ein paar Blutuntersuchungen das Büro auf, wo mir die Sekretärin mitteilte, dass für meinen Rückflug nach England nur noch ein Platz in der Business Class verfügbar sei. Ich hoffte, dass ich meinen freudigen Jauchzer tatsächlich nur innerlich ausgestoßen hatte, aber ich war inzwischen sowieso nicht mehr in der Lage, zwischen Traum und Wirklichkeit zu unterscheiden. Mit meiner Billighose von Gap und einem T-Shirt der britischen Radnationalmannschaft bekleidet saß ich Champagner schlürfend in der Lounge des Flughafens Malpensa und versuchte, das alles irgendwie zu verarbeiten.

Nach meiner Landung in Manchester wurde ich von Mike Taylor am Flughafen abgeholt. In meiner Zeit in Frankreich und auch während meiner Saison beim WCPP hatte ich regelmäßig mit Mike telefoniert und weiter großen Wert auf seinen Rat gelegt. Wann immer ich in der Heimat war, war mir daran gelegen, ihm und seiner Frau Pat einen Besuch abzustatten. Die beiden waren wie eine Familie für mich geworden. Sie waren meine erste Anlaufstation, wenn ich Probleme hatte, und sie waren auch die Ersten, die von meinen Erfolgen zu hören bekamen. Zur Feier meines Profivertrags hatten sie in ihrem Haus in Chapel-en-le-Frith mir zu Ehren eine Party auf die Beine gestellt. Sie brachten 80 Gäste in ihrem Haus unter und kümmerten sich darum, dass jeder Einzelne von ihnen sich wohl fühlte und sich gut amüsierte. Es kam wahrlich selten genug vor, dass es ein britischer Fahrer zu den Profis schaffte, und es war, als hätten sich sämtliche Leute eingefunden, die ich vom Sport her kannte, wie eine große Familie, die durch den Radsport, und natürlich durch Mike und Pat, verbunden war. Auch Ken war natürlich da. Ebenso David Millar, der Mike bei der gleichen Tour of Ireland kennengelernt hatte wie ich, aber schon seit zwei Jahren als Profi fuhr und aus Frankreich gekommen war. Dazu Graham Jones, ebenfalls einer von Mikes »Jungs«, sowie eine Reihe von Fahrern aus der Gegend, mit denen ich im Laufe der Jahre gefahren war. Es war ein unglaubliches Gefühl, wie der Übergang von einer Welt in eine andere. Mike und Pat waren unheimlich großzügige Menschen, die den Radsport liebten und nie um eine Gegenleistung baten. Als Profi zu ihnen zurückzukehren und die aufrichtige Herzlichkeit bei dieser Feier zu verspüren, war ein ganz besonderes Gefühl.

Mir blieben noch ein paar Monate, um mich auf meine erste Saison als Profi vorzubereiten. Nach einer kurzen Pause war es bald an der Zeit, die Rückkehr aufs Rad ins Auge zu fassen. Im Dezember war ich so weit, das Training für meine Laufbahn als Profi aufzunehmen, aber so ganz fühlte ich mich noch nicht wie einer. Vor meiner Abreise aus Italien hatte ich von Mapei eine Tasche voller Kleidung bekommen, in der ich im Winter trainieren sollte. Nüchtern betrachtet war es schon irgendwie komisch: Mapei war ein Baustoffproduzent, der Kleber für Wand- und Bodenbeläge herstellte, was so ziemlich das Langweiligste war, was man sich vorstellen konnte. Aber um die Radsportkultur war es so bestellt, dass es bei jemandem wie mir, der ein Fan war und jede Woche die *Cycling Weekly* verschlang, eine fast groteske Begeisterung auslöste, die mit dem Firmenlogo zugepflasterten Klamotten in Händen zu halten. Ich betrachtete mir die Sachen in ihren Verpackungen, packte sie aus und probierte sie an, aber trotzdem dauerte es bis zum ersten Tag des neuen Jahres, dass ich mich der Kleidung als würdig empfand und erstmals im Mapei-Outfit trainierte. Solange ich nicht ganz offiziell ab dem 1. Januar 2000 auf der Gehaltsliste des Profirennstalls

Mapei stand, fühlte ich mich noch ganz wie der Amateur, der ich bis dahin gewesen war. Es beschämte mich, diese Profiklamotten zu tragen. Es erschien mir falsch, sie vorher überzustreifen – so als wäre ich ein Hochstapler. Also trainierte ich den Winter über ganz in Schwarz. Anfang Januar aber erhielt ich ein Päckchen. Es waren meine neuen Visitenkarten von Mapei. Darauf stand: Charly Wegelius – *Ciclista Professionista*.

KAPITEL 3

PER VINCERE!

Das Hotel Zi' Martino war das, was Reiseführer gern als »Familienhotel« bezeichnen. Jeder Teil der Anlage hätte als Privatwohnung durchgehen können und war es vermutlich auch mal gewesen. Das Hotel befand sich in einem Ort namens Castagneto Carducci an der toskanischen Küste und war in den 1990er Jahren Stützpunkt der amerikanischen Motorola-Mannschaft gewesen, als sie hier ihre Trainingslager im Frühling absolvierten. Als ich mich im gemütlichen Speisesaal des Hotels, einem langen Raum mit niedriger Decke und einem Kamin, der permanent zu brennen schien, zum Abendessen setzte, war ich von gerahmten Fotos umgeben, die an diese Zeiten erinnerten: Phil Anderson und Steve Bauer, die mit dem stattlichen Hotelinhaber und seinem müde wirkenden Schäferhund posierten; die gesamte Mannschaft vor dem Hotel, eingerahmt vom selben Personal, das mich gerade emsig bediente. Als junger, englischsprachiger Radsportfan hatte ich Fahrer wie Phil Anderson und Frankie Andreu bewundert und stundenlang Bilder dieser Jungs betrachtet. Kaum zu glauben, dass sie an den gleichen Orten gewesen waren, an denen ich mich jetzt befand, und genau das Gleiche getan hatten, was ich jetzt tat. Egal, wie hart ich dafür gearbeitet hatte, ich würde mich erst noch daran gewöhnen müssen, nun selbst Radprofi zu sein.

Anfang Januar 2000 hatte ich eine Woche in der Teamunterkunft in Varano Borghi verbracht, bevor ich mich auf den Weg in die Toskana machte, um mich der Gruppe der anderen »jungen Fahrer« anzuschließen. Mapei hatte in diesem Jahr 39 Fahrer unter Vertrag; im Grunde waren es zwei Mannschaften unter einem Dach. Da war zum einen die Riege etablierter Namen, die zu den damals besten Radprofis der Welt zählten: Fahrer wie Johan Museeuw, Michele Bartoli oder Stefano Garzelli. Und zum anderen die jungen Fahrer, zu denen auch ich gehörte. Ein solches Nachwuchsteam war damals noch etwas völlig Neues im Radsport. Wir galten als die neue Generation, die mit durchdachter, konsequenter Arbeit erfolgreich sein sollte statt mit Doping. Das Projekt lag Mapeis Unternehmenschef Giorgio Squinzi, einem leidenschaftlichen Radsportfan und Mann der Wissenschaft und Ratio, sehr am Herzen.

Das Team junger Fahrer war seiner Zeit in mancherlei Hinsicht voraus: Mapei war aufrichtig daran gelegen, den Sport zu säubern. Im ersten Trainingslager hatte die Teamleitung erläutert, worum es bei dem Projekt ging. Der Radsport machte damals eine schwierige Phase durch. Die Festina-Affäre hatte deutlich gemacht, wie weitreichend und schamlos die Dopingkultur war, die diesen Sport seit langem durchzog. Nun gab es Druck seitens der Öffentlichkeit, die Übeltäter aus dem Verkehr zu ziehen; gleichzeitig aber es gab auch eine ganze Generation von Fahrern, die jahrelang einem System unterworfen waren, in dem alle – einschließlich der Verbände und Funktionäre – vor dem Problem immer die Augen verschlossen hatten. Dem Konzept unseres Teams lag der Gedanke zugrunde, den Radsport zu erneuern, indem man in junge Fahrer investierte und ihnen die Möglichkeit gab, sich in aller Ruhe zu entwickeln, ohne sich, wie es bei anderen Rennställen möglicherweise der Fall wäre, Sorgen um ihr Auskommen oder ihren Arbeitsplatz machen zu müssen.

Bei Mapei war man sich darüber im Klaren, dass eine Dopingkultur existierte, aber man wusste auch, dass man das Problem nicht mit Razzien wie beim Giro d'Italia in den Griff kriegen würde oder indem man ein paar Einzeltäter aus dem Verkehr zog. Mapei wollte ein Bewusstsein dafür schaffen, dass Doping in ihrem Team untragbar war, und baute eine Mannschaft auf, die so gut war, dass es den Fahrern genügte, ihr anzugehören. Wir waren überbezahlt, wir wurden besser umsorgt als jede andere Mannschaft des Planeten, und uns wurde versichert, dass man sich um uns kümmern würde, solange wir uns an die Teamphilosophie hielten. Es mag naiv gewesen sein, den Radsport auf diese Weise vom Doping befreien zu wollen, und doch war dieses Projekt seiner Zeit voraus, weil es einen positiven Ansatz verfolgte, statt mit Sanktionen zu arbeiten.

Alles wurde so umgesetzt, wie unser Sponsor Giorgio Squinzi es sich vorstellte. Der Radsport war für Squinzi mehr als nur ein reines Investment. Er war ein echter Fan und der Ansicht, dass dem Doping am ehesten durch positive Bestärkung beizukommen war. Das war ein Ansatz, den ich als sehr fair empfand. Es gab eine Menge junger Fahrer, die es als Amateure mit den Regeln nicht so genau nahmen und bessere Ergebnisse erzielten als unsere Fahrer, aber Mapei schaute sich jeden einzelnen Kandidaten sehr genau an und prüfte ihn auf Herz und Nieren. Wenn auch nur der Hauch eines Verdachts bestand, würde er schlicht und ergreifend keinen Vertrag erhalten. Das war eine deutliche Botschaft an alle jungen Fahrer, und es tat gut, sich im Trainingslager umzuschauen und die Gewissheit zu haben, nicht von Betrügern umgeben zu sein.

Das zehntägige Trainingslager diente außerdem dazu, der Gruppe, die ausschließlich aus Neoprofis bestand, die Gelegenheit zu geben, sich untereinander und die Betreuer kennenzulernen, ohne sich von den großen Stars der Mannschaft ablenken zu lassen. Der Mann, der für unsere Gruppe verantwortlich war, war Teammanager Roberto Damiani. Ich war Roberto schon vor dem Trainingslager ein paar Mal begegnet, aber als wir nun in der Toskana zusammenkamen und die ernsthafte Arbeit begann, bestand von Anfang an kein Zweifel daran, dass Damiani Großes vorhatte. Man konnte sich seiner Ausstrahlung nicht entziehen. Er war autoritär und legte äußersten Wert auf Disziplin. Er wollte, dass wir das Beste aus uns herausholten, und er ließ keine Gelegenheit aus, uns daran zu erinnern, warum wir dort waren.

Am eigenen Leib bekam ich dies erstmals am zweiten Abend des Trainingslagers zu spüren, als ich gerade auf dem Weg zum Speisesaal über den Flur ging.

»Charly ... wo willst du hin?«

Ich drehte mich um, als ich Damianis Stimme hörte, und sah ihn raschen Schrittes auf mich zueilen. Ich war nicht sicher, was ich darauf entgegnen sollte, also sagte ich: »Zum Abendessen.«

»Warum gehst du zum Abendessen, Charly?«

Ich war vollkommen perplex angesichts dieser Frage, denn ich hielt es für sonnenklar, warum ich zum Abendessen ging. Ich zögerte, bevor ich antwortete. »Um Nahrung aufzunehmen?«

»Nein. Du gehst zum Abendessen, Charly, *per vincere*. Um zu gewinnen! Alles was du tust, Charly, tust du, um zu gewinnen. Deswegen bist du hier, deswegen sind wir Radfahrer: um zu gewinnen. *Allora*, wann immer ich dich frage, warum du hier bist, möchte ich von dir hören: ›*Per vincere!*‹ Und ich möchte, dass du das bei allem, was du tust, im Hinterkopf hast. Also, warum gehst du zum Abendessen, Charly?«

»*Per vincere!*«

»*Bravo, ottimo!*«

Und damit zog Damiani zufrieden von dannen. Das klingt vielleicht ganz lustig, aber er machte keine Späße. Mit jedem Fahrer, dem er auf dem Hotelgelände begegnete, zog er das gleiche Programm durch, und egal, was der Fahrer gerade tat, er wollte stets die gleiche Antwort hören: *per vincere!*

Wir mussten jedes Mal lachen, wenn wir es hörten, und nach einer Weile auch, wenn wir es aussprachen, aber es herrschte kein Zweifel daran, dass es ihm bitterernst damit war. Er war ein Mann, stellte ich mir vor, dessen erster Gedanke nach dem Aufwachen war, wie er das nächste Radrennen gewinnen könnte. Im Trainingslager bemerkte ich, dass er selbst dann, wenn er sich zum Abendessen setzte, die Fäuste geballt auf den Tisch legte, als könne er sich nicht gestatten, auch nur einen Moment lang zu entspannen und so möglicherweise die Gelegenheit zu verpassen, uns zu verbessern.

Angesichts all der Veränderungen in meinem Leben und aufgrund meines Bestrebens, den Winter über gut zu trainieren, hatte ich vor dem Trainingslager kaum Zeit gehabt, Italienisch zu lernen. Das war ein Fehler, der mir eine ziemlich harte Woche bescherte. Ich teilte mir das Zimmer mit einem Typen namens Nicola Chesini, der kein Wort Englisch beherrschte und außerdem mit einem so seltsamen Brescianer Dialekt sprach, dass ich ihn wohl selbst dann kaum verstanden hätte, wenn ich des Italienischen mächtig gewesen wäre. Chesini war ein recht untypischer Italiener, denn er machte keinerlei Anstalten, freundlich zu sein, und vielleicht war das auch ein Grund, weshalb er nur ein Jahr bei der Mannschaft blieb. Profi zu werden, war für Chesini und die anderen Italiener im Team sicher eine große Sache, aber sie lebten weiterhin in Italien und aßen im Kreise anderer Italiener italienische Speisen in einem italienischen Hotel. Das war etwas komplett anderes als das, was ich erlebte. Ich kam mir vor, als hätte man mich aus einem Raumschiff geworfen. Ich verstand nichts von dem, was im Fernsehen passierte, und ich verstand nichts von dem, was beim Abendessen gesprochen wurde. Ich saß erschöpft am Tisch und wusste nicht, wie ich um mehr Nudeln oder weniger Soße hätte bitten können. Schon um acht Uhr abends war ich hundemüde, völlig erschlagen von den ganzen Strapazen des Tages.

Meine einzige Chance auf echte soziale Interaktion boten mir Damiani, der Französisch sprach, und der belgische Fahrerkollege Kevin Hulsmans, ein wirklich netter Kerl, der sich große Mühe gab, sich auf Englisch mit mir zu unterhalten. Ich nahm mir vor, schleunigst die italienische Sprache zu lernen und mich so schnell wie möglich an die italienische Kultur zu gewöhnen. Denn ohne Sprachkenntnisse wäre ich ständig außen vor und hätte ebenso gut gar nicht da sein können.

In einer Profimannschaft, so lernte ich, ging es zumindest nicht mehr ganz so sehr wie in einer Mördergrube zu, wie dies bei den Amateuren der Fall gewesen war, wo jeder unbedingt den nächsten Schritt machen wollte, aber nur wenige dazu in der Lage waren. In einem Profiteam ist man unter Kollegen, die es alle in gewisser Weise geschafft haben. Trotzdem war es ein ständiger Kampf ums Überleben, sowohl auf dem Rad als auch in zwischenmenschlicher Hinsicht. Lance Armstrong hatte die Tour damals »erst« ein Mal gewonnen, und die Europäer waren immer noch fassungslos, dass er sich standhaft weigerte, auf Pressekonferenzen Französisch zu sprechen. Es sollte noch Jahre dauern, bis sich Englisch allmählich zur Standardsprache im Peloton entwickelte. Für einen Fahrer wie mich war es wichtig, sich anzupassen und sich auf seine Gastgeber einzustellen. Ich musste lernen, wie die Italiener ticken, und zwar schnell. Italiener, stellte ich fest, missverstehen Zurückhaltung schnell als Arroganz oder als Anzeichen eines einzelgängerischen, unverträglichen Charakters. Geselligkeit ist ein so fundamentaler Wesenszug der italienischen Kultur, dass Italiener häufig unwillkürlich dazu neigen, keinerlei Verständnis für Leute aufzubringen, die anders gestrickt waren als sie.

László Bodrogi war einer der Fahrer, die unter dieser Kultur besonders zu leiden hatten. László war Ungar und hatte sich mit ein paar sehr beeindruckenden Ergebnissen für das Team empfohlen, aber er passte einfach nicht hinein und war vielleicht deswegen nie in der Lage, sein volles Potenzial auszuschöpfen. László war zugegebenermaßen ein bisschen eigen. In den ersten paar Monaten war er mein Mitbewohner in der Mapei-Unterkunft und er hatte schon ein paar komische Macken. Beispielsweise hängte er seine Socken immer akkurat nach Farben sortiert auf der Wäscheleine auf und war manisch darauf bedacht, dass sämtliche Gegenstände stets im rechten Winkel ausgerichtet waren, bis hin zu Messer und Gabel auf dem Esstisch (natürlich bereitete es mir eine diebische Freude, alles neu zu arrangieren, sobald er das Zimmer verließ, und dann seine Leichenbittermiene zu beobachten, wenn er zurückkam). Mit Geselligkeit hatte er nichts am Hut und die freie Zeit zwischen den Rennen verbrachte er meistens an der PlayStation.

Er war kein schlechter Kerl, aber er wurde sofort ausgegrenzt, weil er als komischer Kauz abgestempelt wurde. Im Radsport geht es, insbesondere in Italien, wie auf dem Schulhof zu, und wer sich nicht anpasst, wird entweder schikaniert oder links liegengelassen.

Nicht die Sprache zu beherrschen, gestattete mir vielleicht, ihr Verhalten mit größerer Objektivität zu studieren. Wie auch immer, nach einer Woche glaubte ich, die Italiener schon ein wenig besser zu verstehen. Nicht so sehr, dass ich mich vollends auf ihre Sicht der Dinge eingelassen hätte – das würde mir auch nach Jahren noch schwerfallen –, aber einstweilen konnte ich zumindest einigermaßen einschätzen, wie ich mich zu verhalten hatte. Ich bemühte mich, ungezwungen aufzutreten und mich anzupassen. Mir war seit Jahren der Ruf vorausgeeilt, ein zielstrebiger und ehrgeiziger Typ zu sein, ich war also sehr erleichtert, festzustellen, dass ich durchaus auch gesellig sein konnte.

An sich war ich für jeden Spaß zu haben, aber in meiner Zeit als Amateur war diese Seite aufgrund meiner Verbissenheit deutlich zu kurz gekommen. Mit meinen Teamkollegen beim WCPP hatte ich nichts zu tun gehabt, weil ich es für Zeitverschwendung hielt. In Italien aber hing mein sportliches Überleben davon ab, mich in das Mannschaftsgefüge einzugliedern, und so kam eine ganz andere Seite an mir zum Vorschein. In den ersten Monaten in Italien machte ich mich mit großem Eifer daran, die Sprache zu erlernen, und wenn ich naturgemäß ein paar Fehler machte, nahm ich es mit Humor. Übrigens sehr zur Freude der Italiener, die nicht besonders gut darin sind, über sich selbst zu lachen, und so machte ich mich bei vielen Leuten recht schnell beliebt.

Mir war es damals nicht bewusst, weil ich so erpicht darauf war, mich zu integrieren, aber indem ich die Aspekte meiner Persönlichkeit hervorkehrte, mit denen ich mich am ehesten an mein Umfeld anpasste, und mich vom bierernsten Schweiger zum geselligen Spaßvogel wandelte, ging auch in mir selbst eine Veränderung vonstatten. Meine Anpassungsfähigkeit wurde zu einer Qualität, die mich für die Rolle des Domestiken geradezu prädestinierte. Ironischerweise war es eine Seite meiner Persönlichkeit, die ich gegen Ende meiner Karriere am wenigsten an mir leiden konnte. Es war, wie sich zu verlieben und mit der betreffenden Person zusammenzuziehen: Als ich in die Welt des Profiradsports eintrat, war ich so verknallt in diese neue Welt, dass ich die kleinen Ärgernisse einfach ignorierte, aber in der langfristigen Beziehung, auf die ich mich einließ, würden mich die kleinen Lügen, mit denen ich mich beruhigte, früher oder später einholen.

* * *

In diesen ersten paar Monaten, die sich um einen engen Terminplan aus Trainingslagern und anderen Verpflichtungen drehten, war ich vor allem damit beschäftigt, mich an das Leben als Profi zu gewöhnen. Eine weitere wichtige Veränderung stellte das Training dar. Nachdem ich unterschrieben hatte, war mein früherer Coach Ken Matheson von Aldo Sassi abgelöst worden. Ich war Sassi erstmals im vorigen Oktober begegnet und sofort von seiner Intelligenz beeindruckt gewesen. Er hatte etwas von einem durchgeknallten Professor: Die Kleinigkeiten des Alltags waren für ihn nichts weiter als Unannehmlichkeiten, die ihn von dem abhielten, was er am meisten liebte, nämlich über neue Möglichkeiten nachzudenken, uns zu besseren Radfahrern zu machen. Ich mochte ihn gleich, denn ich erkannte, dass er ebenso wie ich stets bereit war, sich auf innovative Ideen einzulassen, um schneller zu werden. Darüber hinaus war er ein freundlicher Mann, der mich wohl auch als Mensch schätzte, und er sollte großen Einfluss auf meine weitere Karriere haben.

Anfangs bedeuteten seine Trainingsmethoden eine große Umstellung für mich, und ich hinkte den meisten meiner Teamkollegen hinterher. Die Italiener waren in der Entwicklung neuer Trainingstechniken ganz vorne und hatten den Straßenradsport seit Jahren dominiert. In meiner ersten Profisaison musste ich Dinge lernen, mit denen andere vertraut waren, seit sie 15 waren – Dinge, von denen ich nicht einmal geahnt hatte, dass sie existierten, wie zum Beispiel motorisierte Schrittmacher oder Krafttraining. Ken hatte hervorragende Arbeit mit mir geleistet und mir das grundlegende Verständnis für das Training und die Funktionsweise meines Körpers vermittelt, aber Sassi war derjenige, der mir zeigte, wie ich den Job zu Ende brachte, die Feinabstimmung leistete und mir den nächsten Schritt ermöglichte.

Als endlich die ersten Rennen anstanden, schien ich mich trotz der vielen Umstellungen recht gut eingelebt zu haben. Der Wechsel zu den Profis war überhaupt kein Vergleich mit dem Kulturschock, den ich in meinem ersten Jahr als Amateur in Frankreich erlebt hatte. Ich war von Anfang an voll einsatzbereit. Ich begriff, was in den Rennen von mir erwartet wurde, und tat alles, was man von mir verlangte. Ich fühlte mich wie jemand, der seine erste Woche im Büro absolviert und unter den geringschätzigen Blicken der älteren Kollegen umtriebig herumwuselt. Ich dachte: »Das ist leicht, ich könnte noch viel mehr machen.« Ich bestritt zunächst kleinere Rennen, vom Niveau her in etwa vergleichbar mit den höherklassigeren Rennen, die ich für Vendée U gefahren war, aber im April, nach nur vier Monaten im Profigeschäft, wartete eine Überraschung auf mich.

»Was hältst du davon, den Flèche zu fahren?«

Damiani lehnte den Kopf zurück und schaute mich durchs offene Autofenster an, während er mir eine weitere Trinkflasche reichte. Ich glaubte meinen Ohren nicht zu trauen. Ich hörte auf zu treten und schaute ihn einen Moment lang mit großen Augen an. Der Anflug eines Grinsens breitete sich auf seinem normalerweise ernsten und konzentrierten Gesicht aus.

Wir befanden uns auf der dritten Etappe des französischen Rennens Circuit de la Sarthe, und es waren nur noch wenige Tage bis zum belgischen Eintagesklassiker Flèche Wallonne. Der »Wallonische Pfeil« war einer der Höhepunkte des Frühjahrs und damit ein viel größeres Rennen, als wir Jungprofis zu fahren gewohnt waren. Als Damiani mir die letzte Trinkflasche reichte, sagte er: »Einer aus dem Kader für die Klassiker ist krank geworden, also brauchen sie einen Ersatzmann, und ich habe dich vorgeschlagen.«

Das war, wie ich wusste, ein immens wichtiger Moment für mich, und ich glaube, auch Damiani genoss die Situation ein wenig. Mich durchfuhr der Gedanke: Das Team musste *einen* Startplatz mit einem Jungprofi füllen, und die Wahl war auf *mich* gefallen. Es war erst April, und ich hatte bis dahin keine nennenswerten Ergebnisse eingefahren, aber anscheinend war es mir dennoch gelungen, die Teamleitung zu beeindrucken. Ich arbeitete mich mit den Taschen voller Trinkflaschen zurück ins Feld und fühlte mich wie ein Kind, das gerade sein erstes Bier getrunken hat: Ich fühlte mich wie ein Mann.

Mein Zimmergenosse beim Flèche war Axel Merckx. Sich mit dem Sohn des größten Radsportlers aller Zeiten das Zimmer zu teilen, war eine ziemlich große Sache für mich. Axel war ein entspannter und ganz »normaler« Typ, aber wenn ich ihn ansah, kam bei mir immer noch ein kleines bisschen der Radsportfan durch. Ich dachte: »Dein Vater war der größte Fahrer aller Zeiten, und jetzt stehst du direkt neben mir!« Wenn ich darüber nachdachte, kam mir die ganze Situation wieder unwirklich vor. Axels Welt und die meine hatten früher unvorstellbar weit auseinandergelegen, und jetzt überschnitten sie sich. Als ich am Nachmittag vor dem Rennen auf dem Bett lag, wurde die Sache sogar noch unwirklicher. Axel war zur Massage gegangen, als das Telefon klingelte. Jemand fragte, ob Axel da sei, und ich sagte: »Nein, er ist gerade zur Massage.« Die Stimme antwortete: »Macht nichts, viel Glück morgen – sag ihm, sein Vater hat angerufen.« »Klar, kein Problem«, sagte ich und legte auf, bevor mir schlagartig klar wurde: Ach du Scheiße, das war Eddy Merckx!

Als Teil der stärksten Klassiker-Mannschaft ihrer Zeit beim Flèche Wallonne anzutreten, war ein einmaliges Erlebnis. Ich war ganz aufgeregt, dabei zu sein, aber als das Rennen losging, war ich zunächst vor allem überrascht. Ich hatte die letzten Stunden des Rennens so oft im Fernsehen gesehen, dass ich davon ausgegangen war, dass es von Anfang an wellig wäre, das perfekte Terrain für einen Kletterer wie mich. Nach stürmischer und unangenehm flacher Anfangsphase erreichten wir zum ersten von drei Malen die Mauer von Huy, den berühmten Schlussanstieg. Als ich durch die Menge die engen Kehren hinauffuhr, empfand ich mich endlich als Teil dieses großartigen Rennens, so wie ich es mir ausgemalt hatte. Das war es, worum es ging. Ich war Teil eines Spektakels, das ich tausendfach am Bildschirm erlebt hatte, und unter den Zuschauern, die uns vom Straßenrand aus anfeuerten, entdeckte ich das stolze Gesicht von Mike Taylor, der extra angereist war. Aber meine Euphorie währte nur kurz: Sobald wir den Anstieg hinter uns hatten, ging es wieder ins Flache, wo wir im Gegenwind aneinandergereiht ums Überleben kämpften. Mitten im Feld einen legendären Anstieg wie die Mauer von Huy zu bewältigen, hatte mir zwar ein kurzes Kribbeln beschert, aber zu solchen Rennen gehörte viel mehr dazu, als ich geahnt hatte, und sie waren viel schwerer, als ich sie mir jemals ausgemalt hätte.

Ich hatte beim Flèche Wallonne als Teil der »großen« Mannschaft teilnehmen dürfen, weil es, obwohl Mapei zwischen Routiniers und Jungprofis unterteilte, keine so strikte Trennung gab wie später, als die UCI die Zahl der Fahrer einer Mannschaft beschränkte und Mapei zwei verschiedene Teams melden musste (eins für die erste und eins für die dritte Division). In meiner ersten Saison wurden die Mannschaften oft durchgemischt, so dass ich regelmäßig mit Leuten wie Andrea Noè, Davide Bramati, Paolo Lanfranchi und Paolo Fornaciari fuhr. Diese Jungs waren ohne Zweifel der lauteste Haufen im Peloton. Noè und Bramati hatten tiefe, dröhnende Stimmen, die kilometerweit zu tragen schienen. Egal, wo im Feld man sich gerade aufhielt, wenn einer von den beiden etwas sagte, konnte man seinen Hintern darauf verwetten, dass man es hören würde. Diese Jungs waren nicht nur auf dem Rad ein lauter Haufen. Auf einem Flug zu einem Rennen bat einer der Passagiere sogar darum, in die zweite Klasse wechseln zu dürfen, um seine Ruhe zu haben. Sie allesamt waren gute, starke Fahrer und gingen mit dem Selbstbewusstsein ins Rennen, dass Italien den Radsport in den vergangenen zehn Jahren dominiert hatte und sie selbst die wichtigsten Domestiken des größten Radrennstalls der damaligen Zeit waren. Und aus irgendeinem Grund hatten sie es sich in den Kopf gesetzt, dass ich derjenige wäre, dem sie diesen Job beibringen würden.

Das war nichts, was jemals offen verkündet oder ausgesprochen wurde, und es gab genug andere Fahrer, die dafür in Frage gekommen wären. Der Österreicher Gerhard Trampusch zum Beispiel, der im gleichen Alter war wie ich und wahrscheinlich der begabtere Fahrer, aber ihn ließen die Kollegen einfach links liegen. Wahrscheinlich hatten sie einfach erkannt, dass er auf Siege aus war, während ich jemand war, der ihre Rolle ausfüllen könnte. Falls Trampusch zehn Rennen gewinnen wollte, war das schön für ihn, aber das war nichts, was sie ihm beibringen konnten – sie hatten ja selbst kaum ein Rennen gewonnen. Aber sie konnten aus mir einen Domestiken machen – das war der Job, mit dem sie sich auskannten. Sie mussten es nicht tun und ein Stück weit schnitten sie sich damit sogar ins eigene Fleisch, aber sie hatten beschlossen, es mir beizubringen, und sie taten es auf die gleiche Weise, wie es ihnen einst beigebracht worden war.

Mir war natürlich bewusst, dass es im Profiradsport den Job des Domestiken gab, aber wie viele andere hatte ich keine klare Vorstellung, was alles dazugehörte. In physischer Hinsicht war es Aufgabe eines Domestiken, seine eigenen Kräfte darauf zu verwenden, die seines Kapitäns zu schonen, damit der, wenn es darauf ankam, noch so viele Körner hatte wie möglich. Dazu gehörte, ihn aus dem Wind zu nehmen, ihn mit Verpflegung, Kleidung und Anweisungen vom Teamwagen zu versorgen und, am allerwichtigsten, ihn für die entscheidende Phase des Rennens in Position zu bringen. Aber es waren andere, noch kompliziertere Dinge zu lernen, zum Beispiel wie man den Rennverlauf zugunsten des eigenen Kapitäns gestaltete oder lenkte. Es gab Dutzende Möglichkeiten, wie ein Domestik das anstellen konnte: sich unter Ausreißer mischen und auf die Tube drücken, um die Gegner zu ermüden, oder sich in einer Fluchtgruppe passiv verhalten und das Tempo verschleppen. Manchmal war es geboten, sich einer solchen Gruppe anzuschließen, um vorne einen frischen Helfer zu haben, wenn der Kapitän seinerseits eine Attacke fuhr. Die Möglichkeiten waren endlos, wie mir bald klar wurde. Aber das Wichtigste, was ich lernte, war, dass ein Domestik genauso stark sein musste wie sein Kapitän und außerdem klug und stets auf der Höhe des Geschehens. Manchmal war es Sache des Domestiken, in Bruchteilen von Sekunden und ohne den Beistand des Kapitäns oder der sportlichen Leiter richtungsweisende Entscheidungen zu treffen. Die Fähigkeit, solche Entscheidungen treffen zu können, würde meine Rolle als Domestik definieren, und bis ich dazu in der Lage wäre, würde ich noch eine Menge lernen müssen.

Die Methoden meiner Lehrmeister waren keineswegs so einfühlsam, wie ich es mir erhofft hatte. Eher war es so, dass sie den Job geradezu in mich hineinprügelten. Ständig lagen sie mir in den Ohren: »Warum machst du das? Lass das! Hör auf damit! Fahr hierhin! Fahr dorthin! Warum sieht dein Sattel so aus? Die Jacke brauchst du heute nicht.« Sie sprangen ziemlich burschikos und grob mit mir um. Bisweilen fühlte ich mich schikaniert, aber es war ihre Art, mich auszubilden. Manchmal machten sie mir das Leben ziemlich schwer: Ich war Zielscheibe ihrer Witze und musste die ganzen Drecksarbeiten verrichten, wie in den unmöglichsten Momenten Trinkflaschen zu holen. Die »Methoden«, die diese Fahrer anwendeten, um mich abzuhärten, hätten mich beinahe gebrochen. Es gab Momente, wenn im Rennen gerade nichts passierte, in denen mir sogar davor graute, mich an ihnen vorbei ans Ende des Feldes zurückfallen zu lassen, denn sobald sie mich sahen, würde das Geschrei losgehen: »*Ecco, Charly! Ma dove vai? Dove vai, Charly?*« Dann würden sie anfangen, über irgendetwas oder gar nichts zu lachen. Manchmal war es hart, aber ganz gewiss hatte ich es ihnen zu verdanken, in den nächsten zehn Jahren im Geschäft zu bleiben.

Es gab Ausnahmen unter den älteren Fahrern, die mir auf andere Weise halfen, und sie waren es, die mich bei Verstand hielten. Stefano Zanini war einer der Kollegen, mit denen ich von Anfang an gut zurechtkam. Er war ein bisschen anders als die anderen, denn er war ein Siegfahrer, er gewann namhafte Rennen und er wurde dafür bezahlt, dies zu tun. Stefano war ein groß gewachsener Kerl, wie geschaffen für die Klassiker, gleichzeitig war er ein zurückhaltender Typ, der sich mit seinem blonden Haar und seinem wohlwollenden Lächeln von vielen Italienern unterschied. Er sprach nicht viel, aber in den ersten Jahren fiel mir auf, dass er oft an meiner Seite war, und das gab mir Sicherheit. Er wurde zu einem großen Bruder für mich. Er nahm sich die Zeit, mich in der Gegend, wo wir beide wohnten, in Trainingsgruppen unterzubringen, und führte mich sogar in seinen Freundeskreis ein. »Zaza« wurde in meiner Karriere zu einem meiner besten und langjährigsten Freunde.

Ich fand es unglaublich, dass einige meiner Teamkollegen wie Zaza oder auch Daniele Nardello – ein weiteres freundliches Gesicht in der heimischen Trainingsgruppe – sich die Mühe machten, mich Leuten vorzustellen.

Sie riefen ständig an, obwohl ich selbst nicht darauf gekommen wäre, mich zu melden. Ich fand das umso erstaunlicher, weil ich mich noch ein Jahr zuvor meinen Kollegen beim WCPP gegenüber so abweisend verhalten und ihnen kaum Beachtung geschenkt hatte. Ich hatte ihr fahrerisches Niveau gesehen und befunden, dass ich keine Zeit hätte, mich um sie zu kümmern, wollte ich selbst erfolgreich Rennen fahren. Und jetzt hatte ich es mit Leuten zu tun, die es im Sport bis ganz nach oben geschafft hatten und sich dennoch die Zeit nahmen, mich anzurufen und mit mir auszugehen, um mich ihren Freunden vorzustellen. Das war ein richtiger Weckruf für mich.

* * *

Auch wenn es für manche Fahrer schon beschlossene Sache war, hatte mich die Teamleitung nicht gleich in die Schublade des Domestiken gesteckt. Aber die paar Male, bei denen ich eine Führungsrolle übernahm, so wie es 2000 und 2001 hin und wieder der Fall war, spürte ich die ganze Verantwortung auf mir lasten, die das Profidasein mit sich bringt, und mir wurde sehr schnell klar, dass mir das ganz und gar nicht gefiel.

Anfang Juni 2000 befand ich mich auf der schwersten Etappe der Friedensfahrt in einer Ausreißergruppe. Die Friedensfahrt führte durch mehrere ehemalige Ostblockstaaten, und das Etappenziel dieses Tages war in Polen. Es regnete in Strömen, die Straßen waren schmutzig und von einer dicken schwarzen Schmiere bedeckt, die uns alle aussehen ließ, als wären wir soeben aus einer Kohlengrube gekommen. Aufgrund der äußeren Bedingungen und der Angriffslust der Fahrer war es von Anfang an eine schwere Etappe gewesen.

Es war eine richtige Schlammschlacht und machte absolut keinen Spaß. Nach etwa hundert Kilometern befand ich mich am Ende der Gruppe und tröstete Antonio Rizzi, der weinte, weil er es nicht mehr ertragen konnte. Er war der einzige Italiener, den Mapei zu dieser Rundfahrt geschickt hatte, und hatte niemanden, mit dem er reden konnte – für einen Italiener ein echtes Problem. Er hörte gar nicht auf zu heulen, und ich hatte das Gefühl, ihm keine große Hilfe zu sein, also meinte ich: »Gut, dann bleib hier«, und sah mich nach einem Hinterrad um, um zurück ins Feld zu kommen. Als ich eins fand, war es durchaus kein schlechtes. Andreas Klöden schleppte mich zum Ende des Feldes und dann direkt daran vorbei. Ehe ich mich versah, hatten wir eine Lücke gerissen, nur ein paar Fahrer gingen noch mit. Ich drückte auf die Tube, und als ich mich das nächste Mal umsah, hatten wir uns abgesetzt. Wir waren zu sechst in der Gruppe: zwei polnische Fahrer, Denis Lunghi von Colpack, Juan Manuel Gárate von Lampre, Klöden und ich. Eine gute Gruppe mit guten Fahrern. Wir fuhren einen ordentlichen Vorsprung heraus und erreichten zusammen den Zielort Kudowa Zdrój.

Der letzte Kilometer ist eine trügerische Distanz, die manchmal unendlich lang und dann wieder viel zu kurz erscheint. Dieser letzte Kilometer war einer der längsten, den ich jemals gefahren bin. Als wir die *flamme rouge* erreichten, die die letzten 1.000 Meter einläutete, ging es auf abschüssiger Straße in die Stadt hinein und danach auf einer langgezogenen Linkskurve Richtung Ziel. Als wir den Hügel hinab auf die Kurve zusteuerten, schien alles viel zu schnell zu gehen, mein Verstand ratterte auf Hochtouren, und ich überlegte, was zu tun sei. Als wir aus der Kurve kamen, war ich sicher, dass wir mindestens 750 Meter hinter uns gebracht haben mussten. Die Straßen waren von Menschenmengen gesäumt, und ich versuchte, die anderen Fahrer im Auge zu behalten und ebenso die Distanz bis zum Ziel, das jetzt in Sicht war. Jeder versuchte, zu pokern und die anderen in Sicherheit zu wiegen. Es herrschte die Ruhe vor dem Sturm. Ich sah die anderen an und sah die Ziellinie, dann griff ich an. Ich trat in die Pedale und zog gegen die Steigung den Sprint an. Ich sprintete so schnell ich konnte, mit jedem Gramm Muskel, das ich mobilisieren konnte. Ich spürte die Distanz zwischen mir und den Fahrern hinter mir und dann schaute ich kurz auf, um zu schauen, wie nah das Ziel war.

Was ich sah, brach mir das Herz. Die Ziellinie war immer noch unglaublich weit weg. Ich hatte mich von der Steigung der Straße täuschen lassen, die mir das Gefühl gegeben hatte, dem Ziel viel näher zu sein, als ich es tatsächlich war. Ich spürte, wie meine Beine zu Pudding wurden und meine

Euphorie sich in Beschämung wandelte. Im Nu verspürte ich den Sog der anderen Fahrer, als sie Tempo aufnahmen und einfach an mir vorbeischossen. Sie fuhren um den Sieg, und ich blieb zurück. Die Linie schien immer noch nicht näher zu kommen. Die Straße bäumte sich vor mir auf wie in einem Radfahreralptraum, und ich hatte das Gefühl, fast zum Stillstand zu kommen. Der letzte Abschnitt zog sich ewig hin: Auf nur 200 Metern verlor ich vier Sekunden auf den Sieger. Ich hatte es vollkommen verbockt.

Das war eine demütigende Erfahrung für einen Neoprofi und ganz besonders für mich. Ich hatte mich nicht darum gerissen, in der Fluchtgruppe zu sitzen, und insgeheim hoffte ich zumindest auf ein anerkennendes Schulterklopfen, weil ich zum ersten Mal als Profi vorne mit dabei gewesen war. Die Niederlage tat weh, aber Damianis Reaktion, als ich ihm im Ziel begegnete, war niederschmetternd.

»Wenn ich es nicht besser wüsste, würde ich sagen, dass du den Sieg verkauft hast.«

Er wurde nicht laut dabei, aber seine Bemerkung traf mich bis ins Mark. Ich hatte den Sprint zu früh angezogen und es in den Sand gesetzt und fühlte mich deswegen schon elend genug, aber was er sagte, gab mir den Rest. Er schien ehrlich überrascht, dass jemand sich so blöd anstellen konnte, ohne dafür bezahlt worden zu sein. Zu diesem Zeitpunkt der Saison hatte die Mannschaft schon mehr als 30 Siege auf dem Konto – Mapei war ein Team, das Siege erwartete. In einem kleineren Rennstall wäre es vielleicht eine beachtliche Leistung gewesen, in einer Ausreißergruppe um den Sieg mitzufahren, aber das Privileg, für Mapei an den Start gehen zu dürfen, brachte ganz andere Erwartungen mit sich. Der Radsport war ein knallhartes Geschäft. Als ich noch ohne Profikontrakt für den WCPP gefahren war, war alles, was ich anstellte, großartig, weil ich ihr bester Fahrer war und sie ohne mich aufgeschmissen gewesen wären. Bei Mapei wehte ein anderer Wind. Wenn ich mich am Abend vor einem Rennen zur Teamsitzung einfand, war ich Teil einer Maschine mit acht anderen Fahrern, die alle ehrgeizig waren und alle Geld verdienen mussten. Draußen vor dem Hotel stand ein riesiger Bus, der durch halb Europa hergefahren war, und wir hatten zehn Betreuer, die sich rund um die Uhr um uns kümmerten. In einem Büro in Mailand gab es sogar ein junges Mädchen, dessen einzige Aufgabe es war, uns Flugtickets zu besorgen, damit wir zu den Rennen kamen. Der Fortbestand dieser ganzen Maschinerie hing davon ab, ob wir in der Lage waren, Rennen zu gewinnen. Wenn mir eine bestimmte Aufgabe zufiel und ich Mist baute und es in den Sand setzte, dann trug ich die Verantwortung dafür. Es war eine unangenehme Form von Druck, es war knallhart und es war mir zuwider.

Ich hatte das Gefühl, auf allen Seiten von Gewinnern umgeben zu sein. Selbst mit unserer Nachwuchsmannschaft hatten wir von Saisonbeginn an reihenweise Siege eingefahren. Mein Versagen in Polen schürte nur weiter meine Zweifel, nicht so wie die anderen zu sein. Fahrer wie Luca Paolini, Crescenzo D'Amore und Rinaldo Nocentini galten als künftige Stars im Radsport. Die drei hatten zahllose Amateurrennen gewonnen, dazu Medaillen bei Junioren- und U23-Weltmeisterschaften, und nun fuhren sie schon bei den Profis Siege ein. Ich wusste, dass ich in gewissen Phasen meiner Karriere ganz gut dabei gewesen war, aber ich wähnte mich einfach nicht auf dem gleichen Niveau wie meine Kollegen. Sobald ich den Juniorenbereich verlassen hatte, war mir das Siegen zunehmend schwerer gefallen, und natürlich geriet ich darüber ins Grübeln. Mir setzte der Gedanke zu, wie schwierig es wäre, auf diesem Level überhaupt etwas zu gewinnen. Alles eine Frage der Einstellung, schätze ich. Ein charismatischer Kerl wie Paolini hätte mit der Gewissheit, dass seine Stunde noch kommen würde, ein solches Ergebnis wie in Polen einfach abgehakt und weitergemacht. Aber ich war ein bisschen anders gestrickt.

Sofern ich dem Druck des Siegenmüssens nicht gewachsen war und nicht die Verantwortung für eine ganze Mannschaft auf mich nehmen wollte, müsste ich mir also überlegen, was ich tun könnte, um mich auf andere Weise nützlich zu machen und meinen Job zu behalten. Falls ich ein Domestik werden wollte, würde ich gut darin sein müssen. Ich wusste bereits genug, um zu begreifen, dass das Dasein eines Domestiken kein Zuckerschlecken war, aber der Druck, gewinnen zu müssen, war mir so zuwider, dass ich die Entscheidung insgeheim schon getroffen hatte. Ich wollte nach wie vor noch alles *per vincere* tun, was ich konnte, aber ich wollte nicht derjenige sein, der für das Siegen zuständig war.

* * *

Falls ich noch die Bestätigung dafür gebraucht hatte, dass die Rolle des Domestiken wie geschaffen war für mich, so erhielt ich sie bei der Tour de l'Avenir im September 2000. Dieses Etappenrennen ist eine der schönsten Erinnerungen an meine Zeit als Profi geblieben.

Die Tour l'Avenir war ein wichtiger Termin für Mapei. Im Grunde war diese Rundfahrt so etwas wie die Tour de France für Jungprofis. Das Rennen war auf Fahrer unter 25 Jahre beschränkt und dauerte nur zehn Tage statt 21, aber es wurde von denselben Leuten veranstaltet, das Geld kam von denselben Sponsoren und, ganz besonders wichtig, das Gelbe Trikot des Gesamtführenden war das gleiche, das bei der Tour de France vergeben wurde. Trotz aller Erfolge hatte Mapei bis dahin noch nie das Gelbe Trikot der Tour getragen. Deswegen wollte Damiani es unbedingt mit nach Mailand zurückbringen, um den Besitzern zu zeigen, dass die jungen Fahrer in ihrem neuen System das schaffen konnten, was den älteren Fahrern, mit den alten Methoden, nicht gelungen war.

Wir bereiteten uns mit dem gleichen Ernst auf die Tour de l'Avenir vor, wie wir uns auf die Tour de France vorbereitet hätten. Etwa einen Monat vor dem Start wurde eine Vorauswahl von Fahrern getroffen, die für die Teilnahme in Frage kamen. Anfang August machten wir uns auf zum Höhentrainingslager am Stilfser Joch. Wir nahmen einen ganzen Stab an Ärzten, Masseuren und Mechanikern mit – nichts wurde dem Zufall überlassen. Als wir im Trainingslager eintrafen, machte ich mir angesichts der Siege und herausragenden Leistungen anderer Fahrer kaum Hoffnungen auf einen Platz in der Mannschaft. Aber nach zwei Wochen in der Höhe hieß es, dass ich dabei sei. Die Nominierung war, wie immer, Musik in meinen Ohren.

Das Rennen ließ sich gut an. Luca Paolini gewann die erste Etappe, und das war ein toller Start für uns. Vom ersten Trainingslager zu Saisonbeginn an war Luca einer der Leader unserer Gruppe gewesen. Mit seinen Leistungen und seiner Einstellung schaffte er es stets, die Moral seiner Kollegen zu stärken. Er schien sich darüber im Klaren zu sein, dass er den Ball für uns ins Rollen bringen müsste, also tat er genau das. Am nächsten Tag übernahm László Bodrogi mit einem Sieg im Zeitfahren das Gelbe Trikot. Der einzige Wermutstropfen war, dass einer aus unserer Riege, Crescenzo D'Amore, am ersten Tag aufgrund einer Erkrankung aufgeben musste, so dass uns nur fünf Fahrer blieben, um das Trikot zu verteidigen. Als er die Führung an Bodrogi verlor, behielt Paolini noch das Grüne Trikot des Punktbesten, so dass er weiterhin ein beschützter Fahrer blieb, den wir aus allem rauszuhalten versuchten. Praktisch waren wir also nur vier Mann, an denen die ganze Arbeit liegen würde, um das Leadertrikot weitere acht Tage lang in unseren Reihen zu halten.

Sobald wir mit Bodrogi den Mann in Gelb stellten, erwarteten die anderen Mannschaften natürlich von uns, das Rennen in althergebrachter Manier zu kontrollieren, aber angesichts unserer geringen personellen Ressourcen mussten wir uns etwas einfallen lassen. In einer solchen Situation verlegen sich Teams oft auf eine eher defensive Taktik. Von der Mannschaft des Führenden wird im Allgemeinen erwartet, dass sie von vorne das Tempo kontrolliert und das Feld möglichst vom Start bis zum Ziel zusammenhält. Aber Damiani hatte andere Pläne, und wir warfen solche Überlegungen über Bord. Stattdessen probierten wir verschiedene Taktiken aus: Wir rissen Lücken, wenn keiner damit rechnete, und fuhren selbst reihenweise Attacken. Ein paar Mal brachten wir Bodrogi in seinem Gelben Trikot sogar in Fluchtgruppen unter und zwangen so die anderen, die Verfolgung aufzunehmen. Wir verlegten uns auf unerwartete Strategien, und die Konkurrenz wusste nie, was wir als Nächstes anstellen würden.

Aber dieser Plan konnte nicht ewig aufgehen. Wir waren so erfolgreich, dass alle anderen uns unbedingt schlagen wollten. Auf der siebten Etappe spitzte sich alles zu. Es hatte sich eine große Fluchtgruppe gebildet, aber als die Durchsage von Damiani kam, wies er uns zu unser aller Erstaunen nicht an, uns auf die Verfolgung zu machen. Stattdessen hieß es, wir sollten die Beine hochnehmen. An sich hätten wir in heller Aufregung sein müssen, die Gruppe an der Spitze machte sich auf und davon, und wir schauten nur hinterher. Das Hauptfeld kam beinahe zum Stillstand. Die Lücke wurde rasch größer, doch Damiani gab weiter per Funk durch: »*Stai tranquillo, ragazzi.*« Dabei wirkte er so gelassen, dass wir keinen Zweifel daran hatten, dass er wusste, was er tat. Die übrigen Fahrer im Feld waren verwirrt. Sie wussten nicht, was davon zu halten war: Wir hätten die Verfolgung aufnehmen müssen, und sie hatten den Eindruck, uns wäre gerade ein peinlicher Fehler unterlaufen. Die anderen Teamleiter fuhren zu Damiani auf und erkundigten sich, was zum Teufel denn los wäre. Wir waren nicht die Einzigen, die ein Interesse daran hatten, die Ausreißer einzuholen, denn auch andere Mannschaften waren vorne nicht vertreten. Aber Damianis Bluff war so verwegen, dass keiner wusste, ob er dem Braten trauen sollte oder nicht. Ich ließ mich zurückfallen, um Trinkflaschen zu holen, und steckte den Kopf durchs Wagenfenster. Damiani wies mich in verschwörerischem Tonfall an, mich mit Eddy Ratti bereitzuhalten. Damiani wusste um unsere Fähigkeiten besser als jeder andere, und während ich mich zurück durchs Feld arbeitete, beschwichtigte er uns weiter über Funk und sagte: »Keine Panik, trinkt und esst ganz ruhig weiter.« Als der Vorsprung auf 15 Minuten angewachsen war, konnten die anderen Fahrer die Anspannung nicht mehr ertragen. Sie redeten auf uns ein und wollten wissen, was los sei. Wir hatten alle Trümpfe in der Hand, aber niemand wusste, wann wir sie ausspielen würden.

Wir erreichten einen dieser typischen Abschnitte französischer Überlandstraße: schnurgerade und ein ewiges Auf und Ab. Dann kam über Funk die Anweisung: »Haut rein … los!« Auf diese Order hatten Eddy und ich gewartet. Wir zogen rüber auf die linke Straßenseite und traten so hart in die Pedale, wie wir konnten. Bei unseren Ablösungen an der Spitze versuchten wir uns gegenseitig zu überbieten. Wir machten richtig Dampf. Hinter uns hörten wir die Rufe und panischen Schreie der anderen Fahrer.

Wir hatten das Feld völlig unvorbereitet getroffen, und jetzt fuhren wir, als wäre es der letzte Kilometer. Wir waren so schnell unterwegs, dass es utopisch erschien, dieses Tempo längere Zeit aufrechtzuerhalten. Körperlich fing ich bald an zu leiden, aber geistig war ich noch frisch und entschlossen, und ich sagte mir, solange Eddy noch konnte, durfte ich nicht nachlassen. Wir trieben uns gegenseitig an unsere Grenzen, während hinter uns das reinste Chaos herrschte. Das offizielle Begleitmotorrad zeigte den Vorsprung der drei verbleibenden Ausreißer an, der langsam dahinschmolz. Je kleiner die Lücke wurde, desto mehr wollte ich aus mir herauskitzeln. Weniger als zehn Kilometer vor dem Ziel hatten wir die Gruppe schließlich gestellt. Wir schluckten sie und hatten wieder die Kontrolle über das Rennen. Es war ein unglaubliches Gefühl.

Als ich mich beim Abendessen mit Eddy unterhielt – und aufs Neue erstaunt war, wie langsam dieser Bursche, den sie den »Hamster« nannten, seine Spaghetti aß –, gestand er mir zwischen zwei äußerst sorgfältig durchgekauten Bissen, dass ihn nur der Gedanke, nicht eher nachlassen zu dürfen, bis ich es täte, zum Weitermachen angetrieben hätte. Was wir geleistet hatten, war erstaunlich. Es war Teamarbeit im wahrsten Sinne des Wortes: Die Summe unserer Leistung war größer als die einzelnen Teile. Als wir beim Essen saßen und uns angrinsten, war es ein besonderes Gefühl, einen Beitrag zu diesem Teamerfolg geleistet zu haben.

Der nächste Tag verlief ähnlich, aber diesmal war ich auf mich allein gestellt, als es darum ging, als Helfer über mich hinauszuwachsen. Am letzten Anstieg der schweren Etappe nach Le Grand-Bornand schloss ich zu Bodrogi auf, der den Kontakt zur Spitzengruppe verloren hatte. Seine Hoffnungen auf den Gesamtsieg schwanden dahin. Ich war noch gezeichnet von der Anstrengung des Vortags, aber ich wusste auch, dass es jetzt ums Ganze ging. Der Anstieg war einer dieser zähen Brocken, die man auf dem großen Blatt fährt, es war also von großem Nutzen, sich an ein Hinterrad hängen zu können. Ich trat die höchste Kadenz, die ich konnte, und zog das Tempo allmählich an. Bald kam die Spitzengruppe in Sicht, und ich schaffte es mit den letzten Körnern, die ich noch mobilisieren konnte, Bodrogi zurückzubringen, bevor ich zwei Kilometer vor dem Ziel nicht mehr konnte und abreißen ließ.

Damiani fuhr im Wagen an mich heran, schaute mich an und sagte: »*Ancora una volta, solo una volta.*« Ich war dermaßen zerschlagen, dass ich mich unmöglich in der Lage sah, noch einmal zu den Führenden aufzuschließen, aber ich wollte unbedingt den bestmöglichen Job machen und meinen Beitrag leisten. Ich weiß bis heute nicht, wo ich die Energie hernahm, aber ich kam wieder an Bodrogi heran, der mir zu verstehen gab, dass sich ein paar Ausreißer abgesetzt hatten. Ich setzte mich an die Spitze der Gruppe und ergab mich meinem Schmerz. Ich schleppte die Gruppe so lange es ging, bis ich 600 Meter vor dem Ziel endgültig platzte. Ich war so hinüber, dass ich an der 400-Meter-Marke buchstäblich stehen blieb und mich am Absperrgitter festhalten musste. Bodrogi verlor das Gelbe Trikot schließlich um ganze vier Sekunden. Ich war am Boden zerstört.

Abends lag ich im Bett, als es an der Tür klopfte. Ohne mich zu rühren, rief ich den Besucher herein, wer auch immer es war. Als die Tür aufging, war ich ein wenig bestürzt, neben Damiani das Gesicht von Álvaro Crespi zu erblicken, dem Sportdirektor des Teams. Crespi war zu einer Stippvisite zur Tour de l'Avenir gekommen und hatte den Tag bei Damiani im Begleitwagen verbracht. Der paranoide, stets ängstliche Teil von mir fürchtete sofort, sie wären sauer auf mich, weil wir das Gelbe Trikot verloren hatten. Ich setzte mich im Bett auf und stellte mich auf eine ordentliche Standpauke ein.

Crespi setzte sich neben mich auf das Bett und sagte: »Charly, fühlst du dich wohl im Team?«

»Natürlich«, sagte ich und befürchtete das Schlimmste.

Damit griff er in die Tasche, holte einen Umschlag heraus und reichte ihn mir.

»Für deine harte Arbeit heute.«

Ich öffnete den Umschlag und sah zu meinem Erstaunen, dass er eine Prämie von fünf Millionen Lire enthielt. Tatsächlich war Crespi begeistert gewesen von dem, was er an diesem Tag von mir gesehen hatte. Als Nächstes riss er meinen Zweijahresvertrag als Neoprofi durch und setzte einen neuen Kontrakt zu verbesserten Konditionen auf. Ich war sprachlos. Ich hatte keine Rennen gewonnen, und in der Öffentlichkeit wurde kaum wahrgenommen, was ich tat, aber mit einem Mal wurde mir der Stellenwert meiner Arbeit bewusst und was sie den Leute bedeutete, auf die es ankam.

Als sie gegangen waren, sank ich fassungslos auf das Bett zurück. Plötzlich wurde mir klar, dass ich als Profi nicht auf Siege angewiesen war, denn ich hatte eine andere Möglichkeit gefunden, die Befriedigung zu erlangen, die ich mir wünschte. Es war nicht nur das Geld. Es war die Genugtuung, dass diese wichtigen Männer, die das Sagen über mich hatten, zu mir gekommen waren, um persönlich zu würdigen, was ich geleistet hatte. Ich fand es großartig.

KAPITEL 4

DIE VUELTA – ODER WIE ICH LERNTE, MEINE KRÄFTE EINZUTEILEN

Als ich erfuhr, dass sich mein Traum, bei einer großen Landesrundfahrt an den Start zu gehen, erfüllen würde, lag ich in einem Hotelbett in Frankreich, meine linke Seite übersät von frischen Schürfwunden.

Am Morgen war ich bei der Tour du Poitou et Charentes, einem grässlichen viertägigen Etappenrennen in der Vendée, ausgestiegen. Es war ein Rennen, das ich gut kannte, denn in meiner Zeit bei den Junioren hatte mich Jean-René Bernaudeau einmal zum Zuschauen mitgenommen. Aber anders als damals, als ich noch ein leicht zu beeindruckender, 17-jähriger Teenager war, war ich 2002, in meinem dritten Jahr als Profi, ganz und gar nicht froh darüber, da zu sein. Die Fahrweise und das Terrain bei Poitou–Charentes waren ganz und gar nicht mein Fall. Am ersten Tag hatte ich mich durch Gegenwind und Regen gequält, und als ich in Saintes am Start zur zweiten Etappe stand, von der ich mir keine Besserung erhoffte, war ich längst bedient. Ich kannte die Straßen in der Gegend, und mir graute vor dem, was auf mich zukam. Wie nicht anders zu erwarten, wurde das Feld nach kaum einer halben Stunde vom Gegenwind in die Länge gezogen, und ich saß wenige Millimeter vom Rinnstein entfernt am Hinterrad meines Vordermanns. Keine Ahnung, wer es war, jedenfalls musste er bald abreißen lassen und streckte einen Arm nach hinten aus, um mir per Schleudergriff Schwung mitzugeben. Ich langte verzweifelt nach seiner Hand, doch er verlor das Gleichgewicht. Ich flog direkt über ihn drüber und rutschte mit dem Hintern über den Asphalt, wobei ich mir die ganze linke Seite aufriss. Für mich war das Rennen vorbei – keine zehn Pferde würden mich wieder aufs Rad bringen. Als ich so dalag und vor mich hin blutete, wünschte ich, an Ort und Stelle einen Haken hinter die Saison machen zu können. Doch wie sich herausstellte, stand mir noch einiges bevor.

Am Abend, als ich halbnackt und wie ein Leprakranker in klebrige Bandagen eingewickelt auf dem Bett lag, spazierte Eric Vanderaerden, einer der vier belgischen Teamleiter, ins Zimmer und erkundigte sich, wie es mir ging. Ich gab meine Standardantwort, dass alles okay sei. So wie die meisten Belgier, die ich kannte, konnte Eric ziemlich direkt sein, wenn er Englisch sprach, aber was er als Nächstes sagte, traf mich wie ein satter Hieb von Bruce Lee: »Gut, du fährst nämlich die Vuelta.« Ich glaubte mich verhört zu haben. Die ganze linke Seite meines Körpers war eine einzige Wunde, und er erzählte mir, dass mir sieben Tage blieben, um mich darauf einzurichten, eine dreiwöchige Landesrundfahrt zu bestreiten. Einmal eine Grand Tour zu fahren, war ein großer Traum von mir, aber so hatte ich mir die Sache nicht vorgestellt.

Ich hatte angenommen, mindestens einen Monat im Voraus Bescheid zu wissen, bevor ich mich in ein solches Unternehmen stürzte. Ich war naiverweise davon ausgegangen, dass einem vor einer derartigen Mammutaufgabe die entsprechende Vorbereitungszeit eingeräumt würde. Ich dachte, dafür sei man schließlich Profi. Es war so, als würde man einem 400-Meter-Läufer bei den Olympischen Spielen sagen, er werde am nächsten Tag einen Marathon laufen. Ich war erschüttert. Als ich zum Telefon griff und Sassi anrief, bestätigte er meine Nominierung. Meine Teilnahme am bislang größten Event meines Lebens war letztlich nur dem Umstand zu verdanken, dass kein anderer es machen wollte.

»*Senti*, Charly«, sagte Sassi. »Ich weiß, das ist ziemlich kurzfristig … Es ist sicherlich alles andere als ideal, aber wir haben keinen anderen, der in Frage kommt. Wir können keinen hinschicken, der nach drei Tagen aussteigt, weil er einen neuen Vertrag in der Tasche hat. Ich bin sicher, dass du es nicht bereuen wirst.«

Mapei stellte am Ende der Saison 2002 sein Engagement im Profiradsport ein, und die Mannschaft war inzwischen voller unmotivierter Fahrer, die bereits anderswo für die neue Saison unterschrieben hatten. Es war also niemand scharf darauf, sich noch drei Wochen lang zu quälen. Ich bemühte mich selbst um einen Vertrag, aber das dürfte die vor mir liegende Aufgabe nicht beeinträchtigen. Óscar Freire, unser amtierender Weltmeister, wollte als Vorbereitung auf seine Titelverteidigung an den Start gehen, aber weil die WM so kurz nach der Vuelta begann, würde er planmäßig nach zehn Tagen aussteigen und den Rest des Teams seinem Schicksal überlassen. Ich war der ideale Fahrer für solche Situationen: Ich war zuverlässig, weil ich es unbedingt allen recht machen wollte. Die Teamleitung wusste, dass ich, egal wie kurzfristig, zur Vuelta (oder sonst wohin) fahren würde, und sie konnten sich außerdem sicher sein, dass ich alles daran setzen würde, bei meiner ersten Grand Tour auch ins Ziel zu kommen.

Ein solcher Vorgang war in meiner Laufbahn kein Einzelfall. Ich hatte in meinen drei Jahren als Profi bereits die Erfahrung gemacht, dass in einer Radsportkarriere viel von der Fähigkeit abhing, *irgendwie* zurechtzukommen: auch dann zu fahren, wenn man müde ist, sich ausreichend fit zu halten, um Leistung bringen zu können, und bereit zu sein, ohne annähernd ideale Vorbereitung bei einem Rennen anzutreten, gegebenenfalls auch ausgezehrt, krank oder verletzt. Ungeachtet dessen, wie fein säuberlich ausgearbeitet einem der Terminkalender für das anstehende Jahr im Trainingslager im Januar präsentiert wurde, bestand die Saison eines Radprofis in der Praxis aus einer endlosen Kette von Nackenschlägen, die einen umwarfen und nach denen man sich wieder berappeln und weitermachen musste. Grundsätzlich klingelte das Telefon das ganze Jahr über immer genau dann, wenn ich am wenigsten damit rechnete, und schon anhand des ausnehmend freundlichen Tonfalls des sportlichen Leiters konnte ich erahnen, was mir blühte. »Ich brauche dich bei diesem Rennen. Keinerlei Druck – ich will nur, dass du dabei bist.« Das war eine ausgewiesene

Halbwahrheit, denn natürlich war ich niemals einfach »nur dabei«. Ich würde mir nicht herausnehmen können, schlechte Leistungen zu bringen, allein schon, um meinen eigenen unbarmherzigen Maßstäben zu genügen.

Die Vuelta ist das klassische Beispiel für ein Rennen voller Fahrer, die alle dergestalt mit dem Rücken zur Wand stehen. Seitdem sie vom Frühjahr in den September verlegt wurde, litt die Spanien-Rundfahrt darunter, das matteste und lustloseste Fahrerfeld zu stellen, das im Rennkalender aufgeboten wird. Das Peloton der Vuelta erinnerte an die Crew eines Piratenschiffs: zusammengetrommelt aus verdrossenen armen Teufeln, die dazu verdonnert wurden, sich die Quälerei anzutun. Fahrer, die zuvor verletzungsbedingt ausgefallen waren, dazu ein stattlicher Haufen Desperados und Söldner.

Dazwischen gab es nichts. Die Fahrer, die bei der Vuelta am Start standen, wollten entweder gar nicht da sein oder aber um jeden Preis etwas mitnehmen. Die Zahl der Rennaufgaben war enorm, denn die Rennställe schickten reihenweise erschöpfte Kerle, die sich dann mit einheimischen Fahrern herumschlagen mussten, die bei der Vuelta so schnell und so brutal wie möglich abkassieren wollten. Für Fahrer wie mich, die gezwungen waren, sich dieser gnadenlosen Armada zu stellen, war das Peloton ein hektischer und bisweilen auch gefährlicher Ort. Viele Fahrer in meiner Lage reagierten ganz anders als ich: Sie würden zwar antreten, wenn man sie dazu zwang, dann aber eine Verletzung vortäuschen und nach ein paar Tagen aussteigen. Dario Pieri, ein Mann, der am guten Essen und am süßen Leben wesentlich mehr Gefallen fand als am Radfahren, lief 2002 nur mit einem Rucksack und ansonsten keinerlei Gepäck bei der Vuelta auf. Er absolvierte den Prolog, ein Mannschaftszeitfahren, und stellte dann auf der ersten Etappe nach ein paar Kilometern sein Rad ab. Das war recht amüsant für die übrigen Fahrer, aber vermutlich nicht für das Alessio-Team, das sein Gehalt bezahlte. Für einen Fahrer wie mich stellte ein vorzeitiges, freiwilliges Streichen der Segel jedoch nie eine Option dar. Mein Arbeitsplatz hing davon ab, nicht aus der Reihe zu tanzen und die Sachen zu machen, die sonst keiner machen wollte. Widerstand zu leisten, kam einfach nicht in

Frage. Ich würde an der Vuelta teilnehmen, schlecht vorbereitet und verletzt, ob es mir passte oder nicht.

* * *

Eine Woche später lag ich in einem neuen Pyjama auf wieder einem anderen Hotelbett, diesmal in Valencia, und wartete auf den Arzt, damit er mir neue Verbände anlegte. In den wenigen Tagen, die mir nach Poitou et Charentes daheim blieben, hatte es oberste Priorität gehabt, in einen Laden zu humpeln und einen Schlafanzug zu kaufen. Das war der wichtigste Part der Vorbereitungen, die ich in der kurzen Zeit noch treffen konnte. Ich wusste, dass ich in mindestens 20 verschiedenen Betten schlafen würde; ich würde jeden Abend in einer anderen Umgebung verbringen und ich musste alles in meiner Macht Stehende tun, um mir den Aufenthalt so angenehm wie möglich zu gestalten. Im Trainingsanzug in der Lobby abzuhängen, war eine recht bequeme Sache, aber um wahren Komfort zu gewährleisten, musste man jede freie Minute, die man auf seinem Zimmer verbrachte, im Pyjama zubringen. Ein neuer Schlafanzug war nicht gerade Rock'n'Roll, aber für mich absolut unerlässlich. Seit der damaligen Vuelta brachte ich zu jeder Grand Tour, an der ich teilnahm, einen neuen Pyjama mit. Diese Marotte wurde zum einzigen Ritual, das ich mir gestattete, und wenngleich es wohl kaum den Unterschied zwischen Sieg und Niederlage ausmachte, trug es ein Stück weit dazu bei, mein seelisches Gleichgewicht zu bewahren.

Es war unerträglich heiß, als ich in Valencia eintraf. Die meisten Spanier waren die Hitze gewohnt, aber ihr Umgang damit reichte von grandios bis lächerlich. Wir hatten zwei Spanier in der Mannschaft, Óscar Freire und Pedro Horrillo, beides nette Jungs, mit denen gut auszukommen war. Pedro hatte Philosophie studiert, bevor er Radprofi wurde, und Óscar war ein steter Quell der Freude für mich, denn ich fragte mich, wie jemand dermaßen tiefenentspannt und dabei so erfolgreich sein konnte. Ich glaube, ihre Zeit bei ausländischen Rennställen hatte ein Stück weit dazu beigetragen, ihnen die Verschrobenheit auszutreiben, die spanische Radsportler im Allgemeinen gerne zur Schau stellten. Nach drei Jahren in Italien hatte ich zum Glück gelernt, dass die Angewohnheit, sich möglichst warm einzupacken, um Krankheiten oder Verletzungen vorzubeugen (oder wofür sonst es gut sein sollte), blanker Unsinn war und dass es bei großer Hitze das Vernünftigste war, alles zu tun, um den Körper so kühl wie möglich zu halten.

Aber die Spanier taten weiterhin das Gegenteil: Ihre Obsession, sich auch bei Hitze möglichst dick einzumummeln, grenzte an absoluten Wahnsinn. Damals war es so heiß, dass Óscar nach unserer letzten Trainingsfahrt am Vortag der Vuelta ein paar Kilometer vor dem Hotel anhielt, sich bis auf die Trägershorts auszog und sich in die Wellen stürzte, um sich zu erfrischen (sehr zur Freude der Besucher des Schwulenstrands, den er sich unwissentlich ausgesucht hatte). Óscars spontanes Bad war ganz amüsant – der Anblick des Weltmeisters, der sich das Regenbogentrikot auszieht, um vor einem begeisterten männlichen Publikum schwimmen zu gehen, war der Stoff, aus dem die Träume der Regenbogenpresse sind –, aber bei diesen Bedingungen absolut nachzuvollziehen. Als wir am Hotel ankamen und dort auf eine der spanischen Mannschaften trafen, die mit Wollmützen und Beinlingen auf der Rolle schuftete, war das einfach nur albern. Ich weiß bis heute nicht, was zum Geier sie sich dabei gedacht haben. Sollte es der Sinn der Sache gewesen sein, alle nicht-spanischen Fahrer aus der Fassung zu bringen, war es jedenfalls ein voller Erfolg.

Was auch immer die Einheimischen im Schilde führten, ich gestattete mir nicht, mir darüber den Kopf zu zerbrechen. In den Tagen vor der Rundfahrt war ich vor allem damit beschäftigt, mir das ganze Ausmaß der Vuelta vor Augen zu führen. Das längste Etappenrennen, das ich bis dahin gefahren war, hatte zwölf Tage gedauert. Das war schon hart genug gewesen, aber die Vorstellung, noch neun Etappen obendrauf bestreiten zu müssen, war unbegreiflich. Ich war nicht nur ein bisschen besorgt; ich war geradezu paralysiert. Also tat ich mein Bestes, mir das Rennen gedanklich in überschaubare Häppchen einzuteilen. Ich versuchte, mich mit Gedankenspielen zu beruhigen: Mal rechnete ich die Zeitfahren heraus, dann überlegte ich, an welchen Tagen leichtere Flach- und Überführungsetappen anstanden, und rechnete auch sie heraus. Ich versuchte mir einzureden, dass es in Wirklichkeit ein dreitägiger Wettkampf war, gefolgt von zwei Trainingstagen und danach einem weiteren achttägigen Etappenrennen. Aber so sehr ich mich auch bemühte, mich darüber hinwegzutäuschen, dass die Vuelta härter war alles, was ich bis dahin erlebt hatte, wurde mir bald wieder die Realität meiner Lage bewusst und ich wurde von einer tiefen Beklemmung erfasst.

Dabei ließen sich die Dinge eigentlich recht vielversprechend an. Vor der ersten Etappe suchte mich Vittorio Algeri auf, ein enger Freund von Gianluigi Stanga und zudem *directeur sportif* von Vini Caldirola, und überreichte mir einen Umschlag mit dem Stempel von Colpack darauf. »Hier ist etwas, damit du *tranquillo* bleibst.«

Ich hatte mit Stanga vor meiner Abreise nach Spanien mündlich einen Vertrag ausgehandelt, also öffnete ich sofort den Umschlag und fand darin eine Absichtserklärung, der zufolge wir uns auf ein Engagement für die kommende Saison geeinigt hatten. Ich war so erleichtert. Dieser Brief, dachte ich jedenfalls, garantierte meine sportliche Zukunft. Ganz gleich, wie schwer die Vuelta auch werden würde, ich fühlte mich sicher, denn ich hatte diesen Brief. Und damit verdrängte ich jegliche Sorgen um meine vertragliche Situation aus meinen Gedanken.

* * *

Das blecherne Scheppern einer Drum-Machine und die ersten Takte einer lateinamerikanisch angehauchten Europopnummer jagten mir einen eiskalten Schauer über den Rücken. Ich öffnete wieder die Augen und hörte sie einsetzen; dann plärrte eine weibliche Stimme über der Musik:

Que el ritmo no pare, no pare no
Que el ritmo no pare
Que el ritmo no pare, no pare no
Que el ritmo no pare

Acércate un poquito, acércate un poquito
Dame un besito nene que esto esta muy rico
Por qué yo quiero que, que
El amor sincero vuelva ya ya ya

Am Startort der Vuelta spielten die Veranstalter, scheinbar unablässig, die offizielle Hymne der Rundfahrt. Jedes Mal, wenn ich die ersten Takte dieses klebrigen Ohrwurms hörte, wurde mir ganz anders. Es war ein flottes Lied, ein harmloser Spaß für die Zuschauer, die sich allmorgendlich beim Etappenstart einfanden. Für mich aber war es das Läuten eines unbarmherzigen Eurotrash-Todesmarschs. Als die Sängerin erneut die Stimme hob und den nächsten Refrain voller alberner sexueller Anspielungen rund um den Radsport zum Besten gab, kauerte ich auf dem Rücksitz des Teamwagens, bereit zum Start, wenn auch nicht wirklich scharf darauf.

Nachdem die Rundfahrt mit dem Mannschaftszeitfahren begonnen hatte, konzentrierte ich mich einzig und allein darauf, irgendwie durchzukommen. Gleich auf der ersten Etappe verlor ich satte sieben Minuten. Auf der zweiten Etappe kam ich als Letzter ins Ziel, fünf Minuten und 30 Sekunden hinter dem Sieger. Nach der fünften Etappe hatte ich schon mehr als eine halbe Stunde auf die Führenden verloren. Die Erwartung bevorstehenden Schmerzes ist die schlimmste denkbare Folter, und nach nur wenigen Tagen bei der Vuelta empfand ich jeden Startort der Rundfahrt als einen Hort des Schreckens, ganz zu schweigen von den Straßen, die aus ihnen hinausführten.

Besonders beängstigend war jeweils die Rennphase direkt nach dem Startschuss, denn irgendein Genie in der Organisationsleitung hatte sich in den Kopf gesetzt, mit kürzeren Etappen zu experimentieren. Die Idee dahinter war, mehr Action in weniger Zeit zu packen, weil sich im Fernsehen niemand lange Etappen über die volle Distanz ansehen wollte (dazu kam die etwas vage Vorstellung, kürzere Etappen könnten vielleicht einen Beitrag im Kampf gegen das Doping leisten). Das Dumme war nur, dass die Fahrer sich auf kurzen Etappen doppelt so sehr reinhängen, um sich hervorzutun. Viele Fahrer waren also nicht nur weiterhin vollgepumpt bis oben hin, sie hatten es jetzt auch noch besonders eilig, ihren Vorteil auszuspielen. Kein lockeres Einrollen zu Beginn der Etappen, keine Zeit, den Kreislauf in Gang zu bringen und sich einigermaßen erholt zu fühlen. Sobald die Startfahne sich senkte (zu den Klängen der grässlichen Vuelta-Hymne), gab es kein Halten mehr und es wurde ein unfassbares Tempo angeschlagen: Bis zum Ende der neutralen Zone hatte das Feld schon 60 Sachen drauf. Es war schlichtweg schrecklich. Denn wenn man ein Etappenrennen durchstehen muss, freut man sich über jeden Kilometer, den man ohne größere Anstrengung im Feld mitrollen kann.

Wenn ein Rennen so schnell beginnt, fühlt man sich wie in aufgewühlter See. Inmitten des dahinrasenden Pelotons schien ich selbst bei größter Anstrengung bewegungslos zu verharren. Je härter ich in die Pedale trat, desto mehr schienen meine Beine zu Blei zu werden. Auf einer der ersten Etappen erreichten wir eine Durchschnittsgeschwindigkeit von atemberaubenden 51,6 km/h, und nur einem fiesen, sechs Kilometer langen Anstieg kurz vor dem Ziel war es zu verdanken, dass sie nicht noch höher ausfiel. Bisweilen kam mir alles wie nackter Wahnsinn vor. Ein Mal rasten wir auf flacher Strecke mit 77 km/h dahin, und als ich auf meine Übersetzung von 53 x 11 runterschaute, wünschte ich, ich hätte noch größere Gänge in der Hinterhand, denn ich konnte die Pedale gar nicht schnell genug treten.

Die Vuelta war schon immer von hohen Geschwindigkeiten geprägt: Die schnellste Etappe aller Zeiten wurde nur ein Jahr später bei der Ausgabe von 2003 gemessen; an jenem Tag erreichte der Sieger einen Schnitt von sage und schreibe 55 km/h. Es wäre naiv zu behaupten, die Spanier seien einfach besonders motiviert. Innerhalb des Pelotons war es ein offenes Geheimnis, wie halbherzig die spanischen Behörden gegen Doping vorgingen. Ich erfuhr das am eigenen Leibe, als ich bei der Vuelta zum Dopingtest gebeten wurde. Ich versiegelte das Probefläschchen und drehte es wie immer um, um sicherzustellen, dass es nicht tropfte. Das tat es aber, also sagte der Arzt: »Tja, die ist wohl ungültig. Dann hau ab.« Er strich den Test einfach, statt mich noch einmal pinkeln zu lassen!

In jedem anderen Land wäre ein solches Vorgehen schlichtweg kriminell gewesen. Offenbar hatten die Spanier eine etwas andere Einstellung zum Doping, aber ich hatte keine Lust, daran einen Gedanken zu verschwenden. Sobald man anfing, sich darüber den Kopf zu zerbrechen, wer was nahm, blieben einem nur zwei Möglichkeiten: die eigene Unterlegenheit eingestehen oder selbst dopen. Ich fuhr die Vuelta sauber und war entschlossen, sie auch so zu beenden, denn die Leute, die mir dabei geholfen hatten, es bis hierher zu schaffen, erwarteten es von mir, und das war alles, was für mich zählte. Ich sagte mir, dass Fahrer, die dopen wollten, immer einen Weg finden würden: Ich war sicher, dass die Belgier EPO nahmen, dass die Franzosen EPO nahmen und dass eine Menge Amerikaner EPO nahmen, und zwar nicht nur bei der Vuelta, sondern auch bei vielen anderen Rennen. Soweit es mich betraf, war mein Problem nicht das Doping oder die Einstellung der Spanier zu unerlaubten Mitteln, sondern allein die Tatsache, wie verflucht schnell die Fahrer vor mir waren.

* * *

Manchmal kam es mir bei der Vuelta so vor, als hätten die Veranstalter alles daran gesetzt, mir die Sache so schwer wie möglich zu machen, um das Interesse an ihrer siechenden Rundfahrt anzukurbeln. Neben der Länge der Etappen nahmen sie noch ein paar andere Veränderungen vor. So verlegten sie zum Beispiel die Startzeiten unter der Woche auf 14 Uhr, damit wir abends zur besten Sendezeit das Ziel erreichten. Für diejenigen im Feld, die es aus Frankreich oder Italien gewohnt waren, frühmorgens an den Start zu gehen, bedeutete das eine ziemliche Umstellung. Für die Spanier war das kein Thema, sie gingen so spät ins Bett, dass sie bis zur letzten Minute ausschlafen konnten, aber ich wachte in aller Herrgottsfrühe auf und musste die Zeit totschlagen, bis es endlich losging. Am Wochenende war dann Start um neun Uhr, damit die Zuschauer die entscheidende Phase am Nachmittag verfolgen konnten. Mir war dann so, als würde ich in einer ganz anderen Zeitzone fahren.

Die Flachetappen waren schnell, aber die Bergetappen waren brutal. Damals ging es zum ersten Mal den Angliru hinauf, ein schweinisches Biest von Berg mit einer durchschnittlichen Steigung von zehn Prozent und Abschnitten bis zu 20 oder 25 Prozent. Dieser Anstieg war so hart, dass die meisten ihn für eine Spielerei hielten, die in einem richtigen Radrennen nichts zu suchen hatte. Kompaktkurbeln waren im Straßenradsport damals noch nicht üblich, die kleinste Übersetzung war also 39 x 27. Der Angliru aber war so steil, dass sich das Vorderrad vom Asphalt hob, wenn ich im Sitzen am Lenker riss, und wenn ich es im Wiegetritt versuchte, drehte das Hinterrad durch, was mich weitere Energie kostete. Es war barbarisch. David Millar war so aufgebracht, dass er 150 Meter vor der Ziellinie sein Rad wegwarf und aufgab. Die Presse war außer sich vor Freude, aber für viele war der Angliru nur die Spitze des Eisbergs. Ich war schon lange vorher auf einem nicht minder schweren Anstieg abgehängt worden, und wenngleich Davids Wutausbruch auf dem Gipfel etwas theatralisch war (und von der Sorte, mit dem nur ein Fahrer mit seinem Talent durchkommen kann), tat er eigentlich nur das, was viele von uns gerne getan hätten.

Abgesehen von den hohen Geschwindigkeiten der ersten Woche und der Brutalität der Anstiege war die Vuelta außerdem von einer seltsamen Leere geprägt. Das Rennen wandte sich rasch ins Landesinnere, und aus irgendeinem Grund beunruhigte es mich, dass es dort nichts gab. Spanien schien sich zum Zentrum hin zu entleeren. Alle Merkmale einer großen Rundfahrt waren noch da – schrecklich laute Startorte, die über und über mit Reklame für Haushaltsprodukte ausstaffiert waren, zum Beispiel –, aber fern der Küste schien es, als würde niemand mehr zusehen. Die Orte schienen direkt aus einem alten Western zu stammen. Wir machten uns mit allem Tamtam und Trara auf den Weg und kamen dann durch Dörfer, in denen alles zu schlafen schien. Ich stellte mir vor, wie die Leute in vollkommener Stille in ihren Häusern hockten und nur kurz aufhorchten, wenn wir durchrauschten. »Hast du das gehört?«, würden sie vielleicht fragen, bevor sie wieder dem Geräusch des Windes lauschten und ihren stillen Verrichtungen nachgingen.

Die Hotels waren einfach, und wenn wir uns nach einer Etappe in unser vorübergehendes Zuhause schleppten, ahnte ich bereits, was mich abends auf dem Teller erwartete: *pollo*. An 18 von 21 Tagen wurde uns zum Abendessen Hähnchen mit Spargel und einem halben gekochten Ei serviert. Es war wirklich jeden Tag das Gleiche. Ich hätte jeden Abend in meinen wässrigen Salat weinen können, wenn uns wieder mal der gleiche elende Fraß vorgesetzt wurde – zu einer Tageszeit, zu der ich normalerweise schon im Bett lag.

Je schwieriger die Rahmenbedingungen waren, desto mehr musste ich im Rennen aufpassen, um bei der Stange zu bleiben. Ich war so erpicht darauf, diese Rundfahrt zu beenden, dass es mich an vielen Tagen eher noch lähmte. Selbst wenn ich gute Beine hatte, hielt ich an einer defensiven Fahrweise fest, weil ich unbedingt Madrid erreichen wollte. Innerlich dachte ich: »Warum soll ich heute versuchen, in eine Fluchtgruppe zu kommen, wenn ich morgen vielleicht wieder zu leiden habe?« Ob ich wollte oder nicht, meine Denkweise in dieser ersten Grand Tour wurde zum Inbegriff meiner restlichen Karriere: ein kalkuliertes Einteilen der Kräfte.

So wie ich es sah, stand mir eine gewisse Menge an Energie zur Verfügung und mit der musste ich bis Madrid kommen. Falls es mir jeden Tag gelänge, ein paar Körner zu sparen, die mir durch den nächsten Tag helfen würden, wäre das schon ein Erfolg. Ich war so erschöpft, dass ich mir jeden Abend den Streckenverlauf der nächsten Etappe ansah, um auszutüfteln, wo und wie ich mit meinen Kräften haushalten könnte. An manchen Tagen wusste ich, dass ich auf keinen Fall den Anschluss verlieren dürfte, um das Ziel vor Torresschluss zu erreichen. An anderen Tagen war klar, dass meine beste Option war, mich so schnell wie möglich dem *gruppetto* anzuschließen – der Gruppe der Sprinter und Nicht-Kletterer sowie der Schwachen und Erschöpften, die sich am Ende des Feldes zusammentaten, um es gemeinsam irgendwie über die Berge zu schaffen. Während der kompletten Rundfahrt richtete sich all meine Konzentration auf das Ziel, irgendwie zu überleben, so dass es mir manchmal vorkam, als wäre ich eigentlich gar nicht da. Ich nahm fast nichts um mich herum wahr. Über den Fortgang des Rennens hielt ich mich auf dem Laufenden, indem ich morgens die *Marca* aufschlug. Ich war oft aufrichtig überrascht über die Ergebnisse. Ich war so weit von der Action entfernt, dass ich keine Ahnung hatte, was im eigentlichen Rennen passierte.

* * *

»Weiter so, du bist gut dabei!«
»*Venga, venga!*«
»Halte durch, du hast es bald geschafft.«
Solche und andere Anfeuerungen der Zuschauer bekam ich während der Rundfahrt jeden Tag zu hören, aber ehrlich gesagt kamen sie mir wie blanker Hohn vor. Ich war nicht gut dabei und ich wusste es. Dermaßen hinterherzufahren, war neu für mich. Innerlich empfand ich es als Demütigung und ich entwickelte eine gewisse Abneigung gegen die Fans am Straßenrand. Sie meinten es sicher gut, aber mir kam es so vor, als würden sie mir Klumpen des Mitleids ins Gesicht schleudern.

Es gibt kein Handbuch dafür, wie man ein dreiwöchiges Etappenrennen übersteht, aber ich lernte während dieser Spanienrundfahrt viel über das Überleben. Radfahren ist in erster Linie Handwerk – wenn auch manchmal ein brutales –, und in diesen schweren Stunden lernte ich von anderen Fahrern viele wertvolle Lektionen. Davide Bramati lehrte mich die Kunst, zur richtigen Zeit abreißen zu lassen. Seiner Theorie zufolge war es nicht nötig, auf einer Flachetappe mit dem Hauptfeld ins Ziel zu kommen, sofern man nicht auf die Gesamtwertung fuhr. Wenn das Feld sich vor einer Sprintankunft bei Tempo 65 auseinanderzog und ich versuchte, mit Hängen und Würgen den Anschluss zu halten, tauchte er neben mir auf und sagte: »Charly, lass sie fahren.«

Innerhalb der Karenzzeit zu bleiben, war kein leichtes Unterfangen, und ob man das richtige Gruppetto erwischte, hing nicht davon ab, was man wusste, sondern wen man kannte. Das Leben im Gruppetto war etwas vollkommen Neues für mich. Das Gruppetto wird von Fans gerne auch als

»Autobus« bezeichnet, was eine grausame Ironie ist, denn wir hätten alle was darum gegeben, mit dem Bus fahren zu dürfen.

In jeder Generation gibt es bestimmte Fahrer, die so etwas wie wandelnde Rechenmaschinen sind, wenn es darum geht, die Karenzzeit zu berechnen. Der deutsche Sprinter Erik Zabel war ein solcher Fahrer. Bei der Vuelta wusste Zabel schon am Start jeder Etappe, wann es in Ordnung war, das Hauptfeld ziehen zu lassen. Er rechnete es jeweils am Abend vorher mit dem Streckenplan aus. Welche Fahrer sich darauf einrichteten, im Gruppetto zu fahren, war nicht zu übersehen, denn sie wuselten den ganzen Tag um Zabel herum, und sobald er anzeigte, dass es so weit war, schien das halbe Feld erleichtert aufzuatmen. Ich musste eine Menge lernen, um im Gruppetto zurechtzukommen. Ich musste darauf achten, nicht in einer Gruppe zu landen, die zu klein war oder aus Fahrern bestand, die das Zeitlimit nicht schaffen würden. Ich musste dafür sorgen, genug zu essen und zu trinken zu haben, bevor mich der Teamwagen meinem Schicksal überließ. Ganz wichtig war außerdem, zumindest einen wohlmeinenden Kollegen dabeizuhaben, der mir gegebenenfalls helfen würde. Da ich zum ersten Mal bei einer großen Rundfahrt dabei war, war das 2002 alles noch Neuland für mich.

Im Laufe des Rennens lernte ich zu unterscheiden, wer aus der Gruppe intelligent fuhr und wer nicht. Auch in anderen Situationen merkte ich, dass man Kräfte sparen konnte, wenn man sich klug verhielt und den richtigen Zeitpunkt abpasste. Es gab zum Beispiel Fahrer, denen es nie passierte, zur falschen Zeit zu pinkeln, und ich ermittelte, wer sie waren. Sah ich einen von ihnen zum Wasserlassen anhalten, wusste ich, dass es eine günstige Gelegenheit wäre, es ihm gleichzutun. Denn es kostete wertvolle Energie, musste man wieder an das Hauptfeld Anschluss finden, wenn die Meute gerade schnell unterwegs war. Andere Fahrer hatten einen siebten Sinn dafür, wie sich das Wetter entwickeln würde. Manchmal war kein Wölkchen am Himmel zu sehen, aber wenn ich einen dieser alten Hasen mit Regenjacke in der Trikottasche sah, wusste ich, dass es nicht schaden konnte, sich ebenfalls eine zu besorgen. Erfahrung ist in solchen Rundfahrten unbezahlbar, und in der Regel wussten diese Burschen ganz genau, was sie taten. In Spanien konnte es durchaus passieren, dass man in der prallen Sonne über einen Pass fuhr und es auf der anderen Seite plötzlich zu schütten anfing. Der alte Hase hatte sich mit seiner Regenjacke darauf vorbereitet, denn er wusste, dass es in diesen Bergen nachmittags zu bestimmten Zeiten Schauer gab.

Der andere wichtige Aspekt für das Überstehen einer dreiwöchigen Rundfahrt ist die Art und Weise, wie man sich innerhalb des Pelotons verhält. Drei Wochen lang tagein tagaus mit denselben Leuten zu verbringen, erzeugt so etwas wie eine Gefängnishofmentalität: Ich versuchte, mir schnell Freunde im Feld zu machen und durch kleine Gefälligkeiten die Gunst der richtigen Leute zu erringen. Unerwünschte Verpflegung aus meiner *musette* warf ich nicht mehr fort, sondern überließ sie stattdessen jemand anderem ... jemandem, der an einem anderen Tag vielleicht in der Lage wäre, mir zu helfen. Ich merkte schnell, dass ich auf diesem sehr speziellen Gefängnishof einen großen Vorteil hatte: Ich sprach fließend Französisch und Italienisch und hatte außerdem genügend Brocken Spanisch aufgeschnappt, um mich mit jedem im Feld unterhalten zu können, also tat ich einiges dafür, mich mit allen gut zu stellen. Es war ganz wichtig, mit so vielen Leuten wie möglich zu reden. Ich sagte nie wirklich viel, nur ein Hallo oder ein rasches Wort im Vorbeifahren, aber das war genug. Die Vuelta ist eine durch und durch spanische Veranstaltung, so dass man unmöglich an die Infos herankommt, die für das Einteilen der Kräfte relevant sind, ohne mit den Spaniern zu sprechen. Man muss wissen, dass die Strecke in drei Tagen einen gefährlichen Abschnitt passiert oder dass der Wind in einer bestimmten Region ganz besonders heftig weht oder dass eine der spanischen Mannschaften sich auf eine große Attacke am Ende der Woche vorbereitet. Wenn mir in der ersten Woche der Vuelta eine Lektion in Tempo erteilt worden war, so lehrten mich die zweite und dritte Woche, wie man am Ball blieb.

Auf der 13. Etappe überquerte ich die Ziellinie ganz am Ende des Hauptfelds. Die Fahrt von Burgos nach Santander war relativ ruhig verlaufen, und wir rollten fast neun Minuten hinter einer Ausreißergruppe ein, die sich nach zwei Kilometern davongemacht hatte. Die Etappe mochte entspannt gewesen sein, aber sobald ich im Ziel war, eilte ich gleich zum Bus unserer Mannschaft. Ich wollte unbedingt wissen, wie die Etappe ausgegangen war. Der Teamfunk war außer Reichweite gewesen, als der Vorsprung der Gruppe zu groß geworden war, und wir hatten keine Ahnung, was vorne passierte. Wir wussten, dass Davide Bramati in der Gruppe dabei war und einer von sechs Fahrern, die um den Sieg sprinteten. Ich ließ mein Rad neben dem Bus fallen und stieg die Stufen hinauf. Als ich drinnen war, war gleich klar, dass die Sache nicht gut ausgegangen war. »Brama« saß da, den Kopf in den Händen, und fluchte leise vor sich hin, ansonsten sagte niemand ein Wort. Selbst Elio Aggiano, der es sonst keine zehn Sekunden aushielt, ohne eine Zote zum Besten zu geben, war still. Ich fragte Dario Cioni leise, was passiert sei. Bramati hatte auf den letzten 500 Metern dank einer enormen Kraftanstrengung zu den vier Führenden aufgeschlossen und gleich attackiert, nur um dann noch von Giovanni Lombardi aus Mario Cipollinis Acqua-&-Sapone-Mannschaft düpiert zu werden.

Es war niederschmetternd. Aqua & Sapone hatte mit Cipollini schon drei Etappen gewonnen, während wir noch gar nichts auf die Reihe bekommen hatten. Der zweite Platz war nah dran, aber das war im Radsport nichts wert. Da es die letzte große Rundfahrt für Mapei war, hatten wir uns einiges vorgenommen, aber sobald Óscar ausgestiegen war, war uns klar, dass unsere Aussichten, etwas zu erreichen, ziemlich mager waren. Bramati jedoch hatte sich geweigert, einfach die Flinte ins Korn zu werfen. Seit Tagen hatte er ständig über diese Etappe gesprochen, denn er wusste, dass sie die beste Chance bot, in einer Ausreißergruppe durchzukommen und etwas Zählbares für die Mannschaft zu erreichen – für uns alle. Bramati hätte sich für uns kein Bein ausreißen müssen, er hatte für das nächste Jahr bereits einen dicken Vertrag mit einem großen Rennstall in der Tasche und hätte es ganz locker angehen lassen können. Er war nicht mal ein Siegfahrer – er war ein Domestik, und es war nicht seine Aufgabe, Rennen zu gewinnen –, aber er besaß Stolz. Wir waren die größte Mannschaft der Welt; es war beschämend für uns, scheinbar nur Dienst nach Vorschrift zu schieben. Da wurde mir wirklich klar, dass Mapei etwas Besonderes war und ich mich glücklich schätzen durfte, Teil einer Mannschaft zu sein, die Rennfahrer dazu brachte, für mehr als nur ihren Gehaltsscheck zu fahren.

Der Rahmen für die krönende Abschlussetappe war ungeheuer eindrucksvoll: 60.000 Zuschauer erwarteten im Bernabéu-Stadion unsere Ankunft, aber mir war überhaupt nicht nach Feiern zumute. Als sich die Vuelta ihrem Ende näherte, hatten es meine Kollegen, sei es aus Erschöpfung oder Überdruss, scheinbar kaum erwarten können, das sinkende Mapei-Schiff zu verlassen. Unser einsamer Glanzpunkt der Rundfahrt war Bramatis zweiter Platz gewesen, aber wir anderen hatten uns einfach so gut es ging durchgeschlagen, was natürlich weder die Fahrer noch die Betreuer in besonders feierliche Stimmung versetzte. Bis zur letzten Etappe, einem Einzelzeitfahren mit Ziel im Bernabéu in Madrid, war die Mannschaft komplett auseinandergefallen.

Der Betreuerstab war scharf darauf, so schnell wie möglich wegzukommen. Also hatte der Teambus frühzeitig die Heimreise nach Mailand angetreten, so dass wir uns in einem mickrigen Fiat Doblò umziehen und wie Junioren auf dem Bürgersteig warmmachen mussten.

Es hätte ein erhabener Moment für mich sein sollen, aber ich war einfach nur am Ende, total erledigt. Ich schloss das Zeitfahren letztlich mit fünf Minuten Rückstand auf den Sieger Aitor González ab und beendete meine erste dreiwöchige Rundfahrt auf dem bescheidenen 109. Platz von 132 Teilnehmern, die das Ziel erreichten.

Nach dem Zeitfahren flog ich zurück nach Mailand, begleitet von einem mächtigen Gefühl der Ernüchterung. Innerlich hatte ich die Idee einer dreiwöchigen Landesrundfahrt dermaßen überhöht, dass ich nicht wusste, was ich tun sollte, als ich sie schließlich hinter mich gebracht hatte. Ich fand, die Welt müsse anhalten oder wenigstens innehalten, während ich dort war, aber das tat sie nicht. Zudem hatte ich im Rennen nichts gemacht, außer um mein eigenes Überleben zu kämpfen – niemand würde mir einen großen Empfang für eine heldenhafte Leistung bereiten. Mir kam es eher so vor, als würde ich nach drei Wochen auf Nachtschicht heimkehren, statt etwas

Besonderes erlebt zu haben. Zu Hause informierte ich mich über das, was in meiner Abwesenheit passiert war, beglich die Rechnungen, die zu begleichen waren, und verbrachte meine Zeit vor allem mit Schlafen. Die erste Grand Tour zu absolvieren, ist für Radprofis ein Art Initiation. Es ist die Bestätigung dafür, dass man ein *richtiger* Profi ist. Ich hätte gerne so etwas wie tiefe innere Befriedigung verspürt, aber das Erlebnis war so frustrierend gewesen, dass ich, nachdem ich es überstanden hatte, wie ein bockiger Teenager daheim auf dem Bett lag und mich fragte: »Scheiße, wie soll ich das jemals noch mal durchstehen?«

Was meine Heimkehr aus Spanien nicht gerade erleichterte, war ein Umstand, der nun wieder stärker in mein Bewusstsein rückte: Mit der Vuelta 2002 hatte ich soeben die allerletzte Grand Tour bestritten, an der die große Mapei-Mannschaft teilnehmen würde.

KAPITEL 5

DAS POSTAMT

Im Juni 2002, bei der Tour de Suisse, kamen die Mapei-Fahrer, die bei der Rundfahrt am Start waren, in einem seelenlosen, unscheinbaren Hotelzimmer zu einer Teambesprechung zusammen. Solche Meetings waren nichts Ungewöhnliches, aber als nach den Fahrern auch die Betreuer nach und nach eintrafen, schwante mir, dass etwas im Busch war. »Scheint was Ernstes zu sein«, dachte ich. Serge Parsani erhob sich und bat um Ruhe. Es wurde still im Raum, und alles schaute auf Serge, der sich leicht auf das Pult in einer Ecke des Zimmers aufstützte.

»Mapei hat angekündigt, das Sponsoring am Ende der Saison einzustellen. Wir erwägen verschiedene Optionen, aber es sieht so aus, als würde sich das Team auflösen.«

Niemand sagte ein Wort. Es war, als hätte eine Bombe eingeschlagen. Wir standen vollkommen unter Schock. Erst gab es einen Moment der Stille, dann breitete sich allgemeine Panik aus, und nach anfänglichem Flüstern redeten bald alle wild durcheinander und warfen Fragen in den Raum. Im Nu ging es zu wie in einem Klassenraum, über den der Lehrer die Kontrolle verloren hat. Viele in der Mannschaft, Fahrer und Betreuer gleichermaßen, waren genau wie ich total darauf fixiert, ihre Jobs zu behalten. Alles, woran wir seit unserer Ankunft bei Mapei gedacht hatten, war, die Bosse zufriedenzustellen. Solange die Bosse happy waren, würde schon alles okay sein.

In der Saison 2002 standen bei Mapei insgesamt 42 Profis unter Vertrag, darunter einige der besten Fahrer der Welt. Die Bekanntgabe erfolgte zwar schon im Juni, aber angesichts des Umfangs von Mapeis Engagement und der damit verbundenen Kosten war es mehr als unwahrscheinlich, einen potenten Sponsor aufzutreiben, der in die Bresche springen könnte.

Nach Jahren der Dominanz waren eine Menge Leute insgeheim froh, dass Mapei sich zurückzog. Viele sahen darin die Bestätigung, dass wir einfach zu viel Geld ausgaben. Mapei war den Fahrern gegenüber großzügig, bisweilen über die Maßen. Das zog alle möglichen Geschichten über angebliche Exzesse nach sich: Es gab Gerüchte im Peloton, wonach Mapei-Fahrer bei Reisebüros anrufen und komplette Flüge umbuchen würden, nur um 20 Minuten früher von einem Rennen heimzukommen. Doch ungeachtet solcher Auswüchse (ich konnte mir durchaus vorstellen, dass etwas in der Art tatsächlich vorgefallen war) war dies nicht der Grund, warum das Team aufgelöst wurde.

Die Wahrheit war, dass die Mannschaft bereits seit drei Jahren in Auflösung begriffen war. Mapei hatte im Laufe seiner Geschichte 653 Rennen gewonnen, aber es war stets um mehr als nur Siege gegangen. Der Sponsor und das Management hatten große Pläne und hegten echte Leidenschaft für den Radsport. Sie wollten wirklich etwas verändern und eine neue Generation von Fahrern hervorbringen, die sauber fuhr. Vielleicht waren sie ihrer Zeit einfach zu weit voraus, ebenso wie der öffentlichen Meinung und deren Einstellung zum Sport. In seiner letzten Saison ließ Mapei eine Umfrage durchführen, in der die Leute auf der Straße angeben sollten, welcher Rennstall sich im Kampf gegen das Doping am meisten hervorgetan hätte. Unerklärlicherweise antwortete die Mehrheit Mercatone Uno, das Team des in Ungnade gefallenen früheren Toursiegers Marco Pantani. Weil Pantani von seinen Bossen suspendiert worden war, hatten die Leute vielleicht den Eindruck, sie kämpften gegen das Doping – aber nichts hätte der Wahrheit ferner liegen können. An sich waren das nur Kleinigkeiten, aber für Mapei summierten sie sich.

Im gleichen Monat, Juni 2002, erhielt das Team einen noch schlimmeren Schlag, als Stefano Garzelli positiv auf das Maskierungsmittel Probenecid getestet und daraufhin vom Giro ausgeschlossen wurde. Die ganze Geschichte war ziemlich dubios, und auch wir erfuhren nur wenig über das hinaus, was in den Zeitungen stand. Aber was auch immer vorgefallen war, angesichts der negativen Presse, die die Sache nach sich zog, hatte Squinzi offenbar endgültig genug: Er beschloss, das Sponsoring für die Mannschaft einzustellen.

In den Wochen und Monaten nach der endgültigen Bekanntgabe, dass Mapei nach der Saison aussteigen würde, gab es in Hotelzimmern, bei Rennen und im Teambus noch zahlreiche Meetings und Diskussionen darüber, wie es weitergehen sollte. Wenn ein Rennstall von dieser Größe sich zurückzieht, sorgt das auf dem Fahrermarkt für mehr als nur eine kleine Erschütterung, denn plötzlich strömt eine ganze Flut von Fahrern aus, um woanders einen neuen Vertrag zu ergattern. Viele aus der Mannschaft wären gerne zusammengeblieben, weswegen sich die sportliche Leitung zunächst nach neuen Sponsoren umsah, die die gesamte Infrastruktur übernehmen und das Team erhalten würden. Letztlich erwies sich das aber als Zeitverschwendung. Während sie damit beschäftigt waren, einen Sponsor zu finden, der eine riesige Mannschaft voller teurer Stars wie Garzelli und Paolo Bettini übernehmen könnte, übersahen sie dabei, dass sie für den Bruchteil der Kosten das Wunderteam junger Talente hätten behalten können. Sie hätten die *crème de la crème* der Zukunft des Radsports gehabt: Fabian Cancellara, Filippo Pozzato, Bernhard Eisel, Michael Rogers, Evgeni Petrov – man möchte weinen angesichts der Talente, die sie hatten, und der Fahrer, die sie ziehen lassen mussten.

Mir schwante allmählich, dass ich in einer besonders prekären Situation war. Ich hatte so viel dafür getan, mich als nützlichen Part im Mapei-Gefüge zu erweisen, dass mir dabei nicht klar war, dass Außenstehende den Wert meiner Arbeit gar nicht zu würdigen wussten. Mapei hatte darauf geachtet, dass ich sauber fuhr, was im damaligen Klima nicht zu unterschätzen war: Es gelang mir, mich in einem Peloton zu behaupten, in dem viele Fahrer ihrem Leistungsvermögen mit unerlaubten Mitteln auf die Sprünge halfen. Damit würde ich aber nur bei Teammanagern punkten, die eine bestimmte Sicht auf den Sport hatten, und damals waren solche Manager rar gesät. Potenzielle Arbeitgeber wollten Ergebnisse sehen, und damit hatte es sich. Würde ich einem Manager gegenübertreten und ihn damit beeindrucken wollen, dass ich sämtliche meiner Leistungen sauber eingefahren hatte, hätte er bestenfalls die Stirn gerunzelt und insgeheim gedacht: »Warum erzählt er mir diesen Scheiß?« Schlimmstenfalls hätte er mich für »unprofessionell« gehalten, weil ich saubere Rennen fahren wollte.

Wie so oft kam die Rettung durch reinen Zufall. Als er die Chance witterte, zum Schnäppchenpreis ein paar gute Fahrer zu bekommen, rief Gianluigi Stanga im August bei Aldo Sassi an und erkundigte sich, welche Krümel vom Mapei-Kuchen noch übrig seien.

Sassi bestellte mich daraufhin in sein Büro und eröffnete mir, dass Stanga auf der Suche nach jungen, starken Fahrern sei. Er erklärte, dass es kein großer Rennstall sei, aber gut organisiert und bei allen wichtigen Rennen in Italien dabei. Stanga war seit vielen Jahren für namhafte Teams verantwortlich, zuletzt für Polti, das ebenfalls gerade seinen Geldgeber verloren hatte. So verschlug es ihn zu Colpack, einen viel kleineren Sponsor, der nur ein Team der zweiten Division finanzieren konnte.

Kurz vor meiner ersten Vuelta reiste ich zur Colpack-Zentrale in Bergamo und sprach mit Stanga und dem anderen Manager des Teams, Antonio Bevilacqua. Rein äußerlich unterschied sich Stanga nicht von vielen anderen italienischen Geschäftsleuten jenseits der 50, aber er hatte eine eindrucksvolle, tiefe Stimme und eine imposante Persönlichkeit. Es war nicht nur seine Größe, die mir gleich auffiel. Mit seinem gesamten Gebaren strahlte eine ungemeine Dominanz aus. Nachdem er mich in seinem Büro über der Werkhalle, in der die Räder des Teams untergebracht waren, begrüßt hatte, nahm ich ihm gegenüber Platz. Sein Büro war typisch italienisch eingerichtet: makellos rein, eine Marmorbüste vom Chef höchstpersönlich, ein massiver Holzschreibtisch und eine Reihe weiterer schön gearbeiteter Möbelstücke. An der Wand hinter dem Schreibtisch hing ein unterschriebenes und gerahmtes Regenbogentrikot, das einmal dem zweifachen Weltmeister Gianni Bugno gehört hatte.

In seinem Bergamascer Dialekt dröhnte Stanga: »Wir haben Serhij Hontschar von Fassa Bartolo unter Vertrag genommen und wollen um ihn herum eine Mannschaft aufbauen. Du bist uns von Aldo sehr empfohlen worden. Er sagte, du seist ein ausgezeichneter Fahrer.«

Es war etwas befremdlich, dass Stanga bei einem geschäftlichen Termin Dialekt sprach. Obwohl ich ihn beherrschte, antwortete ich in klassischem Italienisch. Ich war sicher, dass es sich um irgendeinen Verhandlungstrick handelte, also hielt ich mich an das, was ich kannte.

»Passt mir gut. Ich hatte bei Mapei ja ein paar Jahre, um den Job zu lernen, und habe mich in der Rolle sehr wohlgefühlt.«

»Nun, ich denke, fürs Erste könnten wir dich für ein Jahr nehmen. Unser Etat ist nicht riesig; wir sind nicht Mapei ... wir können dir 30.000 Euro anbieten.«

Stanga war halb Geschäftsmann und halb Politiker. 30.000 Euro, das lag gerade so über dem *Mindest*gehalt, das er von Rechts wegen gar nicht unterschreiten durfte. Er spielte mit offenen Karten, und ich war nicht in der Position, groß zu verhandeln. Es war weniger als das, was ich bei Mapei verdiente, und erst recht weniger als das, was ich nach drei Jahren bei einem der besten Teams der Welt erwartet hätte, aber ich wusste auch, dass es vermutlich meine einzige Chance wäre, auch im nächsten Jahr Radprofi zu sein. Wir einigten uns mündlich darauf, dass Stanga den Vertrag ausarbeiten und ich den Kontrakt unterschreiben würde, sobald ich von der Vuelta zurück war. Nachdem das kurze Treffen beendet war und ich das Büro verlassen hatte, hörte ich Stangas Stimme hinter mir donnern: »Ruf mich an, wenn du aus Spanien zurück bist.«

Als ich die Treppe hinab zu meinem Auto ging, das auf dem Hof stand, legte sich ein tiefes Gefühl der Leere wie ein Schatten auf meine Erleichterung. Es war ganz gut gelaufen, aber ohne etwas Schriftliches in der Hand abfahren zu müssen, war zu diesem Zeitpunkt alles andere als ideal. Aber mir blieb keine andere Wahl.

* * *

Sobald die Vuelta angefangen und ich von Algeri den Vorvertrag bekommen hatte, fehlte mir die mentale Energie, mich mit etwas anderem zu beschäftigen als der Aufgabe, meinen Hintern durch die Rundfahrt zu bringen. Um seinen Etat zu vergrößern, handelte Stanga unterdessen einen Deal über eine Fusion mit der bereits bestehenden Mannschaft von De Nardi-Pasta Montegrappa aus. Das Team änderte seinen Namen von Colpack zu De Nardi-Colpack, was nach außen hin nur ein kleiner Unterschied war, für mich aber schwerwiegende Folgen hatte. Mit der Fusion war das Team verpflichtet, eine bestimmte Zahl von Fahrern zu übernehmen, die bei De Nardi unter Vertrag standen. Plötzlich war kein Platz mehr für mich, und ich wusste nicht einmal davon.

Die Nachricht von der Fusion wurde nicht sofort publik gemacht, daher war ich mir der veränderten Situation gar nicht bewusst, als ich kurz nach meiner Rückkehr aus Spanien bei ihm anrief, um ein weiteres Treffen zu arrangieren. Als er antwortete, war es, als hätte er in den vergangenen drei Wochen fast vergessen, dass es mich gab. Er tat ein wenig überrascht und fragte: »Hast du etwa keine anderen Angebote?«

Ich glaubte meinen Ohren nicht zu trauen. Er sagte es so beiläufig, als wäre er davon ausgegangen, die Teams würden Schlange bei mir stehen! Plötzlich war alles hinfällig: Mein kleiner Brief, den ich wie ein Parteibuch durch Spanien geschleppt hatte, war wertlos. Die Saison dauerte nur noch drei Wochen, und ich saß auf dem Trockenen.

Ich war am Boden zerstört. Das hätte auf keinen Fall passieren dürfen. Mir blieb nur, noch einmal Aldo Sassi aufzusuchen, in der Hoffnung, dass er etwas ausrichten könnte. Obwohl ich noch vollkommen erschöpft war von der Vuelta – allein mich anzuziehen, erforderte einen fast übermenschlichen Kraftakt –, sprang ich in mein Auto und machte mich auf den Weg zur Mapei-Zentrale. Aldo bat mich augenblicklich in sein Büro. Er schien zu ahnen, wie verzweifelt ich war. Ich schilderte ihm die Situation und zeigte ihm den Brief. Aldo schritt sofort zur Tat und rief Johnny Carera an, einen Berater und Anwalt, der ihm noch einen Gefallen schuldete. Ich saß wieder mal daneben und konnte nur zuhören, wie andere über mein Schicksal als Radprofi entschieden und Aldo in den Hörer sprach: »Hör zu, Johnny, auch wenn er nicht dein Fahrer ist, du musst das hinbiegen.«

Und wie schon zuvor bei Bernaudeau bekam ich mit, welchen Einfluss ein angesehener Name im Radsport hatte. Johnny willigte ein, mir zu helfen, und am nächsten Tag fuhr ich nach Cormano in der Nähe von Mailand, um ihn in einem anonymen McDonald's zu treffen. Bei einem Kaffee zeigte ich ihm den Brief. Er überflog ihn kurz, bevor er ihn zusammenfaltete und in die Tasche steckte und sagte: »Okay, ich kümmere mich darum.«

Nachdem ich drei Tage lang unruhig durch meine Wohnung getigert war, klingelte schließlich das Telefon. Es war Stanga.

»Also, wann kommst du vorbei, um den Vertrag zu unterschreiben?«

Als ich ein paar Tage später endlich den Stift aufs Papier setzte und offiziell Teil der neuen Profimannschaft De Nardi-Colpack wurde, stellte ich fest, dass Stanga von meinem vereinbarten Gehalt noch einmal 5.000 Euro abgezogen hatte. Ich nahm an, das wäre wohl seine Art zu zeigen, wer das Sagen hatte. Für einen Fahrer wie mich war es ganz normal, so behandelt zu werden: Selbst für einen kleinen Rennstall waren 5.000 Euro nicht der Rede wert, aber für mich war es eine durchaus nennenswerte Summe – nicht genug, um mich zu beklagen und zum Anwalt zu rennen, aber es reichte, um mir wehzutun, wie ein Hieb in einem Boxkampf, mit dem einem der Gegner zu verstehen gibt, dass er noch da ist. Für Stanga hatte sich die Sache damit erledigt: Er kam nie wieder darauf zu sprechen und er hegte auch keinen Groll. Die Ironie dessen, dass ich mich zu einem seiner besten Domestiken für die Berge mauserte, schien ihm verborgen zu bleiben. So schien es in seiner Welt eben zu laufen: »Wenn ich dich kaltstellen muss, werde ich das ohne zu zögern tun, aber wenn alles glatt geht, okay ... nichts für ungut.« Ich trug es mit Fassung, weil mir, da ich mit dem Rücken zur Wand stand, gar nichts anderes übrigblieb. Ich würde diese kleinen Nackenschläge einstweilen ertragen, denn schon in dem Moment, in dem ich zu geringeren Bezügen bei Stanga unterschrieb, hatte ich mir insgeheim geschworen, spätestens in zwei Jahren wieder bei einem größeren Team unterzukommen. Entweder das, oder ich würde meine Radschuhe an den Nagel hängen. Hopp oder topp.

Als ich den ganzen Stress hinter mir hatte und der Deal mit Stanga in trockenen Tüchern war, war es bereits Mitte Oktober, und ich kehrte erschöpft in meine Mapei-Unterkunft zurück, um ein paar Dinge mit Blick auf die kommende Saison zu regeln. Als ich den Vertrag unterschrieb, hatte Stanga mir eine Wohnung in Bergamo angeboten, aber ich lehnte ab, weil ich auf keinen Fall wieder zu der Lebensweise zurückkehren wollte, die ich als Amateur gekannt hatte, umgeben von Fahrern, die sich die Klinke in die Hand gaben. Ich wollte mein eigenes Leben führen. Es gab nicht viel, was mich in Varese hielt – ein paar Freunde, die ich durch meine Mapei-Kollegen kennengelernt hatte –, aber es war alles, was ich hatte, und das wollte ich nicht so einfach aufgeben.

Als ich begann, mich in Varese nach Wohnungen umzuschauen, bekam ich einen ziemlichen Schreck. Mir wurde klar, dass mir nicht nur bei Mapei vieles abgenommen worden war. Vom Tag an, als meine Mutter mich in Frankreich abgesetzt hatte, war ich so verbissen auf den Radsport fixiert, dass ich von der Welt da draußen eigentlich nichts mitbekam. Als junger Athlet wird man dazu ermuntert, sich ganz auf den Sport zu konzentrieren, während andere sich um die sonstigen Aspekte des täglichen Lebens kümmern. Ich war 24 und hatte keine Ahnung, wie man mit Mietverträgen und anderem bürokratischen Kram umging, den die Eigenständigkeit so mit sich brachte. Das war ein böses Erwachen. Viele junge Fahrer kennen das Problem, denn sie wachsen in einer hermetisch abgeriegelten Welt auf, und wenn sie den Schritt in den Profibereich machen, sehen sie sich mit einer ganzen Reihe ungewohnter und kniffliger Situationen konfrontiert. Was die Sache noch komplizierter machte, war der Umstand, dass es in Italien einen Haufen unredlicher Menschen gab, vor denen ich mich hüten musste. Statt in der Pause nach Saisonende auszuspannen oder Urlaub zu machen, stand ich die ganze Zeit unter Strom und versuchte, mein neues, unabhängiges Leben in einem fremden Land zu organisieren.

Die einzige Chance, in Italien zu bestehen, war, wie es schien, über persönliche Beziehungen. Die richtigen Leute zu kennen, konnte einem vieles erleichtern, und wie sich zeigte, kannte ich mit Stefano Zanini genau den richtigen Mann. »Zaza« hatte mir schon so manche Gefälligkeit erwiesen. Er hatte mir geholfen, ein Auto aufzutreiben, und passte auf, dass ich nicht über den Tisch gezogen würde. Wir kamen gut miteinander aus, und weil er um meine Situation Bescheid wusste, hatte er in aller Stille ein paar Erkundigungen eingeholt. Ein paar besonnene Worte von Zaza waren genug, und schon arbeitete das ganze italienische System zu meinen Gunsten. Er besorgte mir eine Unterkunft in derselben Wohnanlage in Olgiate Olona, wo er, nur wenige Kilometer von Varese entfernt, mit seiner Familie lebte. Ein Freund von Zaza besaß direkt unter seiner eigenen Wohnung noch ein freies Apartment und war bereit, es an mich zu vermieten, denn er konnte das Geld gut gebrauchen. Allerdings wollte er niemanden an der Backe haben, den er nicht kurzfristig wieder rausschmeißen könnte, ich bekam also einen eher vage formulierten Mietvertrag – verbunden mit der Mahnung, dass ich sofort meine Sachen packen müsste, sollte jemand aus der Familie die Wohnung brauchen. Ich war allmählich verzweifelt, und die Wohnung war möbliert und sofort bezugsfertig, also sagte ich spontan zu. Das hat mir den Hintern gerettet.

* * *

Nachdem ich eine Wohnung gefunden hatte, trainierte ich den restlichen italienischen Winter über hart, um mich auf meine kommenden Aufgaben vorzubereiten. Ich arbeitete weiter mit Aldo Sassi zusammen und absolvierte im Großen und Ganzen das gleiche Training wie vorher. Nach ersten lockeren Ausfahrten im Dezember steigerte ich mich allmählich zu langen Touren durch die Berge rund um Varese. Unsere mit Stars gespickte Trainingsgruppe blieb erhalten, und der Einfluss von Mapei war weiterhin durch die große Zahl an Profis ersichtlich, die in der Gegend zu Hause waren. In der Regel trainierte ich mit einer ziemlich erlesenen Truppe: Mick

Rogers, Daniele Nardello, Ivan Basso, Dario Andriotto, Andrea Peron, Zaza und andere. Es war schon etwas Besonderes, einem so illustren Haufen anzugehören, und nach meinen Schwierigkeiten, ein neues Team zu finden, war ich erleichtert, bei Stanga untergekommen zu sein.

Sein Team unterschied sich von vielen anderen kleinen italienischen Rennställen der damaligen Zeit. Stanga war ein seriöser Manager, und wenngleich er keinen großen Sponsor aufgetrieben hatte, wurde das Team professionell geführt und ging bei allen größeren Rennen in Italien an den Start, auch beim Giro. Wir hatten zwar keine großen Stars in der Mannschaft, aber Serhij Hontschar war ein guter Mann für das Gesamtklassement, und die übrigen Fahrer im Team waren stark genug, um ihn anständig zu unterstützen. Wir waren kein zusammengewürfelter Haufen Glücksritter, die zufällig das gleiche Trikot trugen, sondern eine ambitionierte Mannschaft mit klar definierten Zielen. Zudem genoss Stanga einen guten Ruf, was ebenfalls sehr wichtig war. Es waren die kleinen Details, die man leicht mal übersieht: Das Trikot zum Beispiel war nicht mit den Logos der Klitschen diverser Schwippschwäger zugepflastert. Das war nicht unbedingt ein Zeichen dafür, wie toll es bei Stanga zuging, sondern eher, wie mies andere Rennställe betrieben wurden: Manche hatten eher was von Gebrauchtwagenhändlern als von professionellen Radsportteams.

Obwohl Italien die erfolgreichste Radsportnation der Welt war, wurden viele Rennställe des Landes erstaunlich dubios geführt. Stanga hingegen genoss bei der UCI großen Respekt, und, was besonders bemerkenswert war, er zahlte sogar Rentenbeiträge für seine Fahrer. Das war ein untrügliches Zeichen dafür, dass er ein seriöser Geschäftsmann war, anders als viele andere sportliche Leiter der damaligen Zeit, denen es vor allem darum ging, in die eigene Tasche zu wirtschaften.

Anfangs hatten mich solche Auswüchse noch schockiert, zum Beispiel in meinem ersten Profijahr, als beim Gruppentraining in Varese ein sorgfältig frisierter Amateurfahrer auf mich zukam und fragte: »Und, wie viel hast du bezahlt?«

»Verzeihung, bezahlt wofür?«

»Na, um Profi zu werden. Der normale Kurs sind um die 40.000 Euro, aber du hast sicher eine ganz schöne Stange berappt, um bei Mapei unterzukommen.«

Wie sich herausstellte, war es in italienischen Amateurkreisen gang und gäbe, für einen Platz im Profizirkus *bezahlen* zu müssen. Es war eine ganz einfache Regelung: Der Fahrer brachte einen Sponsor mit, der das Gehalt zahlte und ein bisschen obendrauf, um dem Team die Sache zu versüßen, dafür prangte der Name des Geldgebers auf dem Mannschaftsbus (manchmal bestand das Sponsoring auch im Bus selbst, wie im Falle eines damals ziemlich namhaften Rennstalls). Das war nackter Wahnsinn und zeigte nur, wie hart ich dafür gearbeitet und wie gut ich mich geschlagen haben musste, einen Vertrag zu ergattern, mit dem ich bezahlt wurde statt umgekehrt.

So viele Rennställe wurden mit allen möglichen fragwürdigen Mitteln geführt. Es herrschte das reinste Chaos. Es war durchaus üblich, dass Fahrer einen Vertrag für das Mindestgehalt abschlossen und die Hälfte des Geldes in bar und in eine Tüte gepackt an das Team zurückzahlten. Italienische Radsportteams waren gute Adressen, um Geld zu waschen – kein Problem in der weitgehend unregulierten Welt der Radsportfinanzen, in der viele Rennställe vor nichts zurückschreckten, um Kosten zu sparen.

Der italienische Radsport war wie die italienische Wirtschaft: Wer es nach oben geschafft hatte, war fein raus, aber für die einfache Arbeiterschaft war das Leben chaotisch und es gab keinerlei Sicherheiten. Eine der Nebenwirkungen dieses skrupellosen Gebarens war, – soweit ich es beurteilen konnte –, dass es die Dopingkultur auch noch begünstigte. Es war das genaue Gegenteil dessen, was Mapei hatte erreichen wollen: Der Druck war so groß und das Fundament so wacklig, dass es für die meisten Fahrer eine schwierige Entscheidung war, *nicht* zu dopen.

Für mich war es, als wäre ich direkt aus dem Mutterleib in die große weite Welt geschleudert worden, wo es plötzlich eine ungeheure Gefälligkeit war, und nicht etwa eine Selbstverständlichkeit, dass mein Arbeitgeber Rentenbeiträge für mich bezahlte. Es war Wahnsinn. Was mich über Wasser hielt, war die Tatsache, dass Stanga, wenngleich er an allen Ecken und Enden zu sparen versuchte, zumindest ein fairer Mann war. So wie ich ihn erlebte, scheute er nicht davor zurück, einem die Daumenschrauben anzulegen, sofern es nichts Schriftliches gab – so war eben das Geschäft –, aber sobald man etwas schwarz auf weiß hatte, konnte man sich darauf verlassen, jeden einzelnen Cent, der einem zustand, zu bekommen. Ansonsten wäre ich offen gestanden auch erledigt gewesen.

* * *

Wenn Mapei ein Logistikriese wie die DHL war, dann war De Nardi das kleine Postamt auf dem Dorf. Grundsätzlich machte De Nardi alles richtig – alles war stimmig, alles funktionierte –, aber es war auf das absolute Minimum abgespeckt und oberstes Gebot war, die Kosten so niedrig wie möglich zu halten.

Sogar unser erstes Trainingslager war eine Art Kostensenkungsmaßnahme: Das Team versammelte sich wie alle anderen Anfang Januar, aber statt in warme (und kostspielige) Gefilde zu reisen, setzten wir uns in unsere eigenen Autos und fuhren runter nach Cesenatico in der Nähe von Rimini an der Adriaküste. Rimini ist das bevorzugte Urlaubsziel des italienischen Arbeiters und einen Monat im Jahr, im August, wenn landesweit die Fabriken schließen, wird der Ort zur Pilgerstätte für Partyvolk und Sonnenanbeter, die ordentlich einen draufmachen wollen. Im Winter aber war die Stadt verlassen und verströmte die ganze trostlose und ein bisschen unheimliche Melancholie eines Ferienorts zur Nebensaison. Fast alles hatte in dieser Zeit des Jahres geschlossen, aber Stanga hatte eines der vielen privat betriebenen Hotels überreden können, seine Pforten zu öffnen (zum Sonderpreis natürlich). Hotel und Örtlichkeit erfüllten ihren Zweck und ermöglichten uns zwei Wochen ungestörtes Training, aber wie alles andere bei meinem neuen Arbeitgeber erschien im Vergleich mit Mapei alles ein bisschen mickrig.

Ich teilte mir das Zimmer mit Serhij Hontschar, unserem schweigsamen ukrainischen Mannschaftskapitän. Hontschar war eine andere Art Kapitän, als ich sie von Mapei gewohnt war. Er gab nie irgendwelche Befehle und hielt es nicht für nötig, seine Führungsrolle anders als durch seine Fahrweise herauszukehren, und selbst dann schien sein Credo zu sein: »Schau mal, ich bin recht stark, und wenn du mir hilfst, dann läuft es vielleicht ganz gut für uns.«

Als wir am ersten Tag ins Hotelzimmer kamen, hatte ich gleich eins der kleineren Klappbetten in Beschlag genommen, denn er war der erfahrenere Fahrer – aber zu meinem Erstaunen, fragte er mich, ob ich nicht ein anderes haben wolle, denn ihm sei es egal, wo er schlafe. Nachdem mir im Vorjahr Andrea Tafi noch im Anschluss eine Etappe der Burgos-Rundfahrt befehlen wollte, seine Radhosen mit der Hand zu waschen, war es mir ganz recht, einen etwas genügsameren Kapitän zu haben. Trotzdem bedauerte ich irgendwann, auf dem Klappbett bestanden zu haben, denn es stand auf einem verglasten Balkon, so dass ich auf drei Seiten von Fenstern ohne Vorhängen umgeben war. Nachts blies der Wind so heftig, dass ich mehrmals wach wurde und auf die schwankende Deckenlampe über mir starrte. Ich fühlte mich wie auf einem Schiff. Noch schlimmer war aber, dass unsere Trainingsklamotten nicht trockneten und es nicht genug davon gab. Im Teamtransporter gab es zwar einen Trockner, der aber alle naselang seinen Geist aufgab, so dass wir unsere Trikots und Hosen jeden Abend nass zurückerhielten. Wir hängten die Sachen im Zimmer auf, aber es half nichts. Wir waren gehalten, jeden Tag das richtige Teamoutfit zu tragen, aber bis dahin hatte jeder von uns zum Beispiel nur eine einzige Thermojacke bekommen, und wenngleich uns De Nardi pflichtgemäß mit Arbeitskleidung ausstattete und mit jemandem, der sie wusch, war es anscheinend unser Problem, wie wir sie rechtzeitig wieder trocken bekamen.

Nach drei Jahren bei Mapei war es ein Schock, mit so etwas konfrontiert zu werden. Bei Mapei gab es so viele Dinge, die ich einfach als selbstverständlich hingenommen hatte, dabei war ich bestimmt kein verwöhnter Schnösel. In mancherlei Hinsicht war Mapei damals das, was heute das Team Sky ist. Die Mannschaft investierte das entscheidende Quäntchen mehr an Zeit und Aufwand in Planung und Logistik, um der Konkurrenz haushoch überlegen zu sein. Nun aber bewegte ich mich in einem ganz anderen Umfeld und ich stellte fest, dass es nicht nur meine »Erziehung« in meinem vorigen Team war, mit der ich mich von meinen neuen Kollegen unterschied.

Eines schönen Nachmittags im Trainingslager, Hontschar hatte sich zur Massage verzogen, stolzierte einer meiner neuen Teamkollegen, ein talentierter junger Fahrer namens Matteo Carrara, in mein Zimmer. Carrara stammte aus Bergamo und war bereits seit zwei Jahren bei Colpack. Da ich noch neu war, bat ich ihn auf einen Schwatz herein, denn ich dachte, dass er eine ganz gute Messlatte wäre, um die allgemeine Stimmung in der Mannschaft auszuloten.

Er kam herein, setzte sich auf Hontschars Bett und unterhielt sich mit mir, bis er sich plötzlich im Spiegel sah. Zu meinem Erstaunen unterbrach er das Gespräch und sprang auf, um seinen Bauch im Spiegel zu betrachten. Sehr zufrieden mit dem, was er sah, als er sich in die Haut kniff, fragte er mich: »Siehst du, wie dünn ich bin, Charly? Kennst du das Geheimnis, warum ich so dünn bin?«

Mir schwante, dass er es mir so oder so erzählen würde.

»Ähm, nein.«

»Wenn ich in der Saison zwischen den Rennen zu Hause bin, esse ich nichts.«

»Wie bitte?«

»Ja, ich esse nichts. Keinen Bissen. Nichts. Ich trinke Wasser, und das war's. Du solltest mich sehen, wie drahtig ich in der Saison bin. Ich fliege die Anstiege nur so hinauf.«

Während das Gespräch in diesem Sinne weiterlief und Matteo mir Dinge erzählte, die vermutlich übertrieben oder vollkommen ohne Belang für mich waren – über sich selbst, die Mädchen, mit denen er geschlafen hatte, die Autos, die er gefahren war, und die Frisuren, die er sich hatte verpassen lassen –, wurde mir immer schwerer ums Herz.

Mapei war ein wahrhaft internationales Team gewesen, mit Fahrern aus Australien, Amerika und Russland sowie einem halben Dutzend europäischer Nationen. Sich in einem so multikulturellen Umfeld zu bewegen, war interessant gewesen, bei Colpack aber waren die einzigen Nicht-Italiener ein paar Osteuropäer, die gleichwohl das italienische Amateursystem durchlaufen hatten – und dazu ich, der Außenseiter, der sich wieder verbiegen musste, um sich anzupassen. Während Matteo weiter von sich selbst quasselte, wurde mir klar, dass De Nardi einfach nicht das Umfeld war, in dem einer meiner Kollegen sich denken würde: »Mann, der Typ ist Engländer. Das könnte eine interessante kulturelle Erfahrung sein.« Niemand würde mich fragen: »Hey Charly, erzähl doch mal: Wie ist es denn so in England?« Stattdessen würden sie mich ansehen und denken: »*Cazzo!* Die Pfeife schmiert sich zu wenig Gel in die Haare.«

Sie waren keine schlechten Kerle, aber sie waren eben Gürteltaschen tragende, Handy schwingende italienische Radprofis aus der allereinfachsten Stanze. Sie waren das Pendant zu englischen Drittligafußballern. Sie hatten eigentlich nicht die Kohle, um einen auf dicke Hose zu machen, aber sie versuchten es trotzdem. Einer von ihnen fuhr eine winzige Frisösenkarre, in die er eine Anlage eingebaut hatte, die noch in zehn Kilometern Entfernung zu hören war. Als er damit im Trainingslager auftauchte, war das ganze Team in heller Aufregung hinausgelaufen, um sich den Eimer anzugucken – und den Rest des Trainingslagers redeten sie über nichts anderes mehr als über die blöde Kiste. Ein anderer landete ein paar Jahre später wegen Kreditkartenbetrugs im Gefängnis. Er war an sich ganz in Ordnung, das waren sie alle, aber sie waren italienische Berufsrennfahrer der simpelsten Sorte.

In einer Mannschaft wie De Nardi gab es nur einen, der gutes Geld verdiente, und das war Hontschar. Die restlichen Fahrer waren so wie ich entbehrliche Nebenfiguren, denen man das bloße Minimum zahlte und von ihnen verlangte, das Beste daraus zu machen. Trotzdem war ich in mancherlei Hinsicht ganz anders als meine Kollegen. Ich scherte mich nur wenig um meine äußere Erscheinung, und ein guter Haarschnitt war für mich einer, um den man sich möglichst wenig kümmern musste – kein kunstvolles Gebilde, das einen wie ein Gockel aussehen ließ und das jeden Morgen mehrere Stunden in Anspruch nahm. Ich hatte ein beschissenes Handy, das seit zwei Jahren überholt war, und ich fuhr ein zweckmäßiges Auto, für das ich mich aufgrund seiner Wirtschaftlichkeit entschieden hatte. Ich hatte weder vor, über meine Verhältnisse zu leben, noch mir ein riesiges Tattoo vom Kolosseum auf die Wade stechen zu lassen, wie es einer meiner Kollegen tat. Der Rest der Mannschaft hielt mich wahrscheinlich sowieso für einen Vollidioten, trotzdem würde ich mich so gut es ging anpassen müssen. Ich arbeitete hart auf dem Rad, aber ich tat noch mehr. Ich lachte über jeden dummen Witz und heuchelte Interesse, wenn die Leute hanebüchene Märchen von ihren Heldentaten auftischten. Ich ging sogar zum Frisör und lauschte stundenlang dem Geschwätz von Hausfrauen, während mir Fetzen von Alufolie in den Haaren klebten, um Highlights einzuarbeiten. Das war eine Einstellung, mit der ich mir im Laufe des Jahres den Ruf eines guten Fahrers erwarb, aber ich selbst fühlte mich ziemlich mies dabei. Ich verkaufte mich und hasste mich dafür. Leute, die mich kannten, meinten: »Du bist ja jetzt praktisch Italiener!«, und mir wurde ganz anders. Ich mochte es nicht, hielt es aber für einen unumgänglichen Aspekt meines Berufs. Britische Fahrer hatten damals keinen besonderen Stellenwert, und ich war nicht gut genug, um exzentrisch sein zu dürfen. Ich musste Scheiße fressen. Um zum Giro zu dürfen, musste ich mich mehr als jeder Italiener bewähren, und ich konnte mir keinen Fehltritt leisten. Wenn meine italienischen Kollegen entbehrlich waren, dann war ich es erst recht.

Das ganze Jahr war eine einzige Prüfung. Mapei war ein italienisches Team gewesen, aber fortschrittlich in seinen Anschauungen. De Nardi hingegen war ein durch und durch italienischer Rennstall, der an traditionellen Methoden festhielt, um Fahrer schneller zu machen. Italiener waren besessen davon, dass Radsportler dünn sein mussten, und sie glaubten, der einzige Weg dorthin wäre, nichts zu essen. Da blieb wenig Raum für seriöse Wissenschaft. Und niemand zog die Möglichkeit in Betracht, dass unterschiedliche Menschen einen unterschiedlichen Stoffwechsel haben könnten. Die Teamphilosophie war denkbar simpel: Wir aßen einfach alle so wenig wie möglich.

Das Problem dabei war, dass italienische Fahrer es gewohnt waren, wie Kinder behandelt zu werden. Man musste ihnen sogar sagen, wann sie aufhören sollten zu essen. Woanders wäre ich damit durchgekommen, heimlich ein bisschen mehr zu essen, aber bei De Nardi (und vielen anderen Profiteams) stand stets ein Betreuer mit am Tisch und passte auf, allzeit bereit, es dem *directeur sportif* sofort mitzuteilen, falls jemand das Falsche oder, noch schlimmer, zu viel aß.

Ich bin ziemlich sicher, dass ich weite Teile meiner Karriere unter meinen Möglichkeiten blieb, weil ich mich an diese Vorgaben hielt, obwohl ich von der Veranlagung her einfach viel mehr Brennstoff brauchte. Es nahm gefährliche Ausmaße an, wenn ich selbst an Ruhetagen eines großen Etappenrennens hungerte und lediglich Wasser und einen 17-Gramm-Energieriegel bekam, verbunden mit dem Hinweis, bloß nicht zu viel zu essen. EPO hin, EPO her – ich hätte sehr viel schneller fahren können, hätte man mich nur anständig gefüttert.

Das Gefühl, mich allmählich in Italien festzufahren, wurde durch unseren Rennkalender noch verstärkt: De Nardi zählte zu einer Reihe italienischer Mannschaften, die fast ausschließlich in Italien fuhren. Es gab dort eine in sich geschlossene Radsportwelt, vor allem weil italienische Medien über Rennen außerhalb von Italien kaum berichten – zumindest damals war das so. Gleichwohl fehlte es dem italienischen Rennkalender an nichts. Es gab ein schlüssiges Programm, das sich durch die gesamte Saison zog. Los ging es mit den Rennen im Frühjahr – Giro di Liguria, Trofeo Laigueglia, Giro di Lucca –, dann weiter über die Settimana Coppi e Bartali bis zu den letzten Vorbereitungsrennen vor dem Giro, der Settimana Bergamasca und dem Giro del Trentino.

Es gab so viele Termine, sogar direkt im Vorfeld des Saisonhöhepunkts, des Giro d'Italia, dass wir praktisch das ganze Jahr hindurch, selbst bei Rennen, die im übrigen Europa kaum jemand kannte, extrem hart schuften mussten. Es machte mich zu einem besseren Fahrer, aber das machte mein mageres Gehalt und mein trauriges Dasein nur noch schwerer zu ertragen.

* * *

Als ich das Tor aufschwang und mein Rad und meine Tasche über den Hof schleppte, sah ich, dass das Fenster von Zazas Wohnung offen stand und das vertraute Gesicht von Rossana auf mich herablächelte. Den liebevollen Spitznamen verwendend, der mir von der Familie verpasst worden war, rief sie zu mir herunter: »*Bentornato, Bagai*. Alles gut gelaufen beim Rennen?«

»Hallo. Danke, Rossana, war ganz okay.«

»Hast du Hunger? Bring deine Sachen rein und komm rauf zum Essen. Wir warten auf dich.«

Ich war froh, dass sie zu Hause waren. Von einem Rennen heimzukommen, war jedes Mal eine Herausforderung, besonders nach einem mehrtägigen Etappenrennen, aber diesmal, nach einem weiteren Vorbereitungsrennen auf den Giro d'Italia, spürte ich, dass es mir zunehmend schwerfiel, allein zu wohnen, und dass es noch viel schwerer werden würde.

Als ich schließlich durch die Tür in meine Wohnung ging, nachdem ich mein Rad in der Garage verstaut hatte, traf mich das ganze Elend meiner Lage wie ein Amboss im Zeichentrickfilm. Die losen Fäden, die mein Leben ausmachten, waren wie eingefroren in der Zeit. Die Wohnung war noch genau so, wie ich sie verlassen hatte: Nichts hatte sich gerührt, die Bettlaken waren noch zurückgeschlagen und zerwühlt, so wie sie waren, als ich mich in aller Eile auf den Weg zum nächsten Rennen gemacht hatte. Bis dahin hatte ich meine Wohnung als meine Zuflucht betrachtet, als einen sicheren Hafen, an den ich mich zwischen den Wettkämpfen zurückziehen konnte. Jetzt wurde mir mit einem Mal klar, welch seltsamen Anblick sie bot: Die antiquierten Möbel passten überhaupt nicht zur eher modernen Raumgestaltung. Der einzige Beleg meiner Existenz waren ein paar ungerahmte Fotos, die in der Tür des Wandschranks klemmten. Nichts an dieser Umgebung war stimmig: Es war kein trautes Familienheim, es war keine Junggesellenbude, es war nicht einmal eine Bleibe wie die Unterkunft, in der ich als Amateur in Frankreich gehaust hatte – es war nichts. Ich saß allein in der Küche und weinte die Tränen eines einsamen, erschöpften jungen Mannes. Ich hatte die ganze Woche damit verbracht, das Ende des Rennens herbeizusehnen, den Tag, an dem ich endlich wieder nach Hause dürfte, nur um dann festzustellen, dass es gar kein Zuhause war. Ich war nur ein Radfahrer auf der Durchreise, der auf das nächste Rennen wartete.

Nachdem ich mit 18 die Juniorenkonkurrenz beim Grand Prix des Nations gewonnen hatte, stand ich an der Seite von Chris Boardman auf dem Podium. Es war einer von elf Siegen in meinem ersten Jahr in Frankreich.

Ich brauchte sie, und sie brauchten mich: Renneinsätze für die britische U23 bei der Rad-WM 1998 in Valkenburg (links) und bei der PruTour of Great Britain 1999 (unten).

Bei der Dänemark-Rundfahrt 2000. Mapei mochte das Superteam seiner Generation gewesen sein, aber als Umkleide und für die hygienische und medizinische Erstversorgung nach dem Rennen diente auch dort noch der Kofferraum eines Autos. Wie sich die Zeiten doch ändern.

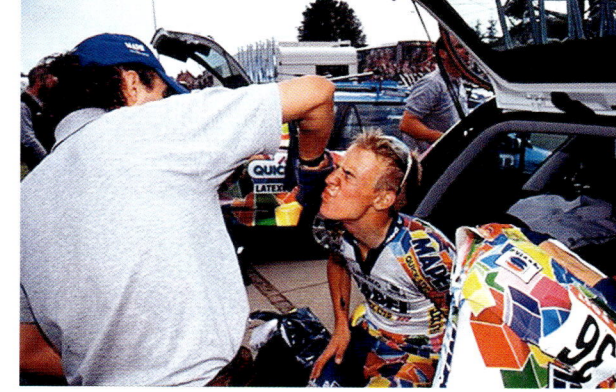

Fahrer wie Andrea Noè (rechts im Bild) nahmen es auf sich, mir den Job von der Pike auf beizubringen, mit dem sie sich auskannten: den des Domestiken.

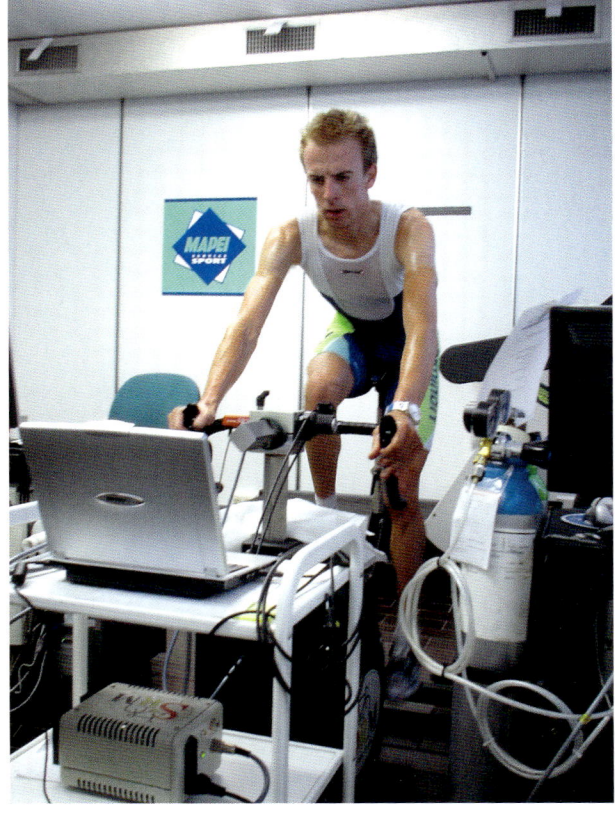

Rechts: Als Team und Organisation war Mapei seiner Zeit weit voraus. Ihr Ansatz entsprach dem aktuellen Stand der Forschung, aber vor allem wollten sie das Beste für den Radsport.

Nächste Seite: Kunterbunte Rennkleidung war das Markenzeichen des von einem Baustoffproduzenten finanzierten Rennstalls.

Als ich bei der Rad-WM 2000 zur britischen Nationalmannschaft zurückkehrte, fühlte ich mich bereits als Fremder in einem Team, dem ich noch zwölf Monate zuvor angehört hatte.

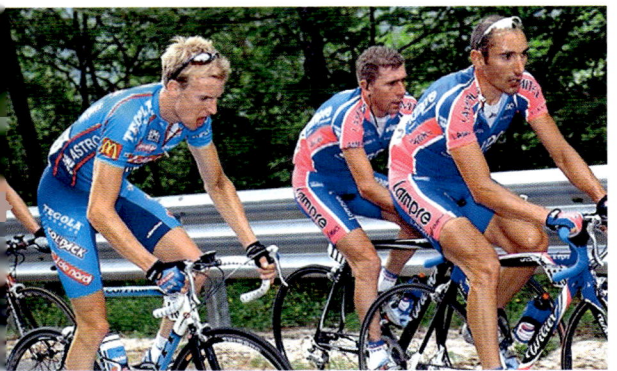

Nur knapp sieben Monate nach meiner ersten Vuelta ging ich im Mai 2003 in meinen ersten Giro d'Italia, und die Dinge hätten nicht unterschiedlicher laufen können. Anders als in Spanien, wo ich allein ums Überleben kämpfte, konnte ich dem Rennen ein wenig meinen Stempel aufdrücken.

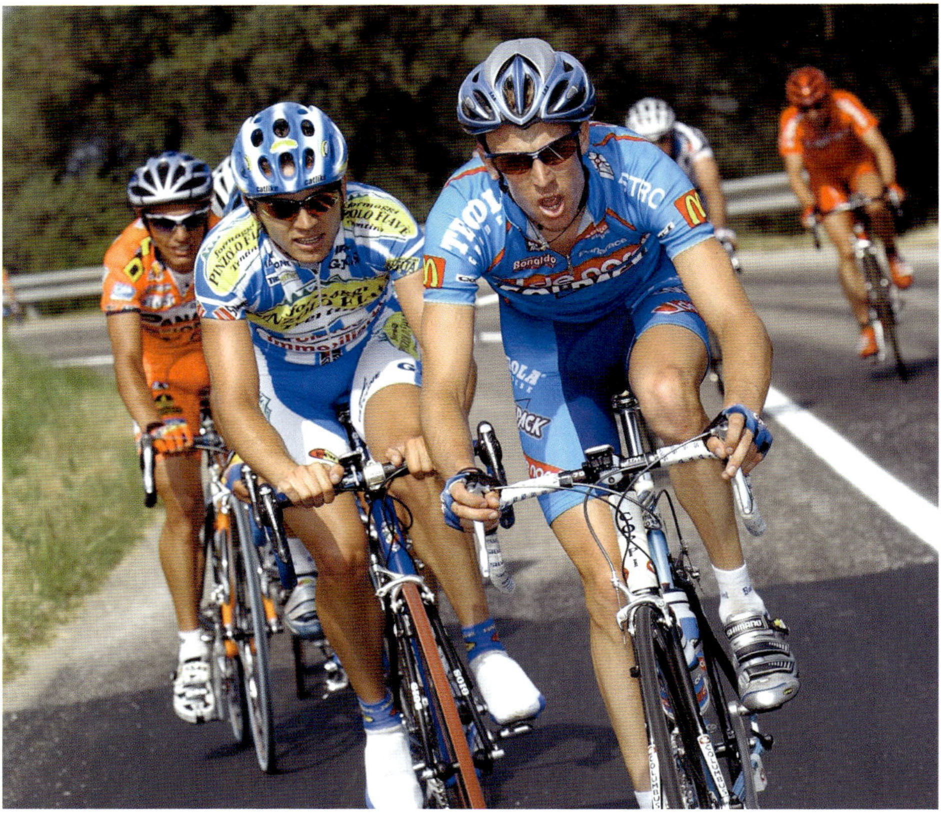

Foto: Hennes Roth

Stefano »Zaza« Zanini war für mich in Italien so etwas wie ein großer Bruder. Er wusste immer genau, wann ich Rat brauchte, eine Einladung zum Abendessen oder – in einem Fall auch mal – einen handfesten Anschiss.

Tom Southam an der Spitze des Pelotons bei der Rad-WM 2005 in Madrid, wo ich einen Fehler machte, der unser beider Karrieren beeinflussen sollte.

Ich wusste, dass Zaza und Rossana mit ihren beiden Söhnen Marco und Lucca geduldig auf mich warteten, so wie sie es oft taten. Es wäre schon sehr großzügig gewesen, mich ein oder zwei Mal die Woche zum Abendessen einzuladen, aber sie hießen mich jeden Tag an ihrem Tisch willkommen. Was hätte ich gemacht, wären sie ausnahmsweise mal mit Freunden ausgegangen? Den ganzen Heimweg hatte ich mir Sorgen gemacht, dass die beiden und ihre Kinder nicht daheim sein könnten und ich auf mich alleine gestellt wäre. Ich war vollkommen abhängig geworden von ihrer Großzügigkeit. Sie hatten mich praktisch adoptiert. Sie nannten mich *bagai*, ein liebevolles Wort für »Kind« im heimischen Dialekt. Sie waren so gut zu mir, aber gleichzeitig unterstrich der warmherzige Großmut, mit dem sie meine Existenz retteten, nur noch mehr, wie einsam ich war, und das machte mich noch trauriger. Ich war ein erwachsener Mann, dachte ich jedenfalls, aber ich fühlte mich wie ein tragischer Fall, der von Fremden adoptiert worden war. Ich war 25 Jahre alt und saß jeden Tag beim Abendessen mit zwei Erwachsenen und ihren beiden Söhnen am Tisch und fühlte mich wie ihr drittes, unbeholfenes Kind.

Was mir wirklich zusetzte, während ich dasaß und den unvermeidlichen Gang die Treppe rauf hinauszögerte, um eine Mahlzeit zu essen, für die Zaza bezahlt hatte, war der Gedanke, dass die meisten Profis ein ganz anderes Leben führten. Viele meiner Kollegen, mit denen ich die ganze Woche gefahren war, kehrten in ihre Heimatorte und in den Schoß ihrer zumindest in meiner Vorstellung liebevollen Familie zurück. Und der nächste Tag würde sogar noch schlimmer werden.

Der Tag nach der Rückkehr von einem Rennen ist immer derjenige, an dem man am allermüdesten ist. Es ist der Tag, an dem man am meisten davon hat, absolut gar nichts zu machen – runterkommen, ein Bad nehmen, den Geist leeren und sich den Wanst mit gutem Essen vollschlagen. Ich verbrachte diese Tage mit dem Versuch, das gekenterte Schiff, das mein Leben war, wieder aufzurichten, was mir umso schwerer fiel wegen meiner Gedanken an die liebevollen Familien, in denen die anderen sich geborgen fühlten. Stefano und Rossana waren wie eine Familie für mich, aber ich wollte diese beiden freundlichen Menschen nicht damit belasten oder gar kränken, meine Gefühlswelt vor ihnen auszubreiten. Auf gar keinen Fall wollte ich ihnen den Eindruck vermitteln, ihre Gastfreundschaft nicht zu schätzen zu wissen. Die Wahrheit war, dass ich mich dafür verachtete, ihnen so viel abzuverlangen, aber ich hatte niemanden, dem ich mich mitteilen konnte.

Viele Male stand ich kurz davor, die Nerven zu verlieren. Montagmorgens im Supermarkt zum Beispiel. Meist war nichts zu essen da, wenn ich heimkam, also fuhr ich mit dem gewaltigen Kaloriendefizit, das mir die Anstrengungen des Vortags beschert hatten, zum Einkaufen und hatte dabei das Gefühl, dass mein Körper versuchte, sich von innen heraus selbst aufzuessen. Im Geschäft griff ich verzweifelt irgendwelchen Kram aus den Regalen, um ein anständiges Frühstück zusammenzubekommen, aber es war jedes Mal dasselbe: Mein von der Unterzuckerung verwirrter Kopf konnte keinen klaren Gedanken fassen. Statt rasch und effizient rein- und wieder rauszugehen, schlurfte ich wie ein Zombie durch die Gänge, rempelte ungeschickt andere Kunden an und vergaß, was ich eigentlich wollte und was ich überhaupt in dem Laden machte. Oftmals hätte ich mich am liebsten einfach in einen der Gänge gehockt und um Hilfe geschrien.

Ich ertrug es, weil ich es musste, aber von einem Rennen heimzukehren und in meiner konfusen und trostlosen Wohnung zu sitzen, war jedes Mal ein böses Erwachen. Die Geborgenheit der Mapei-Jahre und meine Freude darüber, Profi zu sein, waren dahin. Nun musste ich mir eingestehen, dass es nach sieben Jahren, in denen es für mich nichts als Radfahren gegeben hatte, an der Zeit war, irgendetwas außerhalb des Radsports zu finden – und auch außerhalb der Familie, von der ich inzwischen abhängig geworden war. Ich hatte einen Vertrag als Profi und ich fuhr auf dem Niveau, das ich mir erträumt hatte, aber innerlich wurde ich den Gedanken nicht mehr los, dass das noch nicht alles sein konnte. Ich war noch längst nicht wirklich erwachsen geworden; ich war eigentlich noch ein Kind. Bei Mapei war es mir leicht gefallen, die Augen vor der Realität zu verschließen. Alles wurde einem abgenommen, und es gab immer etwas, womit man sich ablenken konnte. Bei De Nardi hatte ich meine bloße Existenz und sonst nichts. Wenn ich mich unter meinen Kollegen umsah, gab es anscheinend zwei Möglichkeiten, mit der Erkenntnis fertig zu werden, dass man einen Großteil seiner Jugend für etwas geopfert hatte, das letztlich nichts weiter war als ein Job: Entweder machte man pausenlos Babys, oder aber man zog von Trainingslager zu Trainingslager und schirmte sich in einem ansonsten verwaisten Skihotel hoch oben in den Bergen von der Realität ab. Ich hatte die Nase voll, zu leben wie ein Attentäter, und beschloss, mein Dasein als Junggeselle auszukosten und fortan so wenig Zeit wie möglich in meiner Wohnung zu verbringen.

So ganz loslassen konnte ich aber nicht. Ich verbrachte das ganze Jahr in Italien, weil ich es als Schwäche empfunden hätte, »heim« nach England zu fahren. Nach England zu reisen und meine Familie zu besuchen, wäre ein Leichtes gewesen, aber ich zog nicht einmal die Idee in Betracht, weil es mir wie das Eingeständnis meines Scheiterns vorgekommen wäre. Stattdessen gestattete ich mir ein Sozialleben in Italien und eröffnete mir damit eine ganz neue Welt. Ich fand heraus, dass ich durchaus ausgehen und ein paar Bier trinken konnte, ohne dass am Wochenende mein Job darunter litt. Ich ließ das wahre Leben in mein Leben und erkannte zum ersten Mal, seitdem ich 17 war, dass ich auch »normal« sein konnte, statt mir nur den Kopf darüber zu zerbrechen, wie ich drei Prozent mehr Leistung aus mir herausholen könnte.

Ganz allmählich verabschiedete ich mich von den Träumen, denen ich seit meiner Kindheit so verbissen nachgejagt war. Ich redete mir ein, dass mir das alles gar nicht so wichtig wäre. Das war leichter, als sich einzugestehen, dass alles so verdammt schwer war und ich am liebsten geheult hätte. Mit ein paar Bieren am Wochenende hatte ich den unbarmherzigen Fahrer, der ich als Amateur war, und den ambitionierten Profi, der ich noch bei Mapei war, ein wenig zurechtgestutzt. Angestachelt von der unheimlichen Leere, die ich in den paar Monaten in meiner trostlosen Wohnung verspürte, sorgte ich allmählich wieder für den Ausgleich, den ich in den vergangenen sieben Jahren vollkommen vergessen hatte. Vielleicht war es nicht mehr als eine gewaltige Verdrängungsstrategie, aber eine Weile war es ein tolles Gefühl.

* * *

Und so wurde De Nardi zum Ort, an dem ich mich von meinen Träumen verabschiedete. Dieser Rennstall war wie das Postamt auf dem Dorf, und ich entwickelte die Mentalität eines Postbeamten. Sie zahlten mir einen Mindestlohn und behandelten mich in mancherlei Hinsicht auf eine Weise, wie ich es als Profisportler nicht für möglich gehalten hätte. Sie steckten uns in Trainingsanzüge, in denen wir wie die schottische Fußball-Nationalmannschaft von 1972 aussahen, und reinigten unsere Beine nach dem Rennen mit etwas, das wie Feuerzeugbenzin roch, aber sie waren nie unredlich, was in Italien schon eine ziemliche Seltenheit ist. Und sie zahlten Rentenbeiträge für mich. Also tat ich, was sie von mir verlangten, aber mehr nicht. Ich bekam von ihnen keine Zugabe, und sie bekamen von mir auch keine. Das Verlangen, übermenschliche Leistungen zu bringen – das mich bei Mapei noch vollkommen ausgepowert kurz vor dem Ziel nach dem Absperrgitter greifen ließ –, ging mir bei De Nardi vollkommen verloren. Ich machte nur noch Dienst nach Vorschrift. Das war eine gefährliche Einstellung, und sofern ich nichts dagegen unternähme, könnte es bedeuten, dass ich den Rest meiner Karriere für den Mindestlohn fahren würde.

KAPITEL 6

GIRO D'ITALIA

Ich war nur bei wenigen Rennen dabei, die ich als etwas *wahrhaft Besonderes* einstufen würde. Aber der Giro d'Italia war eines davon.

Ich habe immer gewusst, dass die Italiener leidenschaftliche Radsportfans waren, aber ich musste erst Profi in einer italienischen Mannschaft werden, um zu begreifen, wie sehr das Radfahren zur italienischen Kultur passte und wie sehr in Italien zu fahren zu mir passte. Die italienische Fahrweise wird von so viel mehr bestimmt als nur der Strecke und den Fahrern. Sie ist die Vollendung aus Geografie, Geschichte, Ästhetik, Leidenschaft, Prestige und der tief verwurzelten Sehnsucht der Italiener, etwas Schönes zu erleben. Radrennen funktionieren in Italien deshalb so gut, weil sie genau den Bedürfnissen des Publikums entsprechen – die Leute wollen Spektakel und etwas, über das sie reden können. Die Streckenführung hält sich nie an den gesunden Menschenverstand. Wozu auch, wenn man einen Umweg machen kann, um einen Anstieg vor malerischer Kulisse oder vorbei an einer historischen Kapelle mitzunehmen? Die Rennen halten die Fahrer auf Trab und auf Tuchfühlung mit der Geschichte des Sports. Es gibt keine Rennen, in denen die Fahrer stundenlang stumpfsinnig schuften, bis sich der letzte Überlebende über die Linie schleppt. Italienische Radrennen sind auf die gleiche Weise angelegt, wie alles in Italien angelegt ist: perfekt durchdacht, um sowohl die Fahrer als auch die Umgebung in das bestmögliche Licht zu rücken. Der Streckenverlauf berücksichtigt, wie sich das Wetter verhält und wohin das Sonnenlicht fallen wird. Es ist kein Zufall, dass das erste und das letzte Rennen des italienischen Kalenders in so herrliches Licht getaucht sind: Der Zielbereich bei Mailand–Sanremo ist vom Frühlingslicht durchflutet, während bei der Lombardei-Rundfahrt das Herbstlicht allmählich und prachtvoll dahinschwindet. Und es ist nicht nur die Ästhetik, auf die sich die Italiener bestens verstehen. Italienische Rennen sind außerdem so konzipiert, dass sie eine clevere Fahrweise belohnen. In Italien reicht es nicht, nur stark zu sein, so wie in Belgien oder Nordfrankreich, wo man nicht viel mehr mitbringen muss als die Fähigkeit, sich gegen den von der See kommenden eiskalten Gegenwind zu behaupten. In Italien sind die Rennen so gestaltet, dass man den richtigen Moment erkennen muss. Es erfordert Timing, Raffinesse und Aufmerksamkeit, um etwas Meisterhaftes zu schaffen. Es ist die Kunst des Radfahrens, die Balance der Perfektion.

Man brauchte mich nur einmal anzusehen, um zu begreifen, dass mein Körper nicht dafür geschaffen war, ständiges Tempogebolze zu ertragen, aber in Italien, wo der Verstand gefragt war, damit sich Leistung bezahlt machte, war ich in meinem Element. Der Giro ist das Kronjuwel des italienischen Radsports, und von meinen ersten Tagen in Italien an spürte ich seinen Einfluss und seine Bedeutung. Er spielte eine wichtige Rolle dabei, wo ich war, was ich tat und wer ich zu werden versuchte. Sobald ich in Italien war, war der Giro allgegenwärtig.

Die Sache mit Italienern ist, dass sie unheimlich gerne reden. Sie lieben es, über alles Mögliche zu reden, aber ebenso wie ihre mediterranen Cousins aus Griechenland und Spanien lieben sie es ganz besonders, zu debattieren. Das italienische Wort dafür ist *polemica* – das ist es, was die Kneipen am Leben erhält, die Cafés füllt und den Radsport, neben Fußball und Politik, so bedeutend macht. Das Drama und die ästhetische Schönheit im Kontrast zum titanenhaften körperlichen Wettkampf des Radfahrens machen diesen Sport zum perfekten Gegenstand für diese Art von Auseinandersetzung. Eintagesrennen können in Italien zwar guten Gesprächsstoff für ein oder zwei Tage liefern, aber nichts geht über den Giro. Er bietet einen ganzen Monat lang Stoff für Gespräche und Kontroversen, und die Fernsehsender und Zeitungen begeistern sich daran, diese Debatten zu befeuern – so als existierten sie nur, um das Feuer der Debatte zu schüren.

Als ich 2003 zum ersten Mal an der Italien-Rundfahrt teilnahm, lebte ich bereits seit drei Jahren in Italien, und der Giro, als Abbild alles Italienischen, half mir, das Land und die Leute zu verstehen. Kein Wunder also, dass ich einige der besten Leistungen meiner Karriere beim Giro erbrachte und mich dort vom jungen Fahrer mit Potenzial zum fertigen und geachteten Profi entwickelte und mir einen Ruf erwarb, der mir auf ein neues Niveau verhalf.

* * *

Zwischen meiner ersten dreiwöchigen Landesrundfahrt, der Vuelta a España 2002, und meinem ersten Giro d'Italia lagen nur sechs kurze Monate, aber die Veränderungen, die ich in dieser Zeit als Radfahrer mental wie physisch durchmachte, waren tiefgreifend. Im September 2002 war ich schlecht vorbereitet und furchtsam zur Vuelta gereist, aber am Start des Giro im darauffolgenden Mai verspürte ich keinerlei Angst vor dem, was vor mir lag.

Meine Vorbereitungen auf den Giro begannen Anfang April, nach einer starken Vorstellung bei der Settimana di Coppi e Bartali. Das Rennen selbst war recht ereignislos verlaufen und meine Mannschaft hatte sich wenig eindrucksvoll präsentiert, aber ich hatte mich bei Betreuern und Kollegen nachhaltig bemerkbar gemacht. Für mich war es die erste Chance, dem Team zu zeigen, dass ich wusste, worauf es bei einem Etappenrennen ankam. Da es Ende März war, sorgte das wechselhafte Wetter dafür, dass die Fahrer ständig Regenjacken und Handschuhe an- und ausziehen mussten und warmen Tee in ihren Trinkflaschen brauchten. Ich war stets als Erster beim Teamwagen, blieb in Kontakt zu Hontschar und sorgte dafür, dass die Kommunikation zwischen den sportlichen Leitern und den Fahrern reibungslos verlief. Ich machte mir keinerlei Hoffnungen auf den Sieg, aber ich hatte mich zu einem wichtigen Bestandteil der Mannschaft gemausert, denn jeder mag den Burschen, der einem auf einer kalten Etappen ein Stück Schokolade oder etwas Warmes zu trinken reicht. Solche Dinge machen einen großen Unterschied, und da ich der Mann war, der diese Dinge möglich machte, hieß das, dass ich den Unterschied machte.

In einem Radsportteam erkennt man in der Regel sehr schnell, wer es drauf hat und wer nicht: Es bilden sich Cliquen, und ich verstand mich darauf, Aufnahme in den richtigen Grüppchen zu finden. Ich war besessen davon, frühzeitig zu erkennen, wer die entscheidenden Personen waren, und immer zur rechten Zeit am rechten Ort zu sein, um meinen Wert unter Beweis zu stellen. De Nardi war ein kleines Team, ich musste also bei den wichtigen Rennen dabei sein, um mich für einen größeren Rennstall empfehlen zu können. Als einer der wenigen Ausländer in einer italienischen Mannschaft (und dazu als letzter Fahrer, der einen Vertrag ergattert hatte), war ich auf eine Schlammschlacht um die begehrten Startplätze beim wichtigsten Rennen der Saison vorbereitet gewesen. Ich hatte im Frühjahr beherzte Leistungen gezeigt, und meine harte Arbeit wurde mit der frühzeitigen Nominierung für den Giro belohnt. Aber anders als bei der Vuelta im Vorjahr genoss ich diesmal auch den Luxus einer angemessenen Vorbereitung.

Nach den letzten Trainings- und Renneinsätzen gemeinsam mit der Mannschaft sah ich dem Giro daher ganz gelassen entgegen. 2003 waren die Organisatoren noch nicht verpflichtet, die 20 besten Teams der Welt einzuladen – das kam erst 2005 mit Einführung der UCI ProTour. Statt großer ausländischer Rennställe luden die Veranstalter lieber eine Reihe kleiner italienischer Mannschaften ein. Das bedeutete, dass ich meine Konkurrenten beim Giro gut kannte – das Feld bestand zu 90 Prozent aus Fahrern, gegen die ich das ganze Frühjahr über angetreten war. Ich wusste um ihr Leistungsniveau, ich wusste, mit wem ich es vermutlich zu tun bekäme, und ich wusste, auf welche Fahrweise und welches Tempo ich mich einzustellen hatte. Ich wusste außerdem – und das war vielleicht besonders wichtig –, dass ich in der Lage war, eine dreiwöchige Rundfahrt durchzustehen. Dank meiner Vuelta-Erfahrung wusste ich, wie mein Körper auf die Belastungen reagieren würde und wie ich mental damit umzugehen hatte. Ich war bereit.

Der Giro 2003 startete im Süden von Italien, und das an sich war schon eine neue Erfahrung. Kaum ein Rennen im italienischen Kalender fand in diesem Teil des Landes statt, und als ich dort unten eintraf, konnte ich die Veränderung beinahe riechen. Je weiter man in Italien nach Süden kommt, desto schäbiger wird allmählich alles. Der Asphalt wird schlechter, die Landschaft verändert sich, und rund um das Rennen herrscht eine ganz andere Stimmung. Ich lernte viel über das Land, aber es waren nicht nur schöne Seiten, die ich zu sehen bekam.

Der Giro-Auftakt fand in diesem Jahr in Lecce statt. Am Tag vor dem Start der Rundfahrt hielten wir auf einer kurzen Trainingsfahrt zu einer Pinkelpause an, und als ich aufs Meer blickte, sah ich ein Boot die Küste entlangschippern, das wie ein Trawler aussah. Nur um ein wenig Konversation zu betreiben, fragte ich einen betagten Einheimischen, der mit dem Rücken zum Meer und einer Miene vollkommener Gleichgültigkeit auf einer Bank saß, was sie taten.

»Fischen sie?«, erkundigte ich mich. Fast ohne aufzusehen, antwortete er. »Nein, sie holen eine Leiche aus dem Wasser.« Das war nicht sehr ermutigend; es war beängstigend und ziemlich bedrohlich. Am gleichen Abend unternahmen wir nach dem Abendessen unsere *passegiata*. Das ist ein kurzer Verdauungsspaziergang, der in Italien und auch bei italienischen Mannschaften üblich ist. Wir gingen einen gewundenen Fußweg hinab, als uns ein Pärchen aus der anderen Richtung entgegenkam. Wir waren alle beisammen und unterhielten uns untereinander, und als wir an dem Paar vorbeigingen, drehte sich einer aus der Mannschaft um und sagte etwas zum Fahrer hinter ihm. Offenbar blickte sich genau in dem Moment, als mein Kollege sich umdrehte, der Typ über die Schulter um, um zu gucken, dass auch ja keiner seine Tussi auscheckte, und natürlich dachte er, dass genau das passierte. Zwei Minuten später bretterte der Spinner mit seinen ganzen Kumpels auf Motorrollern die Straße runter und drohte uns allen Ernstes, uns zu erschießen. Das mochte eine leere Drohung und eine Zurschaustellung kindischen Machismos gewesen sein, was mich aber wirklich beunruhigte, war der Umstand, dass wir uns mitten auf einem belebten Fußweg befanden und niemand einen Ton sagte.

Es war kaum möglich, sich irgendwo in Süditalien halbwegs sicher zu fühlen, selbst wenn man auf dem Rad saß. Die Leute im Süden verhielten sich ganz anders am Straßenrand. Es waren Millionen, und sie liebten den Giro, aber sie hatten keinerlei Respekt vor den Fahrern. Kinder stießen sich gegenseitig aus Spaß direkt vor den Fahrern auf die Straße, und Hunde rannten einfach mitten ins Feld. Auf einem Anstieg irgendwo im Süden stahl mir ein Zuschauer meine Sonnenbrille von der Nase – und dabei gondelte ich nicht irgendwie hinterher, sondern war mittendrin im Geschehen! Das Lustige ist, dass es geschliffene Gläser waren, und ich erwartete beinahe, ihn Jahre später wiederzutreffen und zu hören zu kriegen: »Da hast du deine Scheißbrille, ich kriege immer Kopfschmerzen, wenn ich das Teil aufsetze ...«

Anfangs lief alles ganz gut für mich: In der ersten Woche konnte ich spüren, dass ich am Renngeschehen teilnahm, statt wie noch bei der Vuelta nur Statist zu sein. Ich ließ mich von der Bedeutung des Giro anstecken und auf der ersten Bergetappe zum Monte Terminillo beging ich meine erste Todsünde als Domestik. Es blieb ein einmaliger Aussetzer in meiner Karriere, aber auf jenem Anstieg ließ ich mich von meinem Herzen leiten statt von meinem Verstand. Ich vergaß mich vollkommen – und ließ meinen Kapitän im Stich. Die Etappe begann in Avezzano, direkt im Herzen des Landes. Die Strecke war weitgehend flach, bis wir den finalen Anstieg zur Skistation am Monte Terminillo erreichten. Im Vergleich mit vielen anderen Bergen dieser Rundfahrt war es eine relativ kleine Rampe mit 600 Höhenmetern, die sich auf 14 Kilometer verteilten, aber als wir in den Anstieg hineinfuhren, fiel das Feld plötzlich komplett auseinander. Gilberto Simonis Saeco-Mannschaft machte von vorne richtig Druck, und schnell steckten einige Fahrer in ernsten Schwierigkeiten. Rund um mich herum brachen Fahrer ein und mussten ihre Kapitäne ziehen lassen. Einer der Ersten, der abreißen lassen musste, war Aitor González, der noch vor ein paar Monaten die Vuelta gewonnen hatte. González abzuhängen, gab mir einen richtigen Kick – in Spanien hatte er mir das Leben ziemlich schwer gemacht. Während die Zuschauermassen immer dichter wurden und ein Fahrer nach dem anderen zurückfiel, hatte ich das Gefühl, dass es für mich jetzt richtig losging. Meine Lunge brannte, aber eine italienische Stimme im Ohr trieb mich weiter an: »*Tieni duro, tieni duro.*« – »Bleib stark, bleib stark.«

Ich blieb vorne dabei und konnte es kaum glauben, als immer mehr Favoriten aus der Gruppe zurückfielen. Das Hochgefühl, mithalten zu können, hob den Schmerz auf. Ich fuhr in einer Gruppe mit zwei der größten italienischen Stars der damaligen Zeit, Francesco Casagrande und Marco Pantani. Drei Kilometer vor dem Ziel befanden sich noch zehn Fahrer vor uns. Bei der Vuelta war ich 109. geworden und nun behauptete ich mich beim Giro bei einer Bergetappe unter den 20 besten Fahrern der Welt. Das war ich überhaupt nicht gewohnt, aber noch viel seltsamer war, dass es mir so ... *leicht* fiel. Nach Jahren des Leidens blitzte für einen kurzen Moment auf, was hätte sein können. Vielleicht hatte ich mich von der Leidenschaft anstecken lassen, die der Giro in den Leuten entfacht, oder vielleicht war es der Wunsch, in diesem großen Rennen eine eigene Geschichte zu schreiben.

Wie auch immer, bald tauchte der Teamwagen neben mir auf und Stanga steckte seinen hochroten Kopf zum Fenster raus und brüllte mich an, gefälligst anzuhalten. Ich hatte mich von der Euphorie des Augenblicks mitreißen lassen und dabei vollkommen vergessen, dass Hontschar abgehängt worden war. Stanga teilte mir aufgebracht mit, dass er anderthalb Minuten Rückstand habe. Meine Euphorie schlug in Verzweiflung um. Ich hatte es total verbockt. Ich hatte gegen eine der Grundregeln meines Jobs verstoßen: Ich hatte meinen Kapitän im Stich gelassen. Sofort nahm ich die Beine hoch und sah zu, wie der Rest der Gruppe davonstiefelte. Andere Fahrer zogen allein oder zu zweit an mir vorbei, bevor Hontschar schließlich auftauchte, und ich wieder Tempo aufnahm und ihn ins Ziel schleppte. Ich kam letztlich als 24. ins Ziel, mit drei Minuten und 46 Sekunden Rückstand auf den Etappensieger und zwei Minuten auf die Gruppe, die ich hatte ziehen lassen. Auf dem Papier eine starke Vorstellung, und der Anstieg zum Monte Terminillo hatte mir gezeigt, dass ich durchaus in der Lage war, auf diesem Niveau mitzuhalten, aber als ich ins Ziel rollte, war ich total deprimiert. Ich hatte nicht die Absicht gehabt, meinen Kapitän im Stich zu lassen, aber ich hatte mich vom Renngeschehen mitreißen lassen. Nach meinem Dafürhalten war es für einen Domestiken unverzeihlich, sich so zu verhalten.

Ich bin in meiner Karriere oft gefragt worden: »Du hättest beim Giro unter die ersten 20 fahren können – warum hast du das nie geschafft?« Das ist es, was die Leute am Job des Domestiken nicht verstehen. Ganz gewiss hätte ich bei vielen Rennen besser abschneiden können, hätte ich mir die Kräfte anders eingeteilt. Viele Male musste ich das Tempo herausnehmen, weil ich auf meinen Kapitän warten musste oder weil es unsinnig gewesen wäre, mehr zu tun. Ich wurde dafür bezahlt, einen bestimmten Job zu machen, und mein Job war nicht, unter die ersten 20 zu fahren. Ich wurde dafür bezahlt, einem Fahrer zu helfen, der für einen Platz auf dem Podium in Frage kam, und zwar auch dann, wenn ich ausnahmsweise einen besseren Tag hatte als er. Ich hatte mich an jenem Tag von der Leidenschaft des Giro anstecken lassen, aber ich schwor mir, dass mir dieser Fehler nicht noch einmal passieren würde.

Die beiden folgenden Etappen durch die Toskana waren flach wie ein Brett. Ich brauchte nur mitzurollen und konnte meine Kräfte schonen, während der große italienische Radsportheld Mario Cipollini seine Etappensiege Nummer 41 und 42 beim Giro bejubelte. Cipollini wurde in Italien wahrhaftig verehrt: Er war eine Berühmtheit und er war extravagant – Eigenschaften, die jeden normalen Italiener in freudige Ekstase versetzen. Italiener lieben Prominente, und »*Il Re Leone*« war ein solcher Star, der die Begeisterung für die Rundfahrt am Leben erhielt. Die Flachetappen waren damals vom Start bis ins Ziel eine einzige Cipollini-Show. Ein Sieg von Cipollini war ein Sieg für die Rundfahrt und ein Sieg für Italien. Mehr noch, Cipollini war der Chef im Feld und als solcher eine wichtige Figur in meinem Arbeitstag. Wenn ein Patron wie Cipollini im Peloton das Sagen hatte, ging alles ein wenig entspannter zu. Auf einer Flachetappe wusste man genau, was passieren würde: ob die Fahrer den ganzen Tag wie die Irren attackieren würden, ob jemand in der Verpflegungszone angreifen würde, ob ein Fahrer vorneweg fahren wollte, wenn wir durch sein Dorf kamen ... man musste nur »Cipo« fragen, und wenn er grünes Licht gab, war das alles kein Problem. Cipollini war in Italien mehr als nur ein Radrennfahrer, und es war keine Sache der Furcht, sondern des Respekts seitens der Fahrerkollegen, die es ihm gestattete, im Feld den Ton anzugeben. Für mich war das ideal: Ich wusste, dass ich es auf »seinen« Etappen ruhig angehen lassen konnte, weil das Rennen auf eine bestimmte Weise gefahren würde. Bei einer dreiwöchigen Rundfahrt waren solche Tage unbezahlbar – Tage, an denen ich meinem Körper eine Pause gönnen konnte, mich kaum verausgabte und zwischendurch einfach mal abschalten konnte.

Als es in den folgenden Tagen zurück in die Berge ging, lief es aber nicht mehr ganz so rund. Die Etappe von Montecatini nach Faenza stellte sich als die entscheidende der Rundfahrt heraus, als Gilberto Simoni dort seinen Angriff auf die *maglia rosa* startete. Ich ging in einer frühen Ausreißergruppe von 16 Fahrern mit, damit wir vorne mit einem Fahrer vertreten waren. Nachdem die Gruppe einen ordentlichen Vorsprung herausgefahren hatte, begnügte sie sich damit, den Abstand zu halten, aber 40 Kilometer vor dem Ziel hörten wir, dass Simoni eine unerwartete Attacke lanciert hatte und versuchte, zu seinem Teamkollegen Leonardo Bertagnolli aufzufahren, der vorne mit dabei war. Auf einmal geriet die Gruppe in helle Aufregung. Bevor Simoni am vorletzten Anstieg des Tages aufschließen konnte, starteten alle möglichen Fahrer wilde Attacken, um Löcher zu reißen. Die Gruppe raste in langer Reihe über die Passhöhe und stürzte sich in die steile Abfahrt hinunter nach Faenza.

Weil ich auf dem Gipfel nicht schnell genug hatte beschleunigen können, musste ich auf der Abfahrt Boden gutmachen. Während die Führenden immer schneller bergab rasten, musste ich das Risiko erhöhen, um dranzubleiben. Vor einer scharfen Rechtskurve geriet ich versehentlich auf einen Abschnitt rauen Asphalts, der mein Hinterrad bocken ließ. Im gleichen Moment fasste ich die Bremsen, um das Tempo noch rechtzeitig ein wenig zu drosseln, aber da mein Hinterrad den Kontakt zum Boden verloren hatte, wurde ich kein bisschen langsamer. Ich verpasste die Kurve komplett und krachte in die Leitplanke. Ich wurde in die Luft geschleudert und landete, das Steißbein voran, direkt auf dem Metall. Mir war, als wäre ich von einem Eisenträger verprügelt worden. Ich sprang schmerzerfüllt auf und humpelte an den Straßenrand, während Fahrer um Fahrer an mir vorbeirauschte, die Nachfolgenden mit lauten Rufen warnend, als sie mich sahen. Ihre kreischenden Bremsen jaulten entgeistert auf. Ich hatte den ersten Schock des Aufpralls noch nicht verdaut, als ich unser hellblaues Teamfahrzeug und das besorgte Gesicht von Stanga auf mich zukommen sah.

»*Cazzo, Charly, stai bene?* Alles okay?«

»Scheiße, nein. Ich bin auf der Scheißleitplanke gelandet. *Porca miseria!*«

»Schaffst du es ins Ziel?«

Ich zuckte zusammen und nickte: »Ja.«

Trotz meiner höllischen Schmerzen wusste ich, dass ich es zumindest versuchte müsste. Stanga hatte es eilig, zu Hontschar zurückzukommen, und nachdem der Mechaniker rasch mein Rad überprüft hatte, sprangen sie in den Wagen und sausten talwärts davon. Es waren noch 30 Kilometer zu fahren, aber ich redete mir ein, es schaffen zu können. Behutsam machte ich mich auf den Weg den Berg hinab. Als das Adrenalin allmählich abklang, spürte ich, wie die Schwellung am Rücken größer wurde, und jede einzelne Sekunde auf dem Rad geriet zur Tortur. Gruppe um Gruppe raste an mir vorbei, bis schließlich drei meiner Teamkollegen zu mir aufschlossen, Giuseppe Palumbo, Michele Gobbi und Leonardo Zanotti. Zanotti war ein früherer Mountainbiker und fuhr ebenfalls seinen ersten Giro. Er war ein echt netter Bursche und sichtlich erschrocken, mich so leiden zu sehen. Unter seiner Führung nahmen die drei mich in den Schlepptau und halfen mir, so gut es ging. Ich konnte nicht richtig sitzen und im Stehen konnte ich auch nicht fahren. Ich war so verrenkt, dass ich alle paar Umdrehungen den Fuß aus dem Pedal klicken musste, um meinen Rücken zu entlasten. Ich war in Tränen aufgelöst, aber ich wusste, ich müsste ins Ziel kommen. Es war nicht auszuschließen, dass es mir am nächsten Tag schon wieder besser ginge. Ich biss auf die Zähne, trat mit der Unterstützung meiner Kollegen weiter und streckte alle paar hundert Meter den Rücken. Ich wurde immer langsamer, bis wir endlich, 17 Minuten hinter dem Sieger, das Ziel erreichten.

Ich überquerte schluchzend vor Schmerzen die Ziellinie. Mein *soigneur* half mir in den Teamwagen und fuhr mich, noch immer in meinen durchgeschwitzten Radklamotten, durch den chaotischen italienischen Verkehr ins nächste Krankenhaus. Mein Rücken schwoll immer mehr an, aber nach dem Röntgen war immerhin klar, dass ich mir nichts gebrochen hatte. Ich wollte das Rennen unbedingt fortsetzen und überredete die Ärzte, die überschüssige Flüssigkeit aus meinem Rücken zu saugen, während ich mit dem Gesicht nach unten auf dem Krankenhausbett lag – eine Prozedur, die unser Teamarzt an den nächsten fünf Abenden wiederholen musste. Von da an ging es bei dieser Italien-Rundfahrt für mich nur noch ums Überleben. Ich wollte den Giro beenden und ich wollte meinen Job machen, aber ich war einfach nicht mehr derselbe Fahrer. Ich war so darauf bedacht, keinen Ärger zu machen und niemandem zur Last zu fallen, dass ich still vor mich hin litt. Wegen der krummen Sitzposition, die ich mir angewöhnt hatte, um meinen Rücken zu entlasten, hatte ich im linken Bein kaum Kraft. In gewisser Weise half mir meine Enttäuschung, den Schmerz zu ertragen.

* * *

Der Giro 2003 war der letzte, an dem die exzentrische italienische Legende Marco Pantani teilnahm, und so wurde ich, bevor ich Mailand erreichte, unmittelbar Zeuge eines kleinen Stücks Giro-Geschichte. Wie Cipollini war auch Pantani ein Superstar in Italien. Er war eigenwillig und temperamentvoll und scherte sich nicht um Konventionen. Er war ein früherer Giro-Sieger und wurde von den Fans verehrt, die in ihm die Verkörperung dessen sahen, was sie sich vom Sport erhofften. 2003 aber war er längst zur tragischen Figur geworden, von jedem geliebt außer von sich selbst. Seine

Probleme waren offensichtlich sehr tiefgreifend, und man spürte, dass es mit ihm, zumindest in sportlicher Hinsicht, zu Ende ging.

Auf der 19. Etappe erlebte ich auf dem Weg nach Cascata del Toce mit eigenen Augen die letzte Attacke von »Il Pirata«. Pantani wurde für seine angriffslustige Fahrweise bewundert, und sein letzter großer Ausreißversuch wurde in der italienischen Presse zu einer heroischen Großtat aufgebauscht, zu einem jener Husarenstücke, die seine Legende geprägt hatten. Die Wahrheit aber war, wie so vieles im Radsport, eigentlich ziemlich traurig. Es war eher eine symbolische Attacke. Er versuchte, etwas zu reißen, und das Feld ließ ihn aus Respekt gewähren – man konnte förmlich sehen, wie die verlegenen Domestiken, die ihn locker hätten einfangen können, wegschauten, damit sie sich nicht für die Verfolgung zuständig fühlen mussten. Er war Pantani, und man gewährte ihm einen gewissen Spielraum, bevor hinter ihm das echte Rennen losging und die neuen Spitzenfahrer einer nach dem anderen an ihm vorbeizogen.

2003 hatte Pantani seine beste Zeit schon lange hinter sich. Er hatte sich nie wirklich von der Enttäuschung beim Giro 1999 erholt, als er, in Führung liegend, nach der 20. Etappe wegen eines erhöhten Hämatokritwerts aus dem Rennen genommen wurde. Er war ohne Zweifel ein wahrer Champion auf dem Rad, aber er war auch ein zerbrechlicher Kerl, mit einem riesigen Ego und einer Schwäche für Kokain. Im Peloton nehmen sich die Fahrer untereinander als Menschen wahr – als Menschen mit einer Menge Talent zwar, aber dennoch als Menschen. Außerhalb des Pelotons jedoch werden legendäre Fahrer wie Pantani, vor allem in Italien, vom Publikum dermaßen überhöht, dass sie am Ende nicht mehr damit umgehen können. Sie leiden unter dem Fluch ihrer Berühmtheit. Rund ein Jahr später wurde Pantani tot in einem Hotelzimmer in Rimini aufgefunden. Schon beim Giro 2003 muss es ihm ziemlich mies gegangen sein, denn er wirkte unheimlich abwesend, und jede Kleinigkeit konnte ihn in Rage bringen.

Meine bleibende Erinnerung an Pantani stammt von der 18. Etappe dieses Giro d'Italia. Es war ein Tag in den Alpen, die Etappe führte über den Colle di Sampeyre, einen elendig langen Anstieg, und wie so oft beim Giro im Mai schlug das Wetter um. Bei strömendem Regen begannen wir die Kletterpartie, quälten uns langsam durch Graupel hinauf und erreichten schließlich im Schneesturm den Gipfel. Die Führenden hatten Tempo gemacht, und dahinter war das Feld langsam auseinandergefallen. Ich war allein unterwegs und schloss irgendwann zu Pantani auf. Die Gruppe um Simoni hatte ihn abgehängt, und sobald ich ihn eingeholt hatte, sah ich, dass er am Ende war. Er kroch in der Dunkelheit dahin, umringt von den Fernsehkameras, die ihn auf Schritt und Tritt verfolgten, egal welch unwürdigen Anblick er bot.

Ich war kein ausgewiesener Fan dieses Mannes, aber ich respektierte ihn, und er wusste, dass er jemand Besonderes war. Ich konnte es nicht ertragen, ihn so leiden zu sehen und wie schamlos die Kameras darum bemüht waren, jede einzelne Pedalumdrehung seines Niedergangs einzufangen. Ich drängelte mich an den Kameras vorbei und bot ihm mein Hinterrad. Ich hatte nichts davon, ich wollte ihm einfach nur helfen. Ich begleitete ihn auf dem letzten Abschnitt bis zum Gipfel und versuchte, das Tempo langsam zu erhöhen und unseren Abstand zur Spitze zu verringern. Auf der Abfahrt blieb er wenige Millimeter hinter mir, aber nach meinem Sturz hatte ich einfach nicht die Nerven, richtig Tempo zu machen. Meine Linie in den Kurven war miserabel, und ich nahm die ersten beiden Kehren viel zu zimperlich nach Pantanis Geschmack. Plötzlich brach von hinten ein Schwall von Beschimpfungen über mich herein: Er war wütend, er schrie und fluchte und machte mir ziemlich unmissverständlich klar, dass Radfahren nicht die Berufung war, für die ich mich hätte entscheiden sollen. Ich konnte es nicht fassen. Ich hatte mir soeben den Arsch aufgerissen, um dem Kerl zu helfen, und jetzt ging er auf mich los. Ich fühlte mich erniedrigt und gedemütigt. Ich befand mich in Gegenwart einer Legende, und er nannte mich ein *verfluchtes Stück Scheiße*. Ich ließ ihn auf der nächsten Geraden passieren, und er schoss an mir vorbei und verschwand in der Dunkelheit. Es dauerte nicht lange, bis ich ihn, immer noch fluchend, wiedertraf. Er war so schnell, dass es ihn gleich in der nächsten Kurve in den Graben geworfen hatte. Aus Wut und Enttäuschung war er viel zu schnell in die Kehre gegangen und schwer gestürzt. Er schaffte es, die Etappe zu beenden und letztlich auch die Rundfahrt, aber im Grunde war es mit ihm aus und vorbei.

* * *

Nach meinem ersten Giro gab es einiges, über das ich nachzudenken hatte. Hontschar hatte Rang acht in der Gesamtwertung erreicht, was ein respektables Ergebnis war und ein gutes Licht auf die Mannschaft warf, die ihn unterstützt hatte. Ich wohnte und lebte den Rest des Jahres 2003 in Italien, und je mehr ich das Rennen im Kontext von Land und Leuten betrachtete, desto besser verstand ich es. Das Geheimnis für ein gutes Abschneiden beim Giro bestand – zumindest soweit ich das beurteilen konnte – darin, ein klein wenig selbst zum Italiener zu werden, um das Optimale aus sich herausholen zu können. Als Fahrer musste man in der Lage sein, mit dem Unerwarteten zurechtzukommen, die Gelassenheit zu wahren und sich auf die Gegebenheiten einzulassen, welche auch immer das sein mochten.

KAPITEL 7

FAHRUNTÜCHTIG

An sich hatte ich die Lombardei-Rundfahrt gar nicht fahren sollen. Ich war davon ausgegangen, meine Saison eine Woche vor dem »Rennen der fallenden Blätter« mit der Straßen-WM im kanadischen Hamilton zu beenden. Die Titelkämpfe in Kanada hatten mir einen, wie ich dachte, positiven Jahresabschluss beschert. Mit seinem Sieg im Einzelzeitfahren war David Millar der erste britische Weltmeister seit 1994 geworden, und ich hatte mich nach einem guten Jahr redlicher Arbeit für De Nardi mit Stanga auf einen Vertrag für die neue Saison geeinigt. Nicht alles in meinem Leben war eitel Sonnenschein, aber zumindest hatte ich das Gefühl, mich in ruhigem Fahrwasser zu bewegen. Als wir im Vier-Sterne-Mannschaftshotel mit Zigarren und Champagner auf Davids Sieg anstießen, konnten wir freilich nicht wissen, dass seine Amtszeit als Zeitfahr-Weltmeister nur von kurzer Dauer wäre und binnen einer Woche auch meine eigene Karriere in Trümmern liegen würde.

Nach einem feucht-fröhlichen Abend und nicht ahnend, dass ich in der Lombardei antreten müsste, flog ich aus Kanada heim, ergab mich dem Jetlag und der Müdigkeit nach einer langen Saison und fiel ins Bett.

Ich schlief zwei Tage mehr oder weniger durch. Doch am dritten Tag meiner überfälligen Erholungspause ereilte mich das Schicksal: De Nardi fehlte ein Mann für die Lombardei-Rundfahrt, und weil ich zuverlässig war und nur eine Stunde vom Start in Como entfernt lebte, rief Stanga mich an und fragte, ob ich am Sonntag an den Start gehen könne.

Ohne Begeisterung teilte ich Stanga mit, dass ich die ganze Woche nicht gefahren sei. Er versicherte mir, dass ich nur antreten und an den Start gehen müsse, damit wir die Mindestzahl an Fahrern aufwiesen. Obwohl wir uns bereits mündlich auf einen Vertrag für die kommende Saison geeinigt hatten, war noch nichts unterschrieben, ich sah das Rennen daher als gute Gelegenheit, Nägel mit Köpfen zu machen, mich noch einmal ordentlich massieren zu lassen und meine Rennmaschine abzugeben. Es wäre eher ein Botengang als ein Rennen. Am nächsten Tag setzte ich mich pflichtgemäß und zum ersten Mal seit meiner Rückkehr aus Hamilton aufs Rad. Eine Dreiviertelstunde später lag ich auf der Straße, nachdem ich von einem Auto angefahren worden war. Ich blieb unverletzt, aber ich war erschöpft und es war einfach zu viel. Ich konnte mich nicht einmal aufraffen, noch mit dem Rad heimzufahren, also rief ich einen Freund an und bat ihn, mich abzuholen. Und so brachte ich es in der Woche auf ganze 45 Minuten auf dem Rad, was mich teuer zu stehen kommen sollte. Ich wusste es nicht, aber in meinen Venen braute sich etwas zusammen und ich hatte gerade unwissentlich meine letzte Chance vertan, eine Katastrophe abzuwenden.

Der Start der Lombardei-Rundfahrt sollte um 9.30 Uhr erfolgen, es ging für uns also noch früher los als gewohnt, und das Frühstück war bereits für sechs Uhr angesetzt. Aber noch bevor mein Wecker an diesem Morgen klingelte, klopfte es an der Tür. Das resolute Hämmern konnte nur eins bedeuten: Wir waren für eine stichprobenartige Hämatokrit-Kontrolle ausgewählt worden. Ich war von Haus aus ein Morgenmuffel, und da ich noch unter dem Jetlag litt, war ich alles anderes als begeistert, so früh geweckt zu werden, um mir Blut abnehmen zu lassen. Ich war müde und achtete kaum auf das, was um mich herum passierte. Ich hatte schon zahlreiche Tests über mich ergehen lassen, und sobald die Probe entnommen war, verließ ich das Hotelzimmer – wo eine Reihe schlaftrunkener und missmutiger Fahrer das Gleiche durchmachten – und dachte nicht weiter daran. Ich ging zum Frühstück runter und begann meine üblichen Rennvorbereitungen. Im Nu wurden wir zum Start gebracht, wo wir im Wohnmobil des Teams saßen, uns unterhielten und Verpflegung in die Taschen stopften. Ich machte mich bereit, brachte die Startnummer an und hoffte, bis zur ersten Verpflegungsstelle eine ruhige Kugel schieben zu können.

Um die Busse und Wohnwagen der Teams herum ist bei einem Rennen immer eine Menge los, und die Möglichkeit, die Türen hinter sich zu schließen, beschert den Fahrern einen letzten Moment der Ruhe, bevor sie sich unter dem Lärm der Zuschauer und dem Dröhnen der Begleitwagen und Helikopter ins Getümmel stürzen müssen. Sobald die Tür geöffnet wird, dringt der Lärm von draußen herein, man bekommt also zwangsläufig mit, wenn jemand rein- oder rausgeht. Als wir an diesem Morgen in unserem Camper saßen und plauderten, ließ mich genau das aufhorchen, und als ich aufblickte, sah ich Stanga, der aufgewühlt wirkte und vor sich hin murmelte. Er sah mich an und nuschelte etwas, aber ich verstand nicht, was er sagte. Ich fragte mich, warum dieser Mann, der davon lebte, sich Radfahrern verständlich zu machen, plötzlich so schwer zu verstehen war.

Stanga murmelte, weil er bereits wusste, was ich noch nicht wusste.

Er sah die Lebensgrundlage und Reputation der Leute um ihn herum bröckeln, die Karrieren seiner Fahrer und Betreuer in Trümmern liegen. Er war für ein Team verantwortlich, das auf ein gutes, sauberes Image setzte, und er wusste um die Folgen der Nachricht, die er soeben erhalten hatte. Verdutzt bat ich ihn, lauter zu sprechen. »Du hast den Test nicht bestanden«, sagte er. »Du gehst nicht an den Start.« Es war eine Szene wie in einem Film: Die Uhr hörte auf zu ticken, alle im Camper verstummten, und ich spürte, wie die Kollegen ein wenig von mir abrückten, so als hätte man bei mir gerade eine ansteckende Krankheit festgestellt. Ich war fassungslos. Ich hatte in meinem ganzen Leben keine einzige verbotene Substanz genommen. Mein Hirn arbeitete auf Hochtouren, um aus der Sache schlau zu werden, und allmählich dämmerte mir, was geschehen war. Ich hatte den von der UCI festgelegten Hämatokrit-Grenzwert von 50 Prozent überschritten. Ich war geradewegs in eine Falle getappt, die seit langem auf mich lauerte.

1998 hatte die UCI den Grenzwert für den Anteil der roten Blutkörperchen im Blut eines Fahrers – den Hämatokrit – auf 50 Prozent festgesetzt. Es war der erste ernstzunehmende Versuch, den damals weitverbreiteten EPO-Missbrauch im Peloton in den Griff zu kriegen. Ich hätte kotzen können angesichts dieser bitteren Ironie. Da ich zu den Leuten gehörte, die von Natur aus einen hohen Hämatokrit aufwiesen, konnte ich nicht einmal in Erwägung ziehen, zu EPO zu greifen, und doch war ich gerade bei einem Test durchgefallen, mit dem festgestellt werden sollte, wer das verbotene Blutdopingmittel benutzte.

Das Problem war in erster Linie, dass der Grenzwert von 50 Prozent als Test auf die Verwendung leistungssteigernder Substanzen vollkommen blödsinnig war und komplett ins Leere griff. Denn der Hämatokrit eines Menschen ist von Natur aus ständigen Schwankungen unterworfen: Er gibt lediglich an, welchen Anteil die roten, für den Sauerstofftransport zuständigen Blutkörperchen am Gesamtblut haben, mehr aber auch nicht. Nicht allein, dass der Hämatokrit einfach zu beeinflussen ist (zum Beispiel durch die Menge an Wasser, die sich im Körper befindet). Hinzu kommt, dass er keinerlei Aussagen darüber trifft, wie viele der roten Blutkörperchen neu sind und wie schnell der Körper sie bildet. Kurzum, als Hinweis, ob ein Sportler dopte oder nicht, war eine Hämatokritmessung mehr als ungenau und primitiv, und der Grenzwert von 50 Prozent war folglich blanke Willkür. In der Fachliteratur werden häufig sogar Hämatokritwerte von 53 oder 54 Prozent noch als normal eingestuft. 50 Prozent war der UCI wohl einfach wie eine schöne runde Zahl erschienen, auf die man sich einigen konnte, denn es war ein gefahrloser Wert, den auch jemand, der einen natürlichen Hämatokrit von 37 Prozent aufwies, erreichen konnte, ohne sich umzubringen. Es war reine Schadensbegrenzung, aber dennoch hatte die Maßnahme ein Jahrzehnt lang schwerwiegende Auswirkungen auf den Radsport.

Die 50-Prozent-Regelung hat nie jemanden davon abgehalten zu dopen. Sie lieferte den Leuten lediglich einen Grenzwert dafür, wie viel sie dopen konnten. Die Regelung kam vor allem Fahrern entgegen, die genetisch eigentlich weniger begabt waren. In jeder anderen Generation hätten die

Fahrer mit einem von Haus aus höheren Hämatokrit einen ganz natürlichen Vorteil gegenüber den Konkurrenten mit einem geringeren Wert gehabt. Dank der 50-Prozent-Regel aber konnte sich ein Fahrer mit einem geringeren Hämatokrit von sagen wir mal 35 Prozent auf chemische Weise um 14 Prozentpunkte steigern, ohne fürchten zu müssen, sich in den Augen der UCI verdächtig zu machen, während ein Fahrer, der einen natürlichen Wert von 47 Prozent aufwies, nur einen Spielraum von zwei Prozentpunkten hatte. Das verschaffte Fahrern, die mit einem weniger leistungsfähigen Motor ausgestattet waren, einen massiven Vorteil gegenüber ihren Kollegen, die genetisch bessere Voraussetzungen mitbrachten. Ein natürlicher Hämatokrit von lediglich 35 Prozent hätte einen Fahrer als schwächeren Athleten ausweisen sollen. Stattdessen war es wie eine Lizenz zum Gelddrucken.

Die Schrecksekunde, die ich 1999 in den Mapei-Büros erlebte, hatte mir vor Augen geführt, dass es nicht schaden könnte, etwas mehr über die komplexe Welt des Bluts zu erfahren. Als meine Profikarriere begann, hatte ich mich alsbald über das Thema informiert. In meiner Zeit bei Mapei hatten mir die Professionalität und gute Organisation des Teams allmählich die Angst genommen, bei einer Kontrolle durchzufallen. Ich durfte das Thema nicht vollkommen außer Acht lassen, weil es so vieles zu berücksichtigen galt, aber die Teamärzte gaben mir das Gefühl, dass sie sich meiner besonderen Lage bewusst waren und sich entsprechend um mich kümmerten. Sie sprachen regelmäßig mit mir und testeten mich, um sicherzustellen, dass ich den Grenzwert nicht überschritt.

Es war vorgekommen, dass ich den Grenzwert laut Anzeige der Hämatokrit-Zentrifuge (eines einfachen Geräts, das die roten von den weißen Blutkörperchen trennt, um einen Näherungswert zu ermitteln) überschritten hatte. Dann musste ich einen bestimmten Prozess durchlaufen, um den Wert wieder zu senken, denn die Kontrolleure hätten gleich am nächsten Tag auf der Matte stehen können. Für mich wurde es zur Routine, aber für jemanden, der mit meiner Lage nicht vertraut war, war es weiterhin verstörend. Als ich in meiner ersten Saison bei Mapei bei der Friedensfahrt an den Start ging, wurden wir von dem Teamarzt begleitet, der normalerweise für die Routiniers zuständig war, er war also nicht gewohnt, mich zu betreuen. Vor dem Rennen waren wir zum Höhentraining in der Sierra Nevada gewesen, meine Werte waren daher noch höher als gewöhnlich. Als der Arzt mich mit der Zentrifuge testete und meine Werte sah, stürzte er entgeistert aus dem Zimmer und kehrte ganz außer sich mit einer Kühlbox voller Wasserflaschen zurück. Er stellte acht Literflaschen vor meinem Bett ab und befahl: »Trink das, sofort!« Der arme Kerl machte sich echt in die Hose.

Viel Wasser zu trinken, ist eine der Möglichkeiten, um auf natürliche Weise den Hämatokrit zu senken, als eine einfache Methode, das Blut im Körper zu verdünnen. Es war primitiv, aber kurzfristig effektiv und es war etwas, auf das zu tun ich stets gefasst sein musste. Bei Dutzenden von Wettkämpfen, auch in diesen ersten fünf Jahren, blieb ich weit unter meinen Möglichkeiten, weil ich mehr damit zu tun hatte, meinen Hämatokrit in den Griff zu kriegen, statt mich aufs eigentliche Renngeschehen konzentrieren zu können. Ich saß in Hotelzimmern und trank und trank und trank, und dann stand mir eine unruhige Nacht bevor, weil ich alle naselang aufstehen und pinkeln musste. Manchmal wurde am Vorabend eines Rennens ein Tropf mit Zuckerlösung an meinem Arm befestigt, weil mein Wert zu hoch war (eine solche Infusion wirkt ebenfalls blutverdünnend). Es war absurd: Immer wenn wir vom Höhentraining zurückkamen, brachte ich mich um jegliche potenzielle Leistungssteigerung, weil ich damit beschäftigt war, meinen Hämatokrit zu senken und literweise Wasser zu trinken.

In meinen drei Jahren bei Mapei hatte mir die Situation wenig Kopfzerbrechen bereitet, denn ich fühlte mich gut behütet und sie hatten mir nach dem ersten Test in der Teamzentrale gezeigt, dass sie mir vertrauten. Ich wusste außerdem, dass Aldo Sassi sich meinetwegen schriftlich an die UCI gewandt hatte. Aldo wollte wissen, wie die UCI mit mir umzugehen gedachte, denn früher oder später würde es gewiss Probleme geben. Die Antwort des Verbands war wenig ermutigend gewesen: Sie teilten praktisch mit, dass sie nichts zu tun gedachten, solange ich nicht bei einer Kontrolle auffiele. Ich hatte das Gefühl, sie würden russisches Roulette mit meiner

Karriere spielen und dass es ihnen scheißegal war. De Nardi präsentierte sich wesentlich nachlässiger als Mapei. Ich war mir des Risikos bewusst gewesen, aber irgendwie hatte ich außerhalb der straff organisierten Mapei-Welt die Zügel schleifen lassen. Als ich konsterniert dasaß und in Stangas entsetzte Miene starrte, wurde mir klar, dass der Shitstorm, der sich seit vier Jahren über mir zusammengebraut hatte, nun endgültig losbrechen würde.

* * *

Stanga schob mich durch die Tür und hinaus aus der Geborgenheit des Wohnwagens. Die erste Person, der ich draußen begegnete, war Mauro, ein Freund von mir aus Varese. Mauro war mein Nachbar und ein typisch italienischer *tifoso*, ein Kerl, der den Sport leidenschaftlich liebte und für den es nichts Aufregenderes gab, als bei einem Rennen zu sein und einen der Teilnehmer persönlich zu kennen. Daheim liefen wir uns ständig über den Weg, aber es war ihm sehr wichtig, mich in diesem Umfeld zu begrüßen. Ich wusste, dass er nur meinetwegen draußen vor dem Wohnwagen stand, aber als sich unsere Blicke trafen, brachte mich das erst recht durcheinander. Ich ging einfach an ihm vorbei. Schon bald würde auch er Bescheid wissen, und ich fühlte mich wie ein Hochstapler. Ich hätte mir am liebsten einen Mantel über den Kopf gezogen und mich versteckt.

Stanga war zwar beunruhigt, aber nachdem er den ersten Schock verdaut hatte, blieb er ruhig und ging die Sache dankenswerterweise ganz geschäftsmäßig an. Er brachte mich zu den Teamautos und übergab mich an den anderen sportlichen Leiter, Oscar Pellicioli, den er anwies, mich sofort für weitere Tests ins Hotel zu bringen. Das war reine Routine, das Pendant zu einer B-Probe. Bis zum Hotel war es nur ein kurzes Stück, aber die Straßen waren vollgepackt mit Fans. Ich schlurfte wie ein Zombie durch die Menschenmassen. Ich hatte keine Ahnung, was passieren würde. Pellicioli führte mich durch eine Seitenstraße, um der Menge zu entgehen. Sobald niemand mehr um uns herum war, fing ich an zu weinen und beteuerte: »Ich habe nichts gemacht, ich habe nichts gemacht. Ich habe nichts genommen.« Ich war durcheinander und verwirrt, und Pellicioli wusste nicht, was er antworten sollte. Er sagte gar nichts. Er ging einfach weiter.

Er hatte allen Grund, sich ebenfalls Sorgen zu machen: Ich hatte seinen Job und die Existenz der Mannschaft aufs Spiel gesetzt. Die negativen Schlagzeilen würden dem Sponsor gewiss nicht gefallen, und die Folgen für die Mannschaft würden schwerwiegend sein. Innerlich kam ich zu der entsetzlichen Schlussfolgerung, dass 30 Menschen wegen mir ihre Jobs verlieren würden. Es war ein einziger Alptraum. Mein ganzes Leben lang hatte ich das Gefühl gehasst, etwas falsch gemacht zu haben. Ich hasste Schuldgefühle und mehr noch hasste ich Vorwürfe: In der Schule war es vorgekommen, dass ich wegen absoluter Nichtigkeiten ins Büro des Rektors gerufen wurde und schon heulend dort eintraf, weil ich dachte, man würde mich rauswerfen. Mit 25 Jahren war ich wieder genau dort angekommen, gelähmt vor Scham, von der Enttäuschung und den Vorwürfen, die ich auf mich zukommen sah.

Als wir am Hotel ankamen, hatte ich das Gefühl, dass aller Augen auf mich gerichtet waren. Die Veranstalter waren da und sie wussten, wer ich war. Das Ergebnis meines Tests war noch nicht verkündet worden, aber das Rennen sollte in wenigen Minuten beginnen und ihnen war klar, dass etwas nicht in Ordnung war. Ich hasste es. Ich hasste jedes Gesicht, das ich sah. Wir gingen durch die Lobby und in ein kleines Zimmer hinauf, in dem die Ärzte auf mich warteten. Ich erkannte eine schweizerische Ärztin, der ich schon bei vielen Rennen begegnet war. Ich wusste, dass sie sonst in einem Leichenschauhaus arbeitete. Ich erinnerte mich, ihr gegenüber einmal, auf unsere dürren Körper anspielend, leutselig angemerkt zu haben: »Ich schätze, wir sehen alle ein bisschen aus wie Leichen, was?«, woraufhin sie ganz cool entgegnet hatte: »Stimmt, aber Leichen haben nicht so viele Einstiche.« Sie war beängstigend, und ich wusste, dass sie sich nicht um den Sport und seine Regeln scherte – sie verdiente sich hier nur etwas am Wochenende dazu und das merkte man ihr auch an. Niemand schien sich einen feuchten Kehricht dafür zu interessieren, dass mein ganzes Leben in ihren Händen lag. Die Gleichgültigkeit der Ärzte machte mich wütend. Ich wurde hysterisch. Ich wusste, dass ich unschuldig war. Dass ich einen von Natur aus hohen Hämatokrit hatte, hätte ich ihnen erzählen können, bis ich schwarz wurde, aber es hätte nichts gebracht. Es gab nun mal einen Grenzwert, und – ganz gleich, ob auf natürliche Weise oder nicht – ich hatte ihn überschritten. Alles andere interessierte sie nicht. Ich stand tränenüberströmt da und beschimpfte jeden einzelnen der Ärzte. Eine andere Ärztin reagierte schließlich und fuhr mich an: »Hören Sie! Meine Kinder warten auf mich. Es ist Wochenende, und ich habe Besseres zu tun, als Ihnen zuzuhören.« Ich war so sauer, dass ich zurückblaffte: »Ihre Kinder gehen mir am Arsch vorbei. Mein ganzes Leben steht auf dem Spiel, und Sie sitzen hier und beklagen sich, dass Sie mit Ihren Kindern einkaufen gehen müssen. *Suchen Sie sich halt einen anderen beschissenen Job!*« Meine Wut war fehl am Platze, und ich teilte gegen alle aus, die um mich herum waren. Nichts ergab für mich einen Sinn.

Während ich dastand und zeterte und tobte, gingen die Ärzte weiter ihrer Arbeit nach. Sie nahmen mir noch einmal Blut ab und ließen die Tests noch sechs Mal durchlaufen. Die Maschine rotierte und rotierte, und es kam jedes Mal das gleiche Ergebnis dabei heraus: 51,4 Prozent. Ich konnte das überhaupt nicht begreifen: Das Ergebnis konnte unmöglich immer *genau* gleich sein. Der letzte Test erfolgte mit einer anderen Maschine, um zu gewährleisten, dass alles korrekt ablief, aber ich brauchte das Ergebnis gar nicht abzuwarten. Inzwischen war es ohnehin zu spät, und das Rennen hatte ohne mich angefangen. Schon bald würde ich dieses Fegefeuer verlassen und direkt in die Hölle geschleudert.

Ich verließ immer noch zitternd das Hotel. Pellicioli musste im zweiten Teamwagen zum Feld aufschließen, also ließ er mich beim Campingmobil unserer Mannschaft und wies dessen Fahrer an, mich aus der Stadt zu bringen, um einen anderen Mechaniker zu treffen, der mich zur Zentrale in Bergamo fahren würde. Als der Wohnwagen aus Como herausfuhr und sich vom Renngeschehen entfernte, meldete sich knisternd das Rennradio. Da hörte ich es:

»Willkommen zur 97. Lombardei-Rundfahrt über 249 Kilometer … Der Start erfolgte um 9.35 Uhr … 190 Fahrer sind heute Morgen am Start gewesen … ein Nichtstarter: Charles Wegelius, De Nardi.«

Es war, als hätte ich die Nachricht von meinem eigenen Tod im Radio gehört. Ich versank in meinem Sitz. Ich versuchte mir einzureden, dass sie über jemand anderen sprachen. Ich wollte die Augen schließen und nichts hören außer dem Motorengeräusch des Wohnmobils, das uns bergan hinaus aus Como brachte. Als ich meine Ohren zu zwingen versuchte, dem Brummen des Campers zu lauschen, hörte ich meinen Namen durchs Radio knistern und als Raunen durchs Publikum gehen und ich hörte, wie ihn die Journalisten mit dem Bleistift in ihre Notizbücher kritzelten. Mir war, als würde jeder Mensch auf der Welt meinen Namen im gleichen fassungslosen und enttäuschten Tonfall aussprechen: Wegelius? Als mir die Tränen kamen, kniff ich die Augen noch fester zusammen, aber alles, was ich sah, waren Kopfschütteln und entrüstete Mienen. Ich fühlte mich, als wäre ich ins Unbekannte gesogen worden. Ich fühlte mich hundeelend.

Und dann, während ich versuchte, mich aus meiner Schockstarre zu lösen, stellte ich mit Schrecken fest, dass mir die Welt bereits auf den Fersen war. Als die Journalisten Wind von den Testergebnissen bekamen, machten sie sich sofort auf die Suche nach mir. Stephen Farrand, der Italien-Korrespondent der *Cycling Weekly*, war den ganzen Morgen hinter mir her. Dank Pelliciolis Ortskenntnissen war es mir gelungen, ihm in Comos Seitenstraßen zu entwischen, aber er hatte mich abfahren sehen und fuhr unserem Campingmobil hinterher, während er gleichzeitig versuchte, mich auf dem Handy zu erreichen. Ich kannte Stephen schon eine Weile und hatte stets ein paar Worte mit ihm gesprochen, wenn er mich anrief, aber jetzt brachte ich es nicht fertig, ihm zu antworten. Ich schaute nur auf das Display meines Handys und ließ es klingeln.

Ich wollte nicht mit einem Journalisten über meine Situation sprechen, weil ich nicht wusste, was ich sagen sollte, und auch keine Lust darauf hatte, in eine moralische Debatte über das Doping verwickelt zu werden. Mir lag nichts daran, Dopingsünder zu verdammen. Ehemalige Fahrer und Pressevertreter sprachen von einer *omertà* in Radsportkreisen, als ginge es zu wie bei der Mafia, mit Pferdeköpfen im Bett und dergleichen. Das war ganz und gar nicht der Fall: Doping war schlichtweg alltäglich und ein langweiliges Thema. Manche Leute aus dem Radsportzirkus verglichen es gar damit, »morgens die Socken anzuziehen«. Die Vorstellung, die *omertà* wäre etwas, dem die Fahrer die Treue schworen, als wäre es eine Art Schweigegelübde unter Magiern, war ausgemachter Unsinn. Ich musste nicht befürchten, von einer Klippe gestoßen zu werden, sollte ich darüber reden. Es war nichts Bedrohliches oder Unheilvolles, es war nur einfacher, eine Einstellung wie die meine zu entwickeln. Ein Fahrer wie ich redete nicht über die Dinge, über die zu reden sich nicht schickte. Man redete über Doping aus dem gleichen Grund nicht, aus dem man dem Kumpel beim Besuch im Nachtclub keinen Vortrag über Untreue halten würde. Man selbst ist seiner Frau vielleicht treu, aber man kennt viele Leute, die es nicht sind. Im Profiradsport möchte man seine Kollegen nicht unnötig provozieren, indem man auf dem ersten Kilometer attackiert oder dann, wenn sie gerade pinkeln. Wenn jemand stürzt, lacht man nicht, denn schon in der nächsten Kurve erwischt es einen vielleicht selbst. Wenn jemand dopte, war das meiner Meinung nach seine Angelegenheit, und er würde schon wissen, was er tat.

Mit Steve auf den Fersen fühlte ich mich wie auf der Flucht. Ich sah ihn im Außenspiegel, während mein Handy weiter klingelte. Als wir auf den Hof der Teamzentrale fuhren und sich das Tor schloss, fühlte ich mich sicher, aber ich wusste auch, dass ich in die Ecke gedrängt war. Ich wartete so lange, wie ich konnte, bis ich per Knopfdruck das elektrische Tor öffnete und in der illusorischen Hoffnung, dass er aufgegeben hätte, hinausfuhr. Als ich den Hof verließ, stellte sich Steve mir direkt in den Weg und zwang mich anzuhalten. Ich hatte keine Ahnung, was ich ihm sagen sollte. Ich war immer noch bestürzt, verängstigt und emotional aufgewühlt. Die Teamleitung hatte mich angewiesen, kein Wort gegenüber der Presse zu sagen, aber schließlich war ich ja kein Verbrecher oder Politiker. Ich war panisch angesichts der

Situation und der Hetze. Ich kurbelte das Fenster runter und äußerte den erstbesten dummen Gedanken, der mir in den Sinn kam: »Ich möchte nichts sagen, weil alles, was ich sage, alles nur noch schlimmer macht.«

Sobald ich es ausgesprochen hatte, sah ich schon in großen Lettern die Schlagzeilen in der *Cycling Weekly*, denn dieses Statement hätte man mir leicht als Schuldeingeständnis auslegen können. Aber 2003 gab es einfach nicht mehr viel, was man hätte sagen können. In den vergangenen fünf Jahren hatte es so viele positive Befunde und ebenso viele hanebüchene Ausreden gegeben, dass schon der Versuch, meine Unschuld zu beteuern, mich schuldig hätte erscheinen lassen. Mein Statement war lächerlich. Ich wusste, man würde mich dafür an die Wand nageln, aber ich sehnte mich nach ein wenig Zuspruch. Ich fuhr wie benebelt heimwärts, an den einzigen Ort, wo ich wusste, dass man sich um mich kümmern würde.

Stefano Zanini erwartete mich bereits, als ich vor seiner Wohnung eintraf und bat mich gleich hinein. Sein Haus war eine Zuflucht. Ich war unter Freunden und fühlte mich wieder sicher. Ich ging wortlos hinein, und Rossana nahm mich in die Arme. Auch Mauro war da – sobald er mich im Campingmobil des Teams abfahren sah, musste er geahnt haben, was vor sich ging –, und er versicherte mir, dass er weiterhin hinter mir stand. Ich ging hinein, als wäre ich stumm, und sagte kein Wort. Ich saß mit Stefanos vier Jahre altem Sohn auf dem Boden und begann mit ihm zu spielen, während ich um mich herum allmählich alles ausblendete. Es war, als stünde jemand am äußersten Rand meiner Welt und finge an, sie langsam von außen nach innen schwarz anzumalen. Die übrige Realität hörte auf zu existieren. Ich sah nur noch auf das Feuer in der Mitte des Raumes, bis ich auf dem Teppich einfach einschlief.

Es heißt, schuldige Personen schlafen in der Zelle ein, wenn sie verhaftet werden, weil sie unbewusst erleichtert sind, erwischt worden zu sein. Als ich dort auf dem Teppich einschlief, hatte ich die Mentalität eines schuldigen Mannes, aber nicht, weil ich etwas genommen oder die Regeln gebrochen hätte, sondern weil mir bis dahin meine ganze Karriere hindurch das Gefühl gegeben wurde, ich hätte mir etwas zuschulden kommen lassen. Das Drama am Start und die aberwitzige Verfolgungsjagd durch die Lombardei waren nur die Spitze des Eisbergs. Meine Mentalität war die Summe all der Dinge, die ich in meiner Karriere getan hatte, um meinem von Natur aus hohen Hämatokrit Rechnung zu tragen: Ständig hatte ich meine Blutwerte überwachen müssen, und meine Wettkampfvorbereitung basierte darauf, alles zu vermeiden, was sie eventuell erhöhen könnte – sei es Dehydrierung, Höhentraining oder auch nur ein Tag Ruhe. Der ständige Kampf darum, meinen Hämatokrit unter das Niveau zu senken, welches er eigentlich hatte und haben sollte, gab mir das Gefühl, etwas zu verbergen zu haben. All das vermittelte mir das Gefühl, tatsächlich schuldig zu sein.

Für mich stellte mein Hämatokrit ein großes Problem dar: Es kostete mich viel Energie, meine Werte niedrig zu halten, ohne dass es meiner Leistung genützt hätte. Mehr noch, ich hätte nicht einmal betrügen können, wenn ich gewollt hätte, *aber ich wurde dennoch dafür bestraft.*

* * *

Am nächsten Tag stand die Geschichte in allen Zeitungen. De Nardi machte einen kläglichen Versuch, die Resultate herunterzuspielen, und führte die Entfernung meiner Milz nach meinem Quad-Unfall als mögliche Ursache für meine schwankenden Hämatokritwerte an. Ich empfand das als geradezu beleidigend – das war genau die Sorte fauler Ausrede, mit der sich richtige Dopingsünder herausredeten. Mein hoher Hämatokrit war etwas, das ein Segen hätte sein sollen, ein Zeichen meines Talents und meiner natürlichen Veranlagung als Radfahrer. Ihn auf das Fehlen der Milz zurückzuführen, war so, als wolle man meine Begabung mit einer körperlichen Behinderung erklären. Alles war vollkommen verzerrt. Seit Jahren musste ich mich Woche für Woche von Typen abhängen lassen, von denen ich genau wusste, dass sie weniger talentiert waren als ich, und als ich jetzt bei der Kontrolle durchfiel, sagte niemand, dass ich von Natur aus begabt war, sondern es hieß nur: »Tja, er hat halt keine Milz.« Ich war ein verbittertes, wütendes Häufchen Elend.

Nachdem die Presseerklärung herausgegeben war, beschloss das Team kurzerhand, mich zu feuern. Das war typisch Stanga: Befolge die Regeln und tue alles, um die Firma zu schützen. Während ich mir noch einen Reim daraus zu machen versuchte, was überhaupt vor sich ging, rief er mich an und sagte geradeheraus: »Schau, Charly, ich glaube dir ja, aber ich kann dich nicht im Team behalten. Wir können uns keine negativen Schlagzeilen dieser Art erlauben. Ist zwar schade, aber ich lasse dich gehen.« Dabei ließ er sich keinerlei Gefühlsregung anmerken. Und damit hatte sich die Sache erledigt. Ich war am Boden zerstört. Ich war am absoluten Tiefpunkt angelangt. Ich verstand seine Beweggründe, aber ich war trotzdem enttäuscht, dass die Welt so mit mir umsprang.

Ich fühlte mich elend und wusste weder aus noch ein. Claudio Sprenger, der Teamarzt von De Nardi, gab sich die größte Mühe, mir zu helfen, aber in meinem wirren Kopf nahm ich ihm übel, mir dieses Schlamassel überhaupt eingebrockt zu haben. Für mich war es, als hätte er sich nicht genug um mich gekümmert, weil er wusste, dass ich kein EPO nahm. Es war, als würde ich meine Karriere auf die denkbar unwürdigste Art und Weise beenden müssen. Die Leute versuchten alles, mir beizustehen, aber ich teilte gegen alles und jeden aus. Ich versank in Selbstmitleid und betrank mich jeden Abend bis zur Besinnungslosigkeit. Ich wusste nicht, was ich tun und an wen ich mich wenden sollte. So konnte es nicht weitergehen. Ich musste einen Ausweg finden. Glücklicherweise fand ich nach etwa einer Woche Selbstzerstörung den nötigen Antrieb – oder vielmehr fand er mich.

Ich stolperte durch das Tor meines Wohnblocks. Ich war betrunken genug, um vergessen zu haben, wie ich nach Hause gekommen war. Als ich vor meiner Wohnungstür gegen die Wand krachte, fiel mir ein, dass ich noch meinen Wohnungsschlüssel finden und durch eine verfluchte Tür hindurch musste. Warum brauchte ein Wohnblock so viele Scheißtüren? Ich ließ die Schlüssel fallen, ein Mal, zwei Mal, dann fiel ich selbst hin. Als ich mich aufrappelte und es noch einmal probieren wollte, bemerkte ich, dass jemand hinter mir stand. Ich drehte mich um und sah Zaza mich anschauen.

»Ah, Zaza! Guten Abend!«

»Charly, was treibst du da, eh? Es ist drei Uhr morgens!«

Mir war klar, dass Zaza sich um mich kümmern und mich ruhig stellen wollte, aber in meinem besoffenen Kopf redete ich mir ein, keinen Aufpasser zu brauchen. »Ich habe getrunken … ich weiß, Rossana hat gesagt, gib ihm keinen Wein mehr, aber … ist mir scheißegal.« Inzwischen war ich so laut geworden, dass ich beinahe brüllte.

Seitdem er von meinem Testergebnis gehört hatte, hatte Zaza es geduldig geschehen lassen, dass ich mich ein paar Tage gehen ließ. Aber jetzt war das Maß anscheinend voll. Ich wandte mich um und wollte gerade einen Sermon über die Ungerechtigkeit der Welt vom Stapel lassen, als er mich packte und ich meinen Körper nicht mehr rühren konnte. Zaza drückte mich gegen die Wand, sein Gesicht war nur wenige Zentimeter von meinem entfernt. Zaza war ein höflicher Mensch, und ich hatte ihn noch nie wütend erlebt. Benebelt blickte ich ihm in die Augen. Ruhig, aber erstaunlich deutlich, sagte er nur zwei Worte: »Das reicht.«

Es wäre gelogen, zu behaupten, ich hätte in diesem Moment eine Offenbarung erlebt – dafür war ich viel zu besoffen –, aber als ich am nächsten Tag meinen Kater pflegte, wurde mir klar, dass ich etwas unternehmen musste. Wollte ich meinen Namen reinwaschen und wieder Rad fahren, würde ich mehr tun müssen, als die Ungerechtigkeit der Welt zu beklagen. In meiner Karriere hatte ich die Dinge immer selbst in die Hand genommen, und um aus diesem Schlamassel herauszukommen, würde ich es genauso halten müssen. Klein beigeben kam überhaupt nicht in die Tüte. Ich musste meine Unschuld beweisen und jegliche Zweifel ausräumen.

Als Erstes erwog ich die formelle Seite meiner Situation. Weil ich für »fahruntüchtig« befunden worden war, wurde ich für drei Wochen aus dem Verkehr gezogen, aber eine Sperre im eigentlichen Sinne gab es nicht. Grundsätzlich hätte De Nardi mir vertrauen können und sagen: »Schwamm drüber, komm nächstes Jahr wieder.« Aber so tickte Stanga nicht. Er wollte auf Nummer sicher gehen. Damit blieb mir nur eine Möglichkeit: Ich musste Stanga und De Nardi zweifelsfrei beweisen, dass ich einen von Natur aus hohen Hämatokritwert hatte und keine Gefahr für das Team darstellte. Ich rief bei Stanga an, um die Sache zu erörtern, aber er blieb skeptisch und wollte mir selbst für den Fall, dass ich den Beweis meiner Unschuld antrat, keine Rückkehr ins Team garantieren. Ich jagte Schatten nach und es gab nichts Konkretes, an dem ich mich hätte festklammern können, aber es war alles, was mir blieb.

Ich nahm Kontakt zur UCI auf, wo man erstaunt war, von mir zu hören. Soweit es den Verband betraf, hatte ich einen Anpfiff bekommen und damit hatte sich die Sache erledigt, fast so, als hätten sie mich für drei Wochen in den Urlaub geschickt und mir eine willkommene Pause beschert. Ich war 21 Tage vom Rennbetrieb ausgeschlossen worden, aber darum ging es mir überhaupt nicht – es ging um die Implikation, ich hätte gedopt, die mit der Suspendierung einherging und die mich, wie ich glaubte, ruinieren könnte. Widerstrebend erklärte man mir, dass es ein Verfahren gebe, mit dem ich beweisen könnte, einen von Natur aus hohen Hämatokrit zu haben. Das würde teuer werden, und selbst wenn ich beweisen könnte, dass alles mit rechten Dingen zugegangen war, gäbe es keine Garantien, erst recht nicht dafür, dass Stanga mir meinen Job zurückgeben würde.

Um zu gewährleisten, dass das Verfahren unter kontrollierten Bedingungen durchgeführt wurde, musste ich mich zur UCI-Zentrale in Lausanne begeben, um dort in einem Labor mehrere Tage getestet und unterschiedlichen Gegebenheiten ausgesetzt zu werden, um zu schauen, wie mein Körper reagierte. Sofern die UCI es als hinreichend begründet ansah, würde ich eine Sondergenehmigung erhalten, die meinem hohen Hämatokrit Rechnung trug. Das würde mich mehrere tausend Euro kosten: Ich müsste nach Genf fliegen und den Zug nach Lausanne nehmen, Hotel und Verpflegung für eine Woche bezahlen, dazu kamen die Kosten für das ganze Verfahren und die Blutuntersuchungen. Die Tests alleine kosteten 2.500 Euro, eine Summe, die ich angesichts meines schmalen Monatsgehalts von 1.400 Euro nicht einfach so herumliegen hatte. Bis das ganze Prozedere abgeschlossen war, wäre ich so gut wie pleite.

Ich war schon nervös, bevor ich abreiste, aber als ich in Lausanne eintraf, war mir hundeelend zumute. Das Testverfahren war recht rudimentär: Man würde mich unter verschiedenen Bedingungen testen, frühmorgens, spätabends, dehydriert und rehydriert. Drei Jahre lang hatte ich mich bemüht, meinen Hämatokrit niedrig zu halten, und nun wurde ich angewiesen, das Gegenteil zu tun. Ich wusste, dass der Wert, den sie messen wollten, gewissen Schwankungen unterlag, und weil ich es gewohnt war, ihn zu senken, geriet ich in Panik: Wenn ich meinen verfluchten Hämatokrit jetzt nicht in die Höhe treiben könnte, wäre ich endgültig geliefert. Ich schien in einer Welt zu leben, in der Athleten nicht viele Rechte hatten. Ich konnte es probieren, aber es gab keine Garantien, dass es funktionieren würde.

Die bitterste Pille hatte ich zu schlucken, als ich den zuständigen Arzt traf. Er erklärte mir lapidar, dass der Hämatokrit-Test alles andere als ideal wäre, aber nun mal das Beste sei, was man zu diesem Zeitpunkt tun konnte, selbst wenn es bedeutete, ein paar Leute im Jahr fälschlicherweise aus dem Verkehr zu ziehen. Einmal mehr ich war ich (zurecht) stinksauer. Er hielt mir einen Vortrag darüber, wie schlimm es im Radsport doch zugehe und dass ich bereit sein müsse, Opfer zu bringen für das hehre Ziel, andere Fahrer davon abzuhalten, sich mit EPO vollzupumpen und umzubringen. Er redete mit mir, als trüge ich Verantwortung dafür, was alle möglichen anderen Leute im Radsport machten, und stünde in der moralischen Pflicht, mich zum Retter der Radsportwelt aufzuschwingen. Ich war 25 und hatte mir alles hart erarbeitet. Genau wie alle anderen schien er sich herzlich wenig für meine Karriere zu interessieren. Ich schob den Gedanken beiseite, dass ich alles verlieren könnte, nur weil ich wegen irgendwelcher bürokratischen Regeln in ein medizinisches Kreuzfeuer geraten war. In diesem Moment erlosch auch mein letzter Funken Vertrauen in andere Menschen.

Nach vier Tagen voller Nadeln und Tests kehrte ich heim und saß deprimiert in meiner Wohnung. Ich würde zwei Wochen auf die Ergebnisse warten müssen und ich hatte kein Team, kein Geld und keine Ahnung, was ich tun sollte. Nachdem ich so viel durchgemacht hatte, erschien es mir das Beste, so gut es ging zur Normalität zurückzukehren. Es war Dezember, also verlegte ich mich auf das, was ich kannte: Ich stieg wieder ins Training ein. Zwei quälende Wochen voller nutzloser und gleichgültiger Trainingsfahrten später erhielt ich einen Anruf von der UCI. Eine anonyme Sekretärin meldete sich und sagte in einem Tonfall, als wolle sie mich informieren, dass die Reparaturen an meinem Wagen abgeschlossen seien: »Mr. Wegelius, wir rufen an, um Ihnen mitzuteilen, dass alles in Ordnung ist.« Sie sagte das so beiläufig, aber ich brach sofort zusammen und in Tränen aus. Die UCI schickte die Genehmigung direkt an Stanga, der mich anrief, um zu bestätigen, dass er mich wieder einstellen werde. Wie immer benahm sich Stanga, als wäre gar nichts geschehen. So war eben das Geschäft: Ich war ihm als Fahrer von Nutzen und wieder arbeitsfähig, also stellte er mich wieder ein (natürlich für weniger Geld, als er mir vor dem Debakel geboten hatte).

* * *

Von da an fuhr ich mit einer Sonderlizenz, die mir bescheinigte, einen von Natur aus hohen Hämatokrit zu haben. Mir wurde gestattet, bis zu 52 Prozent zu erreichen, magere zwei Prozentpunkte über dem Grenzwert für alle anderen. Wahrlich nichts Weltbewegendes, aber ich hatte schwer darum kämpfen müssen. Für mich als Fahrer bedeutete es den kleinen Unterschied, dass ich fortan ein wenig gelassener an die Wettkämpfe herangehen konnte: Es wäre nicht mehr nötig, mich am Tag vor einem Rennen mit Wasser volllaufen zu lassen. Aber so wie viele andere Rennfahrerkollegen auch würde ich weiterhin unter Leuten leiden, die auf unerlaubte Mittel zurückgriffen, um massive Leistungssteigerungen zu erzielen.

Ironischerweise wurde meine Situation, was die Kontrollen anging, keineswegs leichter. Da ich nun eine Sondergenehmigung hatte, wurde ich noch öfter getestet. Ich kam auf die Beobachtungsliste der UCI (auf der die Top 100 der Weltrangliste sowie bereits positiv getestete Fahrer standen), was bedeutete, dass ich nicht nur bei Rennen ständig getestet würde, sondern mich auch jederzeit auf unangemeldete Trainingskontrollen gefasst machen musste. Ich musste wiederholt ein Formular ausfüllen und an die UCI faxen, auf dem ich angab, wann und wo ich anzutreffen wäre. Falls ich zur verabredeten Zeit nicht da wäre, würde das als verpasster Test gewertet.

Erneut hatte ich das Gefühl, wie ein Verbrecher behandelt zu werden. Von Seiten des Verbandes gab es keinerlei Verständnis für meine Lage, dabei war ich bestimmt nicht der Einzige in dieser Situation. Der Verdacht fuhr immer mit. Ich wurde auf eine Weise überwacht und kontrolliert, die für einen Fahrer auf meinem Niveau vollkommen unangemessen war. Ich hatte ein Sternchen neben meinem Namen, und das alles nur, weil ich ein von Natur aus begabter Athlet mit hohem Hämatokrit war.

Was mich am meisten wurmte, mehr als alle anderen Ungerechtigkeiten, mit denen ich mich herumschlagen musste, war die Erfahrung, dass meine Karriere stets am seidenen Faden hing. Ich hatte so viel investiert, und doch könnte es in meiner Position, gerade als Domestik, von einem Tag auf den anderen vorbei sein. Mein Leben als Radrennfahrer stand auf so tönernen Füßen, dass es mir Angst machte, an die Zukunft auch nur zu denken. Ich hatte keine Familie und keine Verpflichtungen, und in gewisser Weise war ich froh darüber. Ich kann nur erahnen, wie viel schlimmer alles noch gewesen wäre, wenn ich das Gleiche hätte durchmachen und dabei eine Familie hätte versorgen müssen. Der Boden unter meinen Füßen kam mir sehr wacklig vor. Wie sollte ich jemals mein Leben planen, wenn mir die Grundlage jederzeit entrissen werden konnte? Ich erkannte, dass nicht nur naheliegende Dinge wie schlechte Leistungen meine Existenz bedrohten, sondern auch Faktoren, die nicht vorherzusehen oder zu erahnen waren: eine Regeländerung, zu wenig zu trinken, ein Sturz, der Sinneswandel eines Sponsors. Es ging nicht nur um meinen Hämatokrit. Ich fühlte mich so verletzlich und bis ins Mark verunsichert, dass mich das Gefühl, dass jederzeit alles vorbei sein könnte, nie mehr verließ.

KAPITEL 8

»TIENI DURO«

»Die Karriere des Briten Charles Wegelius verlief bisher eher unauffällig, obwohl er in den ersten Jahren bei Mapei-Quick Step die bestmöglichen Voraussetzungen vorfand. In seinen fünf Jahren als Profi war sein bestes Ergebnis ein dritter Platz auf der vierten Etappe der Tour de Suisse 2002, wo er in einer Ausreißergruppe mit seinem Teamkollegen Daniele Nardello und Etappensieger Leon van Bon dabei war. Beim Giro wird Wegelius vermutlich die Aufgabe haben, Simone Cadamuro, den diesjährigen Sieger von Veenendaal–Veenendaal, im Sprint zu unterstützen, und daneben auch die Freiheit haben, selbst um Etappensiege mitzufahren. Der 25-Jährige mag noch jung sein, aber dies könnte ein entscheidendes Jahr für ihn werden.«

Aus der Vorschau von cyclingnews.com auf den Giro d'Italia 2004

Als ich am Tag vor dem Start beim Herumtrödeln auf dem Hotelzimmer über diese Vorschau auf den Giro 2004 stolperte, konnte ich mich einer gewissen Enttäuschung über das, was ich da las, nicht erwehren. Es war mein fünftes Jahr in Italien, und ich stand vor meiner zweiten Giro-Teilnahme, aber es schien fast so, als wäre ich in den Augen der englischen

Presse und Öffentlichkeit hinter den feindlichen Linien verschollen, seinem größenwahnsinnigen Bruder – der Tour de France – in den Hintergrund gedrängt, fristete der Giro außerhalb von Italien ein Schattendasein in den Medien, und mir ging es inzwischen ganz ähnlich.

Es war schon komisch, aber britische Fahrer schienen regelrecht zu »verschwinden«, wenn sie in Italien fuhren. Harry Lodge beispielsweise war ein wirklich guter Fahrer, der zu einer Zeit am Giro teilnahm, als kein anderer Brite auch nur annährend dafür in Betracht kam, aber weil das Rennen in Italien stattfand, nahm auf der Insel so gut wie niemand Notiz davon. Viele Journalisten machten sich nicht die Mühe, mal über den Tellerrand zu blicken. Über die Tour de France wurde in großem Stil in der britischen Presse berichtet, über den Giro hingegen fast nichts. Vielleicht erschien das Land einfach zu fremd, so wie ich in jungen Jahren ja auch gedacht hatte. Ich finde nicht, dass dieses Rennen und meine damaligen Leistungen die Aufmerksamkeit bekamen, die sie verdient hätten. Meine Einordnung von Cyclingnews als Fahrer, der sich um einen Sprinter kümmerte oder für Etappensiege in Frage kam, lag so weit daneben, dass sie schlichtweg falsch war. Ich hatte mich in meinem Leben noch um keinen Sprinter gekümmert und würde das auch diesmal nicht tun. Ich war auch nicht auf Etappensiege aus. Meine Aufgabe war es, meinen Kapitän zu unterstützen, der auf einen Podiumsplatz aus war. Wahrscheinlich hatte der Journalist nur kurz das Starterfeld überflogen und gesehen, dass der einzige Fahrer in der Mannschaft, der etwas vorzuweisen hatte, ein Sprinter war, also ging er davon aus, dass es mein Job war, ihm zu helfen. Ich arbeitete hart dafür, auf hohem Niveau Rad zu fahren, und obwohl ich in Italien lebte, empfand ich mich immer noch als Brite. Solchen Unsinn zu lesen, tat weh, und ich fragte mich, warum mir das englischsprachige Radsportpublikum nicht mehr Aufmerksamkeit schenkte. Es schien eine Entweder-oder-Frage zu sein: Je mehr Anerkennung ich in Italien bekam, desto weniger erhielt ich in Großbritannien.

Allmählich stellten sich die Resultate ein, ob sie in den britischen Medien nun registriert wurden oder nicht. In meinem zweiten Giro wendete sich für ert eines Domestiken wird größtenteils nicht an der ...essen, sondern am Abschneiden des Kapitäns. 2003 ...eitrag geleistet, aber Hontschar hatte in den Bergen ...habt. 2004 sahen die Dinge schon anders aus. Hontschar ...es Lebens, und plötzlich spielte ich eine wichtige Rolle. ...r von Natur aus mit erstaunlicher Kraft gesegnet. Er hatte die Fähig... ...ber einen längeren Zeitraum einen enormen Gang zu treten, was ihn zu einem großartigen Zeitfahrer machte, aber es bedeutete auch, dass er nicht unbedingt der geborene Kletterer war. Also mussten wir die Sekunden, die er im Rennen gegen die Uhr herausholte, in den Bergen mit allen Mitteln verteidigen. Dank meiner Kletterfähigkeiten war ich der ideale Helfer für ihn. Ich war stets an seiner Seite, wenn er Probleme hatte, und ich war in der Lage, noch einen draufzulegen, wenn er es nicht konnte.

Meine beste Leistung und die Fahrt, an die man sich meine ganze Karriere hindurch erinnern würde (zumindest in Italien), zeigte ich bei der letzten Bergetappe des Giro 2004. Dem italienischen Sinn für Dramatik war es geschuldet, dass die 19. und vorletzte Etappe die wohl brutalste der ganzen drei Wochen war. Die Strecke führte über 121 Kilometer über zwei richtig schwere Anstiege – den Passo di Mortirolo und den Passo del Vivione –, bevor sie mit einer Bergankunft am Passo della Presolana endete. Da die abschließende Etappe nach Mailand am nächsten Tag ein reines Schaulaufen war und es im Kampf um die vorderen Plätze eng zuging, geriet die Etappe zum großen Showdown um den Gesamtsieg.

Wir von De Nardi wussten, dass dies die letzte große Hürde für Hontschar wäre. Er hatte seine Zeitverluste während der Rundfahrt brillant in Grenzen gehalten und belegte sensationell den zweiten Platz. Für einen kleinen Rennstall wie De Nardi wäre ein Podiumsplatz beim Giro ein überragendes Ergebnis, das man sich kaum auszumalen wagte. Uns stand ein heißer Tanz bevor, und auch für mich könnte der Tag zu einer entscheidenden Bewährungsprobe werden. Wie nicht anders zu erwarten, ging es gleich am ersten Anstieg richtig zur Sache: Gilberto Simoni und mein früherer Teamkollege Stefano Garzelli attackierten am Mortirolo das Rosa Trikot von Damiano Cunego. Ein wagemutiger Schachzug von Titelverteidiger Simoni, der zu diesem Zeitpunkt auf dem dritten Platz lag. Als geborener Kletterer hatte Simoni auf der Etappe einen großen Vorteil und er wusste, dass er Hontschar so früh und konsequent wie möglich unter Druck setzen müsste, um ihn im Gesamtklassement noch zu überholen. Falls Hontschar zu schnell hinterherging oder isoliert würde, hätte er nicht nur den zweiten Platz einbüßen können, sondern auch alles verloren, für das wir als Kollektiv drei Wochen lang schwer gearbeitet hatten.

Simoni und Garzelli holten in den steilen Rampen des Mortirolo rasch einen Vorsprung heraus, und ich war noch in der Gruppe mit der *maglia rosa*, als ich per Funk die Order bekam, Tempo zu machen. Das war der Moment, auf den ich gewartet hatte. Sobald ich mich an die Spitze der Gruppe setzte, spürte ich, dass ich an diesem Tag eine gute Rolle spielen würde. Ich zog das Tempo an, und damit begann die Verfolgung und der Ansturm der Schmerzen. Einen Berg hinaufzufahren, ist so, als würde man eine Hand ins Feuer halten – es tut weh und man möchte alles tun, damit es aufhört, aber bei einem Rennen heißt aufhören verlieren und dann dauert der Schmerz nur noch länger. Man muss den inneren Schalter finden, der diesen Reflex lahmlegt, und wenn das gelingt, kann man es durchhalten. Man lernt, im Schmerz gelassen zu bleiben. »*Tieni duro, tieni duro.*« Wieder musste ich an diese Worte denken.

Jetzt war die Zeit gekommen, meine Hand ins Feuer zu halten. Ich war bei einer Bergetappe des Giro d'Italia bei den Leuten, das entscheidende Renngeschehen spielte sich direkt vor mir und um mich herum ab. Das war alles, was ich brauchte. Der ganze andere Kram, der den Radrennsport kompliziert und schwierig machte, war wie weggewischt. Ich konnte die Schmerzen ertragen und alles geben, was ich zu geben hatte. Ich musste mir keinen Kopf darum machen, wer an meinem Hinterrad saß oder wer mich im Sprint schlagen würde. Ich musste einfach nur fahren. Das war der Radsportler, zu dem ich geworden war, und das war die Rolle, die ich ausfüllte. Ich konnte mich so sehr quälen wie jeder andere, aber als ich versucht hatte, als Profi Rennen zu gewinnen, hatte ich gemerkt, dass ich dabei mit

Dingen konfrontiert wurde, denen ich mich nicht aussetzen wollte: Verantwortung und Druck. Auf dem Mortirolo verringerte sich dieser Druck mit jedem Meter, den ich zurücklegte. Ich trat härter und härter, und mit jedem Pedaltritt fiel eine Last von mir ab. Der einzige Druck, den es jetzt noch gab, war zu tun, was ich tun konnte. Ein Scheitern gab es nicht, denn der Druck kam jetzt aus meinem Inneren. Er war willkommen und er spornte mich an. Alles, womit ich mich in all den anderen Rennen hatte auseinandersetzen müssen, verschwand, und nun lag es an mir, den Unterschied zu machen.

Ich klemmte mich fast den ganzen Anstieg vor die Gruppe um das Rosa Trikot, bis ich, als nur noch fünf Fahrer übrig waren, durch eine Tempoverschärfung kurz vor dem Gipfel abgehängt wurde. Ich war erschöpft, aber ich wusste, dass ich noch nicht erledigt war. Ich raste bergab und schloss im Tal wieder zur Gruppe auf. Vorne machten Simoni und Garzelli mächtig Dampf, aber innerlich legte ich für mich eine neue Ziellinie fest. Es waren noch 50 Kilometer zu fahren, doch ich sagte mir: »Für mich hat das Rennen noch 20 Kilometer, danach ist alles andere egal.« Ich setzte mich wieder an die Spitze der Gruppe und fuhr, als hinge mein Leben davon ab. Ich nahm die anderen durch das Tal ins Schlepptau, ohne mich auch nur ein Mal ablösen zu lassen, und drückte immer weiter aufs Tempo. Ich schleppte die Gruppe den halben Weg zum Passo del Vivione hinauf, bis ich schließlich nicht mehr konnte und der letzte Funken Elektrizität, die durch sämtliche Leiterplatten in meinem Hirn gejagt war, um meine Muskeln zu befeuern, mit einem Flackern erstarb. Ich war am Ende. Als ich die Verfolgung von Simoni und Garzelli aufgenommen hatte, hatten die beiden einen Vorsprung von zwei Minuten gehabt. Als ich schließlich platzte, war er auf 60 Sekunden geschmolzen.

Sobald ich abreißen lassen musste, war es um mich geschehen. Fahrer um Fahrer zog an mir vorbei. Meine Arbeit war noch nicht ganz getan; für einen Domestiken ist sie das nie. Auf einem Fahrrad einen Berg hinaufzufahren, ist kein leichtes Unterfangen, egal, wie viel Zeit man sich dabei lassen kann. Es gab kein Hinterrad, an das ich mich hängen konnte, und es gab keinen

Teamwagen, um mir zu helfen. An diesem Tag wusste ich, dass ich alles gegeben hatte. 22 Minuten auf den Etappensieger betrug schließlich mein Rückstand, als ich erschöpft ins Ziel kam. Hontschar verteidigte um ganze drei Sekunden sensationell seinen zweiten Platz. Ein überragendes Ergebnis für De Nardi. Und für mich ein Ritt, der mein Leben veränderte.

Auf dem Gipfel des Mortirolo säumten an diesem Tag wahre Massen von Fans die Straße, und die wenigen Italiener, die nicht persönlich dabei waren, schauten vermutlich im Fernsehen zu. Die Etappe wurde live übertragen, und die Leute hatten mit eigenen Augen gesehen, was einen Domestiken ausmachte. Ich hatte mich geopfert und mir für meinen Kapitän, der seinen Platz mit hauchdünnem Vorsprung verteidigen konnte, die Seele aus dem Leib gefahren. Es war an Dramatik kaum zu überbieten. Ich hatte mir zuvor keine Gedanken darüber gemacht, aber bei einem Rennen wie dem Giro d'Italia vorneweg zu fahren, bedeutete, im ganzen Land im Rampenlicht zu stehen. Ich war längere Abschnitte im Fernsehen zu sehen gewesen, und die Leute kannten jetzt mein Gesicht. Es wurmte mich zwar, von den englischsprachigen Medien weitgehend ignoriert zu werden, aber der Zuspruch, den ich in Italien nach meiner Leistung bei der Mortirolo-Etappe erfuhr, war etwas ganz Besonderes. Es klingt fast wie ein Klischee, aber dieser Ritt war etwas, an das sich die Leute in Italien heute noch erinnern.

Am folgenden Nachmittag erreichten wir Mailand, und Hontschar kletterte aufs Podium. Am Abend feierten wir unseren Erfolg mit einem Mannschaftsessen, bei dem Hontschar sich ausgiebig bei allen bedankte. Ich verspürte die wohltuende Genugtuung einer gut erledigten Arbeit, aber das richtige Erfolgserlebnis stellte sich erst nach den Feierlichkeiten ein, als ich zum ersten Mal am eigenen Leib erfuhr, welche Auswirkungen eine starke Vorstellung beim Giro haben kann. Der Giro ist für Italien das, was Wimbledon für England ist: Jeder ist ein Fan, und noch einen Monat später war das Rennen Gesprächsthema Nummer eins. Daheim erkannten mich die Leute plötzlich auf der Straße. Viele Dinge in meinem Leben fingen an sich zu verändern: Ich musste im Supermarkt nicht mehr Schlange stehen und für einen Haarschnitt oder Kaffee nicht mehr bezahlen. Die

Leute taten so ziemlich alles, was ihnen einfiel und von dem sie glaubten, dass es mir helfe, um ihre Zuneigung zum Ausdruck zu bringen. Es war irre, und so wie jeder junge Mann genoss ich die Vorzüge, solange es ging. Solche Kleinigkeiten machten letztlich einen großen Unterschied. Ich führte bereits dadurch, dass ich als Radprofi in Italien lebte, ein privilegiertes Leben; jetzt wurde alles noch aufgewertet, und eine Weile fand ich es großartig.

Es gab insbesondere einen Bereich, in dem ich schön blöd gewesen wäre, meine 15 Minuten des Ruhms nicht auszukosten.

»Hey, Charly, komm mal hier rüber!«

Mein Kumpel Massimo, ein Radrennfahrer aus der Gegend, der sich hin und wieder unserer Trainingsgruppe anschloss und der mich vor einer Weile stehen gelassen hatte, um uns einen *aperitivo* zu organisieren, rief quer durch die belebte Bar zu mir rüber. Als ich aufschaute, sah ich ihn, von einem Ohr zum anderen grinsend und mit einem Glas *spumante* in jeder Hand, am anderen Ende der Theke stehen, wie bei einer Siegerehrung auf dem Podium eingerahmt von zwei attraktiven jungen Mädchen. Ich ging hinüber, und Massimo stellte mich mit schelmischer Miene vor.

»Mädels, das ist er: Charly Wegelius, erfolgreicher Teilnehmer des Giro d'Italia!«

Massimo bewegte sich seit langem in Radsportlerkreisen und wusste offenbar, wie der Hase lief. Der Juni war Jagdsaison für jeden, der von sich behaupten konnte, etwas mit dem Giro zu tun zu haben – vor allem als Fahrer.

Aufs Stichwort bestätigte ich: »Ja, der bin ich.«

»Echt? Oh, wow: ein leibhaftiger Giro-Teilnehmer. Haben wir dich im Fernsehen gesehen?«

»Äh, yeah.«

Das Mädchen, das der Theke am nächsten stand, schaute durch schöne dunkle Augen zu mir auf und kicherte, bevor sie säuselte: »Das ist so unglaublich. Du musst so müde sein ...«

Ihr Blick war so intensiv, und für mich war es so ungewohnt, von einem fremden Menschen in einer Bar so viel Aufmerksamkeit zu erhalten, dass ich mir in der Befürchtung, mir könnten noch Essensreste im Mundwinkel kleben, über das Gesicht strich. Ich schaute Massimo an, der verschmitzt die Brauen hob, bevor er das andere Mädchen in ein intensives Gespräch verwickelte. Wir waren seit etwa einem Jahr recht häufig zusammen in dieser Bar gewesen, und während Massimo nie darum verlegen war, ein Mädchen anzusprechen, auf das er ein Auge geworfen hatte, waren wir bis jetzt nie weiter gekommen als bis zu einer höflichen Abfuhr. Jetzt auf einmal, kaum zu glauben, war ich derjenige, der alle Trümpfe in der Hand hielt. Mädchen, die anzusprechen ich im Traum nicht gewagt hätte, baggerten plötzlich *mich* an. So wie wohl jeder andere auch wusste ich ungefähr, in welcher Liga ich in punkto Mädels spielte. Ich wusste, bei wem ich in einer Bar landen könnte, aber was jetzt passierte, war sagenhaft. Es war ein Kinderspiel. Ich blickte wieder das Mädchen an, das bereit schien, jedem einzelnen meiner Worte gebannt zu lauschen, und dachte mit einem innerlichen Kichern: »Charles, ...« Ich war nicht so blöd zu glauben, dass ich mich womöglich verlieben oder mit dem Mädchen eine Beziehung anfangen würde. Die ganze Geschichte war haarsträubend oberflächlich, aber sie hatte einen gewissen Reiz, und zu dieser Zeit war ich mit einem Selbstvertrauen gesegnet, das die ganze Sache umso spannender machte. Aber dieses Selbstvertrauen rührte nicht von der Aufmerksamkeit, die ich erhielt. Der eigentliche Kitzel war das Wissen, im Rennen meinen Job erledigt zu haben, und das mit Bravour.

* * *

Meine Liebe zum Giro steigerte sich, weil er mir das Gefühl gab, mein Talent ausspielen zu können. Der Giro wurde zu »meinem« Rennen und bescherte mir im Laufe der Jahre immer größere Erfolge. Was ich dort lernte, war, dass ich mir eine eigene Nische als Radrennfahrer schaffen konnte, die mir einen Job und vielleicht auch in anderen Lebensbereichen die Zufriedenheit verschaffen würde, nach der ich mich sehnte. Ich würde niemals den Giro gewinnen oder für das Gesamtklassement fahren, aber ich könnte Einfluss auf das Rennen nehmen und ihm meinen Stempel aufdrücken.

KAPITEL 9

LIQUIGAS

»Wegelius! Das ist doch kein Körper! Was willst du mit dem Körper denn ausrichten?«

Mario Cipollini hatte seinen Blick auf mich geheftet, und schon anhand der Breite seines spitzbübischen Grinsens war zu erkennen, dass er uns mit einer seiner typischen Darbietungen beglücken würde. Der Mann hatte eine Schwäche für große Auftritte und natürlich gehörte ihm die ganze Aufmerksamkeit seines gefesselten Publikums, als er verkündete: »*Das* ist ein Körper!«, bevor er sich im Konferenzraum des Hotels bis auf die Unterhose auszog und unter dem begeisterten Johlen seiner neuen Teamkollegen die Muskeln spielen ließ.

Es war Ende November 2004, und die Fahrer der Liquigas-Mannschaft waren im Grand Hotel Porro in Salsomaggiore erstmals zu einem kurzen Trainingslager zusammengekommen, um sich für ihre neuen Räder und Kleider vermessen zu lassen und sich gegenseitig kennenzulernen. Mario Cipollini wusste anscheinend, wie man das Eis brach.

In jedem anderen Team und zu jedem anderen Zeitpunkt meiner Karriere hätte ich mich insgeheim geärgert, die Zielscheibe solcher Witze zu sein. Trotzdem hätte ich gute Miene zum bösen Spiel gemacht, um nicht anzuecken. Aber bei Liquigas war alles anders. Endlich, nach fünf Jahren im italienischen Peloton, fühlte ich mich wirklich zu Hause. Ich war umgeben von lachenden Radfahrern, und obwohl der Scherz des großen Zampanos auf meine Kosten ging, fühlte ich mich nicht verspottet. Ich hatte nicht das Gefühl, mich zu erniedrigen, um dazuzugehören. Ich war in der Lage, einfach mit den anderen mitzulachen.

Bei Mapei konnte ich mein unterwürfiges Verhalten damit rechtfertigen, dass es mein erstes Profiteam und ich erpicht darauf war, es meinen Kollegen und Bossen recht zu machen. Bei De Nardi ging ich sogar noch einen Schritt weiter: Ich verbrachte zwei Jahre damit, über jeden blöden Witz zu lachen und Interesse am allerdämlichsten Gebaren zu heucheln. Jetzt aber konnte ich von Herzen mitlachen, weil endlich alles stimmte. Mit meiner Unterschrift bei Liquigas hatte ich endlich das Gefühl, »zu Hause« angekommen zu sein und in einem Team zu fahren, das mich wertschätzte. Liquigas war ein ganz neuer Rennstall, und es bedeutete mir eine Menge, dass ich einer der ersten Fahrer auf ihrer Einkaufsliste war.

Schon vor Abschluss des Giro 2004 war ich von Mapeis früherem *directeur sportif* Roberto Damiani kontaktiert worden, der mir mitteilte, dass 2005 eine neue italienische Mannschaft aufgebaut werde und dass er mich aufgrund der Leistungen, die ich seit dem Ende von Mapei gezeigt hatte, dabeihaben wolle.

Wenn das Ausscheiden eines großen Rennstalls wie Mapei sich in negativer Weise auf die Balance im Peloton auswirkt, so bewirkt die Gründung eines neuen Teams das Gegenteil. Ein neuer Rennstall bedeutet einen großen wirtschaftlichen Schub für das Peloton, denn er schafft ganz neue Jobs, was wiederum den Marktwert und die Arbeitsplatzsicherheit der Fahrer im Allgemeinen erhöht.

Damiani war clever und erkannte, dass ich als Profi gereift war und mir meine wohl besten Jahre bevorstanden. Nach meiner Lehrzeit bei Mapei und zwei weiteren Jahren körperlicher Entwicklung bei De Nardi war ich jetzt ein fertiger Rennfahrer. Ich wusste, worauf es bei dem Job ankam, ich kannte die Rennen, ich hatte die Beine, um einen Unterschied zu machen, und nachdem ich meine Hämatokrit-Krise überwunden hatte, war ich mit neuer Motivation bei der Sache. Sie erkannten in mir jemanden, der die Rolle eines Domestiken, wie sie ihn brauchten, perfekt ausfüllen konnte.

Aufgrund der Gespräche, die wir am Rande des Giro geführt hatten, wusste ich, dass Liquigas zwar eine nach italienischen Maßstäben recht große Mannschaft sein würde, aber kein Vergleich mit Mapei wäre. Im Laufe des Sommers jedoch holte ich weitere Erkundigungen ein, und mir gefiel, was ich sah. Der fundamentale Unterschied zwischen Liquigas und De Nardi war so minimal, dass er außerhalb der Mannschaft niemandem aufgefallen wäre, aber mir kam er gewaltig vor. Ich würde bei Liquigas Sport SpA unter Vertrag stehen, was nach einer reinen Formalität klang, in Wirklichkeit aber alles veränderte. Es bedeutete, dass jeder in der Firma – selbst der Boss – ein Angestellter wäre. Das wiederum hieß, dass der Mann, der das Sagen hatte, Roberto Amadio, der Geschäftsführer eines Unternehmens wäre, das dem Sponsor gehörte. Und somit hätte er, anders als die Bosse anderer Teams, keinen persönlichen Vorteil davon, Geld zu sparen und bei Gehältern, Ausrüstung oder Betreuung an der Schraube zu drehen. Es war ungemein beruhigend zu wissen, dass mein zweiter Satz Laufräder nicht mitten in der Saison verhökert würde, weil der Manager einen neuen Esstisch wollte.

Ich unterschrieb bei Liquigas so schnell ich konnte. Es war tröstlich, wieder bei einem großen Rennstall zu sein, und ich genoss die Sicherheit, die es mit sich brachte. Ich würde für mindestens eine weitere Saison Radprofi sein.

Ich war weit davon entfernt, in die Sphären der Topverdiener vorzustoßen, aber nachdem ich in den beiden Jahren bei De Nardi gerade genug verdient hatte, um über die Runden zu kommen, fühlte es sich wie ein kleiner Sieg an, wieder ein anständiges Gehalt zu beziehen. Wieder gut zu verdienen, ermöglichte mir außerdem, mich um Dinge zu kümmern, die in meiner Zeit bei De Nardi zu kurz gekommen waren: eine Hypothek aufnehmen und ein Haus kaufen. Das erschien mir als ein wichtiger Schritt in meinem Leben und war für mich selbst so etwas wie der Nachweis, dass ich in gewisser Weise »erfolgreich« war. Es gab mir das Gefühl, dass mein privates ebenso wie mein berufliches Leben allmählich reicher und bedeutsamer wurde.

* * *

Als wir uns in Salsomaggiore trafen, war der Kader komplett. Der größte Name im Team war ohne Zweifel Mario Cipollini. Cipo hielt den Rekord für die meisten Etappensiege beim Giro, er war ehemaliger Weltmeister und ging mit 37 in seine letzte Saison. Bei Liquigas hatte er unter anderem wegen der Chance unterschrieben, sein geliebtes Mailand–Sanremo zum zweiten Mal zu gewinnen, und seine Verpflichtung bedeutete einen großen Publicity-Coup für das Team. Seine Persönlichkeit war so überragend, dass man sich ihr kaum entziehen konnte, und ich freute mich darauf, in seiner Mannschaft zu sein. Da ich den Radsport sehr genau kannte, wusste ich, dass zwischen uns nie so etwas wie Rivalität entstehen könnte, denn er war ein Hüne von Kerl, und ich war, wie er ja selbst schon angemerkt hatte, das genaue Gegenteil.

Cipollini setzte seine Lausbubenstreiche während der beiden Tage im Trainingslager fort, und ich sah, welch wichtigen Beitrag er dazu leisten könnte, dass die Stimmung in der Truppe gut war. Es herrschte eine entspannte Atmosphäre, und am letzten Abend saßen wir alle bei einem kleinen Umtrunk zusammen. Die meisten Teams befürworten so etwas, denn nichts schweißt Männer so sehr zusammen, wie gemeinsam einen zu heben, aber da es eine italienische Mannschaft war (und keine, sagen wir mal, belgische), erwies sich ein kleiner Umtrunk tatsächlich nur als *kleiner* Umtrunk. Im Großen und Ganzen benehmen sich Italiener recht gesittet, wenn es um Alkohol geht, und es kommt nur selten zu den enthemmten Gelagen, wie man sie von anderswo kennt.

Aber betrunken oder nicht, Cipo hatte sich das Unterhaltungsprogramm schon zurechtgelegt: eine feierliche Einführung für die jungen Fahrer. Nach dem Abendessen wies er alle an, sich zu erheben, und führte die Neoprofis in den kalten Novemberabend hinaus. Das erste Rennen der Saison stand bevor. Während wir anderen unter schallendem Gelächter dem Trüppchen hinausfolgten, erschien Cipo mit dem Rad des 1,93 Meter großen Schweden Magnus Bäckstedt im Schlepptau. »Jetzt, meine Herren, ist es an der Zeit für das *cronometro*.« Cipo war auf die Idee verfallen, auf dem winzigen Kreisverkehr vor dem Hotel ein Zeitfahren auszutragen. Die Regeln waren denkbar einfach: Jeder der vier Neoprofis würde das Zeitfahren mit nacktem Oberkörper absolvieren und erst dann an den Start gehen, nachdem er eine Karaffe Wein ausgetrunken hatte. Das Rennen führte über zwei Runden (was uns die Gelegenheit gab, die Teilnehmer nach der ersten Runde mit Eiswasser zu bespritzen), und um sicherzustellen, dass sie angemessen motiviert wären, würde Cipo den Fahrern in seinem Wagen hinterherjagen.

Der Anblick des ersten Fahrers, als er nach der ersten Runde auf Magnus Bäckstedts riesigem Rad um die Kurve kam, hinter ihm Cipollini im Bentley – hupend und aufblendend –, während Dario Andriotto sich wie ein tollwütiger *directeur sportif* aus dem Fenster lehnte und »*Vai, vai, vai, Porco Dio*« brüllte, war unbezahlbar: Keine Ahnung, was die anderen Hotelgäste davon hielten, aber wir alle – inklusive der Neoprofis – lachten uns kaputt. Es war ein herrliches Spektakel.

Es war ein typischer Geniestreich von Cipollini, sich umgehend daranzumachen, für gute Stimmung unter seinen neuen Kollegen zu sorgen. Das war etwas, was ich, trotz des kleinen Zynikers in mir, aufrichtig bewunderte. Er wusste, dass eine gute Atmosphäre innerhalb der Mannschaft die beste Voraussetzung war, eine schlagkräftige Truppe zu formen, und er kümmerte sich persönlich darum, sie so schnell wie möglich herzustellen.

* * *

Im Dezember 2004 erhielt ich einen Anruf von Damiani. Er erkundigte sich, ob ich im Februar nach Mexiko fahren wolle. Damiani hatte immer irgendein Projekt am Start und sein aktuelles bestand darin, der Karriere der anderen sehr namhaften Verpflichtung von Liquigas wieder auf die Sprünge zu helfen: Danilo Di Luca. Di Luca war bereits ein prominenter

Fahrer: Nach einer überragenden Amateurkarriere hatte er schon als kommender Superstar des italienischen Radsports gegolten. 1999, in seinem erst zweiten Jahr als Profi, ließ er mit einem unglaublichen zweiten Platz bei der Lombardei-Rundfahrt aufhorchen. In den Jahren danach feierte er zahlreiche Erfolge, aber 2004, damals noch für die italienische Mannschaft Saeco, war er ins Visier der Dopingfahnder geraten und hatte auf die Teilnahme an der Tour de France verzichten müssen. Die Tour zu verpassen, war an sich kein großes Problem für Danilo, aber seine Reputation und auch sein Selbstvertrauen hatten durch die Affäre großen Schaden genommen. Bei Liquigas hatte er für ein gemessen an seinen Erfolgen recht kleines Gehalt unterschrieben, aber er wusste, dass der Schritt zurück notwendig war, um den in der Vorsaison verlorenen Boden wieder gutzumachen.

Damianis Idee war recht simpel. Er wollte mit einer kleinen Mannschaft aus vier Fahrern (Di Luca, Dario Cioni, Devis Miorin und ich) und drei Betreuern an einen möglichst abgelegenen Ort in der Höhe fahren, um ganz von vorn anzufangen. Seine Wahl war auf Mexiko gefallen. Das Wetter dort war gut, es hatte die richtige Höhe, und Damiani wusste, dass er Danilo ein wenig abhärten müsste. Danilo war Zeit seines Lebens wie ein Star behandelt worden, und vielleicht war ein richtiger Tapetenwechsel genau das, was er brauchte, um wieder in die Spur zu kommen. Ich kannte Danilo auf persönlicher Ebene bis dahin noch gar nicht, aber als Damiani anrief und mir die Chance anbot mitzufahren, konnte ich unmöglich ablehnen – es wäre eine glänzende Gelegenheit, direkt Aufnahme im engsten Zirkel der Mannschaft zu finden.

Wir flogen zu siebt nach Toluca im Herzen von Mexiko. Als wir eintrafen, wurde uns sofort klar, warum Damiani diesen Ort ausgewählt hatte. Aus heutiger Sicht, im Wissen um die Enthüllungen von Tyler Hamilton (und anderen) zu den Praktiken, mit denen sich die Fahrer in jener Zeit dopten und etwaigen Trainingskontrollen entzogen, muss es natürlich erst mal verdächtig erscheinen, wenn vier Radprofis zum Trainieren an einen so abgelegenen Ort verschwinden. Das war uns auch klar, aber die UCI kannte damals unser Ziel, und das Team machte kein Geheimnis aus unserem

Aufenthaltsort. Ich teilte mir das Zimmer mit Danilo (der später solcher Praktiken überführt wurde) und sah ihn nicht ein Mal etwas Verbotenes oder in *irgendeiner* Weise Verdächtiges tun. Was auch immer vor sich ging, es war entweder schon vor unserer Abreise passiert oder es ging erstaunlich heimlich vonstatten, denn ich kann beschwören, dass ich nichts mitbekommen habe – und ich war schließlich kein kompletter Vollidiot.

Was mir ganz gelegen kam, war die Tatsache, dass wir 26 Tage nichts anderes tun konnten, als zu trainieren und zu schlafen. Dort gab es überhaupt nichts; wir befanden uns mitten in einer Wildnis, die gerade unsicher genug erschien, dass niemand die Lust verspürte, abends das Hotel zu verlassen. 26 herrliche Tage lang genoss ich es, vollkommen abgetrennt vom Rest der Welt zu sein. Mir kam es vor wie eine Übung aus dem Lehrbuch, wie man als Profisportler zu leben hatte.

Unser Trainingslager in Mexiko verlief in jeder Hinsicht gut. Wir hängten uns auf der Straße rein, und dank Damianis kleinem Projekt hängten wir uns auch abseits des Trainings im Dienste des Teams rein. Damiani gab sich die allergrößte Mühe, Danilos exzentrische Launen zu zügeln. Wir mussten unsere Trainingskleidung mit der Hand waschen, was für einen Fahrer wie mich ganz normal war, für Danilo aber eine ganz neue Erfahrung darstellte, denn bis dahin waren seine Klamotten immer von seinem eigenen Masseur gewaschen worden.

Unser Masseur Michele hatte extra 15 Kilogramm Pasta von De Cecco mitgebracht, weil er wusste, dass Danilo sie mochte. Aber Damiani wollte davon nichts hören und zwang den armen Michele dazu, die Pasta einen Monat lang zu verstecken, denn er wollte, dass Danilo das mexikanische Hotelessen äße und sich damit begnügte. Solche Kleinigkeiten waren Damiani sehr wichtig. Er machte alles publik und achtete darauf, dass die Presse mit Bildern davon versorgt wurde, wie Danilo seine Klamotten mit der Hand wusch und so weiter. Fairerweise muss man sagen, dass Danilo sich recht gut mit dieser für ihn gewiss fremden Welt arrangierte. Er war sein Leben lang wie ein Superstar behandelt worden, und dies war mit Sicherheit ein kleiner Schock für ihn.

Die Unterschiede zwischen Danilos und meiner Sicht auf die Welt traten im Trainingslager in Mexiko sehr deutlich zutage. Ich hatte die Pläne für mein frisch erworbenes, aber noch nicht fertiggestelltes neues Zuhause dabei und schaute sie mir eines ruhigen Nachmittags an, als er ins Zimmer kam. Er schnappte sich sofort die Blaupausen und sah sie sich durch. »Charly, was ist das?«, wollte er wissen. »Was hast du vor?«, und damit holte er einen Textmarker aus der Tasche und machte sich daran, ein paar Änderungen an den Plänen vorzunehmen. Als er sie zurückgab, hatte er auf die Schnelle Ergänzungen für ein paar hunderttausend Euro mehr eingefügt, darunter eine zusätzliche Etage, einen Swimmingpool und eine Sauna.

Danilo hatte den Gestus eines vorlauten Bengels, eines Schlingels, den man einfach mögen muss. Aber statt im aufgemotzten Golf GTI durchs Dorf zu gurken – was er gewiss getan hätte, wäre er nicht Radprofi geworden –, heizte er im Porsche durch die Gegend. Er konnte sich für alles Mögliche begeistern, war dabei aber auf beinahe drollige Weise unbekümmert. Später machte die Geschichte die Runde, seine Mutter habe einschreiten müssen, damit er nicht seinen Führerschein verlöre. In Italien war es damals gang und gäbe, auszusagen, jemand anders habe den eigenen Wagen gefahren, wenn man beim Rasen erwischt wurde. Danilos Mutter war eine betagte, typisch italienische Hausfrau, die keiner Fliege etwas zuleide tat, aber der Legende nach war sie in ihren Wollsocken auf die Polizeistation gewatschelt und hatte in etwa zu Protokoll gegeben, in einem Porsche Boxster mit 240 Sachen auf der Autobahn unterwegs gewesen zu sein.

Aber erst, als wir gemeinsam Rennen fuhren, lernte ich Danilo von seiner besten Seite kennen. Ich sah, welch unverfälschter und selbstloser Charakter – und Fahrer – er war. Vor jedem Rennen stellte er sich vor den Spiegel und schüttelte die Beine aus: »Meine Güte, sieh dir an, in welcher Topform ich bin!«, sagte er stolz jedem, der es hören wollte. Er erzählte jedem im Team, dass er gewinnen werde. Wenn er nicht gewann, zuckten alle die Achseln und sagten: »Ach, na ja, so ist Danilo halt.« Aber wenn er doch gewann, sagten alle: »Er hat mir heute Morgen noch erzählt, dass er gewinnen würde!« Er stellte sich als einer der besten Kapitäne heraus, die ich jemals hatte, denn er versuchte nie, sich zu verstellen und jemand zu sein, der er nicht war.

Das Training, das wir in Mexiko absolvierten, war hart, aber weil wir zu viert waren, konnten wir hervorragend arbeiten, ohne dass es zu einem hinderlichen Konkurrenzdenken gekommen wäre, das sich normalerweise bald einschleicht. Die Höhe hat manchmal seltsame Auswirkungen auf Sportler, und ich reagierte stets auf die gleiche Weise. Ich hatte echt zu kämpfen, solange ich da oben war – in Mexiko hatten wir unser Lager in 2.500 Metern Höhe aufgeschlagen –, aber sobald wir auf Meereshöhe zurückkehrten, spürte ich sofort, dass es etwas gebracht hatte. Als wir uns Mitte Februar auf die Rückreise machten, war ich in bestmöglicher Verfassung und brannte darauf, mich wieder ins Renngeschehen zu stürzen.

* * *

Schon bald nach unserer Rückkehr aus Mexiko stand mein erstes Rennen für Liquigas an. Nur 48 Stunden, nachdem ich aus dem Flieger gestiegen war, wurde ich für zwei Eintagesrennen in der Schweiz berufen. Die Umstellung auf die plötzlich wieder kühleren Temperaturen machte mir ziemlich zu schaffen, so dass ich meine Ambitionen stattdessen auf das nächste Rennen richtete, das passenderweise als »Fahrt in den Frühling« bezeichnet wird.

Paris–Nizza ist ein einwöchiges Etappenrennen, das Frankreich von Norden nach Süden durchquert und alljährlich die Ankunft des Frühlings herbeizuführen scheint. Auf den ersten Etappen durch den verschneiten Norden Europas litt ich ebenso sehr wie in der Schweiz. Ich war Letzter im Gesamtklassement und die Kälte beraubte mich komplett meiner Form. Meine Freunde und Kollegen machten sich Sorgen, dass etwas ernsthaft nicht stimmt. Drei Tage lang schleppte ich mich mit der *lanterne rouge* als Letzter der Gesamtwertung dahin. Doch je weiter wir Richtung Süden kamen, desto mehr brach die Sonne durch den Dunst, und damit blühte auch meine Form wieder auf. Als wir den letzten Anstieg des Rennens auf den Col d'Eze erreichten, flog ich nur so dahin. Auf der Abfahrt genoss ich als Teil einer Ausreißergruppe die ersten Strahlen des mediterranen Frühlings.

»*Wegelius marche super bien en tête*«, sagte Laurent Jalabert im französischen Fernsehen, und auch ich hatte das Gefühl, dass jetzt alles zusammenpasste. Ich machte einen perfekten Job als Anfahrer für meinen neuen Teamkollegen Franco Pellizotti, der einen erfreulichen zweiten Platz auf der Etappe belegte. An einen entlegenen Ort in Mexiko zu reisen, statt in Europa zu überwintern, mochte ein gewagtes Unternehmen gewesen sein, aber es sollte sich mit der besten Form meines Lebens bezahlt machen.

Nach Paris–Nizza hatte ich ein paar freie Tage daheim, und wie immer fiel es mir schwer, aus der Tretmühle herauszukommen. In solchen Momenten, in denen die Ablenkung durch die Wettkämpfe wegbrach und sich mein Junggesellendasein in seiner ganzen Oberflächlichkeit offenbarte, überkam mich regelmäßig ein Gefühl innerer Leere. Im Dezember hatte ich den Kaufvertrag für einen Neubau ein paar Kilometer hinter Varese in Gorla Maggiore unterschrieben und war anfangs ganz begeistert gewesen von der Vorstellung, ein eigenes Heim zu besitzen. Aber jetzt, während ich darauf wartete, dass die Bauarbeiten abgeschlossen würden und ich solche »erwachsenen« Pflichten zu erledigen hatte, wie passende Möbel auszusuchen und mir zu überlegen, womit ich sie füllen würde, überkam mich wieder das vertraute Gefühl der Leere.

In einer schrecklichen Mietwohnung zu hocken, zu der ich keinerlei Beziehung besaß, und mich dafür zu bemitleiden, wie losgelöst von jeglicher Normalität ich mich fühlte, war das eine. Aber jetzt, da es mit mir aufwärts zu gehen schien und mein Heim nicht mehr nur ein besseres Wartezimmer wäre, fing ich an, mich schrecklich allein zu fühlen. Wozu in ein schönes Zuhause investieren, wenn niemand da war, mit dem man es teilen konnte, außer ein paar Rennfahrerkollegen und gelegentlich meiner Mutter? Ich lief durch Designermöbelläden und grübelte: Wer würde an diesem Esstisch sitzen, auf diesem Sofa oder auf diesen Küchenstühlen? Das war eine Frage, die ich mir nie hatte stellen müssen, als ich jung war. Als meine Mutter ihren

Wagen wendete und mich in Frankreich bei einer Gruppe vollkommen Fremder zurückließ, hatte ich ihr kaum hinterhergeschaut, als sie in der Ferne verschwand. Nun, da ich mein ersehntes Ziel erreicht hatte, ein angesehener Radprofi mit einem schicken Eigenheim, einem anständigen Auto und einem Vertrag bei einer großen Mannschaft zu werden, wurde mir klar, was auf der Reise hierher alles auf der Strecke geblieben war. Mehr denn je galt es, einen Ausgleich zu schaffen.

Im Verlauf der Saison konnte ich spüren, dass ich weiter in herausragender Form war. Wie es schien, hatte ich gewaltige körperliche Fortschritte gemacht. Ich war ambitioniert und ich war hungrig, und ich setzte alles gezielt dafür ein, für andere einen guten Job zu machen, statt selbst auf Siege aus zu sein: Als ich im April bei der Vuelta Aragón das beste Ergebnis meiner Profikarriere einfuhr, war das eine angenehme Überraschung, aber ich verbat mir, das Rennen unter einem anderen Gesichtspunkt zu betrachten als dem, eine gute Form für den Giro aufzubauen, um Danilo im Kampf um die *maglia rosa* zu unterstützen. Die Vuelta Aragón stand für die Giro-Teilnehmer auf dem Programm, die keinen der Ardennen-Klassiker bestritten, wir waren also ohne größere Erwartungen hingefahren. Für mich war es ein reines Vorbereitungsrennen, und, ganz gleich, ob er überhaupt registrierte, dass ich mich gut schlug, oder nicht, kannte Damiani meine Psyche gut genug, um mich nicht nach Ergebnissen zu fragen.

Auf den ersten, flachen Etappen verrichtete ich ohne große Mühe meinen Job und schaffte es, ohne bewusst darauf zu achten, keine Zeit einzubüßen. Die vierte Etappe war ein elf Kilometer langes Bergzeitfahren – ein Rennen, das angesichts meiner Zeitfahr- und Kletterqualitäten wie auf mich zugeschnitten schien. Damiani schlug vorsichtig vor, sich die Strecke vorab einmal anzusehen. Auf der Fahrt zog sich der Himmel zu, und es fing an zu regnen. Ich prägte mir ein, wo die steileren Abschnitte waren und wo es flacher wurde. Auf dem Gipfel, überzeugt davon, dass ich mir einen guten Überblick verschafft hatte, machten wir kehrt und fuhren zurück Richtung Start. Als wir die Kreuzung erreichten, wo der schmale Anstieg auf die Hauptstraße traf, wurden wir von einem ernst dreinblickenden spanischen

Polizeibeamten angehalten. Uns schwante, dass die Straße bereits gesperrt worden war. Es war ein Desaster: Von dort aus, wo wir uns befanden, waren es nur drei Kilometer bis zum Start, immer bergab auf der Rennstrecke – aber in der Richtung, die uns der Polizist wies, war es ein Umweg von satten 35 Kilometern.

Damiani war fassungslos. Wir saßen in einem Teamwagen mit einem Athleten darin und einem Rad auf dem Dach, und es hätte nicht offensichtlicher sein können, dass wir selbst an den Start gehen würden. In Italien wäre so etwas niemals passiert. Die italienische Polizei betrachtete das Gesetz mit dieser Art großzügiger Dehnbarkeit, die manchmal ganz nützlich sein kann. Damiani kurbelte das Fenster runter und begann zu erklären, doch dieser spezielle spanische Schutzmann verhielt sich, als würde er glauben, dass Franco noch an der Macht wäre und die Straßensperre persönlich angeordnet hätte. Er war absolut nicht zum Einlenken zu bewegen. Die Verhandlungen eskalierten schnell zu einem hitzigen Streit. Ich sank in meinen Sitz und geriet allmählich in Panik. Nachdem er ein letztes Mal die Hände gerungen hatte, gab Damiani schließlich auf. Er kochte vor Wut. Uns war klar, dass keine Zeit blieb, den langen Weg zum Start zu nehmen. Er stellte den Motor ab und wies mich an, mit dem Rad zum Start zu fahren. Inzwischen würden sich die ersten Teilnehmer schon bereitmachen. Ich schnappte mir mein Rad und fuhr in meinem Trainingsanzug durch den strömenden Regen hinab zum Start. Als ich das Wohnmobil des Teams erreichte, war es höchste Eisenbahn. Ich schlüpfte in meinen Zeitfahranzug und wärmte mich rasch auf, bevor ich zur Startrampe eilte.

Erstaunlicherweise wirkte sich die willkürliche Natur der Radsportwelt, die mir schon oft zum Verhängnis geworden war, ausnahmsweise zu meinen Gunsten aus. Mein Puls raste, als ich mich endlich einschrieb und 30 Sekunden vor meiner Startzeit auf die Rampe eilte. Ich zog die letzten Vorbereitungen in aller Eile durch, und sobald der Countdown runtergezählt war, hämmerte ich die Straße rauf, als wäre ich immer noch spät dran. Auf den ersten paar Kilometern war ich vollkommen allein, bis ich an der Kreuzung, an der Damiani noch immer auf mich wartete, den Begleitwagen erreichte. In der Eile hatte ich vergessen, meine Ohrstöpsel für den Funk einzustecken, ich hatte also keine Ahnung, wie schnell ich unterwegs war oder wo ich lag. Ich fuhr einfach so schnell ich konnte. Nach der Hälfte des Anstiegs verwandelte sich der Regen zunächst in Graupel und dann in Schnee und ich konnte ihn auf meiner erhitzten Haut schmelzen spüren. Ich trat weiter, geradezu gebannt von der Anstrengung und einer seligen Ungewissheit. Hinter mir hörte ich den Mechaniker vom Teamwagen aus brüllen, ich führe »wie ein verdammtes Motorrad!« Ich verspürte einen Anflug von Stolz und unbelastet von anderen Stimmen, Ordern oder Zweifeln drängte ich gegen die Steigung und das Wetter weiter voran. Als ich auf dem Gipfel die Linie überquerte, hatte ich die bisherige Bestzeit pulverisiert. Ich hatte keine Ahnung, wo ich das hergeholt hatte, aber ich hatte es geschafft. Meine Zeit von 24 Minuten und 23 Sekunden war schnell, aber als ich mich einpackte, um mich vor der Eiseskälte zu schützen, wagte ich nicht zu hoffen, dass es vielleicht für den Etappensieg reichen könnte. Selbst als der frühere deutsche Tour-de-France-Sieger Jan Ullrich mit fast einer Minute Rückstand ins Ziel kam, weigerte ich mich standhaft, an einen Sieg zu glauben. Das war reiner Selbstschutz, und ich war mir dessen bewusst, aber es ging nicht anders. Und wie nicht anders zu erwarten, hörte ich, nachdem ich eine halbe Stunde lang vor Kälte zitternd am Ziel gewartet hatte, schließlich die euphorische Durchsage über die Lautsprecher: »Neue Bestzeit … Ruben Plaza, Team Comunidad Valenciana … 24 Minuten, 16 Sekunden.«

Meine Reaktion sprach Bände darüber, wie tief ich jeglichen Anflug von persönlichem Ehrgeiz in mir vergraben hatte: Ich nahm meine Leistung mit äußerster Gleichgültigkeit zur Kenntnis. Ich war zufrieden, aber eigentlich nicht um meinetwillen. Stattdessen wertete ich meinen zweiten Platz in einem Einzelwettbewerb wie einem Bergzeitfahren als Zeichen dafür, dass ich im Hinblick auf den Giro auf einem guten Weg war. Meine Leistung hatte mich hinsichtlich meiner Karrierepläne einen Schritt weitergebracht, mehr nicht. Ob ich glücklich war, hing außerdem vor allem von den Reaktionen der Leute um mich herum ab. Damiani freute sich für mich, denn ich war mit meinem Ritt auf den dritten Platz der Gesamtwertung gefahren, meine erste Podiumsplatzierung bei einem Etappenrennen seit meinem Wechsel zu den Profis, das war aber auch alles. Bei Liquigas war ich ein perfektes Rädchen im Getriebe. Das war es, was ich immer hatte werden wollen. Früh am nächsten Morgen flog ich zum Giro del Trentino, der zwei Tage später begann, um wieder in meine gewohnte Rolle zu schlüpfen.

* * *

Während ich damit beschäftigt war, mich selbst im Vorfeld des Giros zu überraschen, hatte Danilo Di Luca an anderer Stelle eine große Wiederauferstehung gefeiert und innerhalb von nur zehn Tagen sowohl den Flèche Wallonne als auch das Amstel Gold Race gewonnen. Ein toller Doppelschlag in den Ardennen, der ihm außerdem die Führung im Gesamtklassement der UCI ProTour einbrachte. Gleich in seiner ersten Saison trumpfte das Team groß auf, und wir machten uns mit großen Hoffnungen auf den Weg zum Giro. Fast erwartungsgemäß stellten sich auch dort gleich erste Erfolge ein. Auf der dritten Etappe düpierten wir 30 Kilometer vor dem Ziel die Konkurrenz, Danilo holte den Etappensieg und schob sich bis auf wenige Sekunden an die *maglia rosa* heran. Wie es seine Art war, richtete Danilo seine Aufmerksamkeit sofort auf die nächsten Ziele und verkündete, wie wichtig es ihm sei, eine weitere Etappe zu gewinnen und zwei Tage später in L'Aquila, quasi vor seiner Haustür, das Rosa Trikot zu übernehmen.

Wir gingen mit einer sehr klaren Strategie in die Etappe, und mir gefiel die Rolle, die ich dabei spielte: Ich mischte mich unter eine 20-köpfige Ausreißergruppe und hängte mich den ganzen Tag nur hintendran. Sehr zum Ärger meiner Begleiter, die mich immer wieder zum Mitmachen bewegen wollten, weigerte ich mich standhaft, mich an der Führungsarbeit zu beteiligen. Meine Aufgabe war, die Gruppe in Schach zu halten und mich für die Schlussphase bereitzuhalten. 20 Kilometer vor dem Ziel war die Gruppe noch immer nicht eingeholt worden, und in meinem Ohr erwachte knisternd der Teamfunk zum Leben. »Charly, wir brauchen dich im Feld, lass dich zurückfallen.« Es widerspricht jeglichem Instinkt eines Radfahrers, die Beine hochzunehmen und die Führenden ziehen zu lassen, aber natürlich hielt ich sofort an und wartete zwei Minuten am Straßenrand, bevor das Peloton schließlich in Sicht kam. Erst dann begann meine eigentliche Arbeit. Ich setzte mich sogleich vors Feld und machte Tempo, um die Lücke zu den Ausreißern zu schließen, die ich soeben hatte ziehen lassen. Zusammen mit Dario Andriotto und Marco Milesi schleppte ich das Feld den ganzen Weg bis zu den Führenden, bevor Andrea Noè perfekt den Sprint anzog für Danilos erhofften Etappensieg und die erste *maglia rosa* für Liquigas.

Danilo war überglücklich mit der Mannschaft und er war überglücklich mit mir. Ich verkaufte mich noch ebenso wie bei De Nardi, aber dies hier war anders. Hier war ich glücklich, hier konnte ich meine Fähigkeiten als Domestik im Dienste einer Mannschaft einbringen, die diese Fähigkeiten zu schätzen wusste. Danilo war als Radrennfahrer ein großer Champion, wenn auch als Typ ein wenig exzentrisch. Was mir aber besonders imponierte, war, dass ich als Person wertgeschätzt, angemessen entlohnt und als wichtiger Bestandteil des Teams angenommen und mir gedankt wurde. Ich war physisch in der Lage, Danilo in den Bergen, wenn es kritisch wurde und er mich brauchte, zur Seite zu stehen, und ich brachte auch den richtigen Charakter mit, um es drei Wochen mit ihm in einem Zimmer auszuhalten und dazu beizutragen, dass er sich wohlfühlte.

Wenn in den Medien versucht wird, die Rolle eines Domestiken zu beschreiben, entsteht oft das trügerische Bild vom gutmütigen Kerl, der gerne gute Taten vollbringt. Aber Domestiken sind keine barmherzigen Samariter, die einfach nur anderen helfen wollen. Richtige Domestiken sind genau solche ausgebufften Killer wie alle anderen auch. Sie handeln aus Professionalität. Es ist ein Job mit vielen Facetten und zahllosen Feinheiten, die zu beachten sind, und man muss, einfach ausgedrückt, schon verdammt gut sein, um ihn anständig zu erledigen.

Für das Publikum muss die Komplexität des Radsports oft eingedampft werden, damit er als kurzes Nachrichtenhäppchen oder reißerischer Bericht leicht verdaulich präsentiert werden kann. Die Zuschauer schalten den Fernseher ein und sehen die Domestiken einer Mannschaft an der Spitze des Feldes oder am Ende einer Ausreißergruppe fahren und nehmen an, es sei ein leichter Job. Was dem breiten Publikum in der Regel entgeht, sind die Anstrengungen, die diese Domestiken unternehmen mussten, um eine Rennsituation zu erzeugen, die es ihnen ermöglicht, ruhig vornweg zu fahren. Vielleicht hatte es schon zuvor zig Ausreißversuche gegeben, die allesamt gescheitert waren, weil die Gruppen an der Spitze aus irgendeinem Grund als zu gefährlich erachtet wurden, um sie gewähren zu lassen. Es kam vor, dass die Domestiken eine Stunde oder länger unter höchstem Einsatz jeglichen Fluchtversuch unterbinden mussten, bis sich schließlich eine Ausreißergruppe bildete, die harmlos genug war, dass man sie ziehen lassen konnte. Erst dann waren sie in der Lage, sich auf ein gleichmäßiges Tempo an der Spitze zu verlegen.

Aber ebenso wie die Medien waren auch schlechte Radsportler schuld daran, den Begriff des Domestiken entwertet zu haben. Wenn schwache Fahrer keinen Vertrag erhalten, versuchen sie ihre schlechten Leistungen häufig damit schönzureden, sie seien »in die Rolle eines Domestiken gedrängt worden« – so wie schlechte Handwerker ja auch gerne ihrem Werkzeug die Schuld für eine verpfuschte Arbeit in die Schuhe schieben. Aber ein Team beendet die Zusammenarbeit mit einem echten Domestiken nie, ohne einen guten Grund dafür zu haben. Trinkflaschen holen kann jeder, solange das Feld es auf den ersten hundert Kilometern im Rennen locker angehen lässt. Aber der wahre Wert eines Domestiken zeigt sich erst, wenn nur noch 20 Fahrer übrig sind, von denen jeder einzelne glaubt, gewinnen zu können, und man der Einzige ist, der für jemand anderen arbeitet. Dann ist ein echter Domestik unbezahlbar. Und genau das war ich damals. Ich war nicht aus Zufall Domestik oder weil ich nichts Besseres mit mir anzufangen wusste. Ich war ein fähiger Profi und ich war verdammt gut in meinem Job.

KAPITEL 10

MADRID

»Greg LeMond wartet immer noch ab ... anscheinend fehlt ihm der nötige Punch, denn er ist auf Robert Millar, der das ganze übrige Jahr hindurch sein Teamkollege ist, angewiesen, um vorne das Tempo zu machen. Die Loyalität gehört immer dem eigenen Rennstall, auch wenn eine Weltmeisterschaft eigentlich ein Wettstreit unter Nationen ist. Das ist auch der Grund, warum der Ire Sean Kelly nicht die Verfolgung der beiden Belgier an der Spitze aufnimmt, denn sie fahren beide in seiner Mannschaft.«

Aus Phil Liggetts Berichterstattung von
der letzten Runde der Straßen-WM 1990

»Hast du irgendwelche Pläne für Sonntag?«
»Nichts Besonderes ... die Strecke ist flach wie ein Brett ...«
»Wer ist dein Kapitän?«
»Hammond.«
»Ein Sprinter ... okay, dann ... na ja, wenn du ein bisschen was dazuverdienen willst, hätte ich einen Vorschlag, der uns beiden zugutekommt. Gib Bescheid, falls du Interesse hast.«

Ich hätte wissen müssen, dass mir die Straßen-WM mehr Ärger einbringen würde, als die Sache wert war. Als ich zwei Tage vor dem Rennen im Mannschaftshotel in der Nähe des Flughafens Madrid eintraf, sah ich mich einmal mehr mit einer Flut von Entscheidungen konfrontiert, die für meine weitere Karriere von Bedeutung sein sollten. Die Entscheidung, die ich nach dem erwähnten Telefonat, das ich zwei Abende vorher mit einem Mitglied der italienischen Mannschaft führte, letztlich traf, stellte sich zugegebenermaßen als eine denkbar schlechte heraus und sie würde mich für den Rest meiner Karriere verfolgen.

Ich war bereits eine Woche vor der WM einmal in Madrid gewesen, als ich die letzte Etappe meiner zweiten Vuelta a España absolvierte. Die Rundfahrt war wie immer ein elendig heißer Höllenritt quer durch Spanien gewesen. Ich schaffte es bis ins Ziel in Madrid, aber als ich am Flughafen saß und auf meinen Flieger nach Hause wartete, erhielt ich ziemlich verstörende Neuigkeiten. Ich bekam einen Anruf des sehr besorgten Aldo Sassi, der soeben von meiner Nominierung für die WM erfahren hatte. Da er meinen Körper besser kannte als jeder andere, stellte er ein paar recht beunruhigende Berechnungen an.

Nach einer großen Belastung wie der Vuelta ist es ganz normal, dass der Hämatokrit eines Fahrers sinkt, aber die Menge an roten Blutkörperchen im Körper verändert sich eigentlich gar nicht so sehr. Stattdessen ist es eine Frage der Hämokonzentration. Mein erschöpfter Körper würde sich im Laufe der nächsten Tage buchstäblich mit Wasser vollsaugen, um die Balance wiederherzustellen, wodurch sich die Zahl der roten Blutkörperchen scheinbar verringern würde. Aldo informierte mich verständig, dass ich nach ein paar Ruhetagen anfangen werde, »wie ein Rennpferd zu pinkeln«, und mein Hämatokrit daraufhin durchs Dach gehen dürfte. Nach einer dreiwöchigen Rundfahrt legte ich normalerweise eine längere Rennpause ein, und sollte Aldo mit seiner Prognose recht haben, würde ich bei der WM dank meiner hohen Blutwerte einen gigantischen Hämatokrit aufweisen.

Mir wurde bang ums Herz, als mir klar wurde, was das bedeutete. Da es damals noch keine Blutpässe gab, bestand die sehr reale Möglichkeit, dass ich trotz meiner Sondergenehmigung erneut bei einer Kontrolle der UCI durchfallen würde. Ich würde es auf gar keinen Fall noch einmal durchstehen, der Welt beweisen zu müssen, dass ich kein EPO nahm. Ich war erschöpft von der langen Saison, in der ich sowohl den Giro als auch die Vuelta gefahren war. Der Gedanke daran, mir diesen ganzen Stress anzutun, nur um bei einem Eintagesrennen auf brettflacher Strecke mitzumachen, erschien mir wenig zweckdienlich. Ich entschied, dass es die Sache nicht wert war. Ich würde nicht teilnehmen.

Noch während ich in der Abflughalle des Flughafens Madrid saß, rief ich John Herety an, den Manager der Nationalmannschaft, und erläuterte ihm, von ständigen Lautsprecheransagen unterbrochen, meine Lage und legte ihm nahe, auf mich zu verzichten. John verstand, riet mir aber, mit dem britischen Teamarzt Roger Palfreeman zu sprechen. Im Flughafen war es zu laut, um ein so wichtiges Gespräch zu führen, also wartete ich bis zu meiner Rückkehr nach Italien, bevor ich Dr. Palfreeman anrief, um auch ihm meine Situation zu schildern.

Die britische Mannschaft schien großen Wert darauf zu legen, dass ich dabei war. Da ich einer von nur sechs britischen Radprofis war, die auf dem europäischen Festland ihr Geld verdienten, waren sie nicht nur im Rennen auf mich angewiesen, sondern auch, um der Mannschaft Glaubwürdigkeit zu verleihen. Ich stand der Sache aber mehr als skeptisch gegenüber. Ich hatte zum damaligen Zeitpunkt einfach kein wirkliches Interesse daran, für die britische Nationalmannschaft an einer WM teilzunehmen. Ich war kein Vaterlandsverräter und mir war auch nicht daran gelegen, Westminster in die Luft zu sprengen oder den Union Jack zu verbrennen, aber ehrlich gesagt hegte ich aufgrund negativer Erfahrungen, die ich im Laufe der Jahre mit ihnen gemacht hatte, zwiespältige Gefühle für die Leute, die das nationale Radsportprogramm verantworteten.

Mein erster Wettbewerb für Großbritannien war die Junioren-WM 1995 in San Marino. Ich war damals schon ein verbissener Jungspund, der alles zu tun bereit war, um Radprofi zu werden, aber selbst mit meiner noch sehr begrenzten Erfahrung kam mir das Team wie ein ziemlich planloser Haufen vor. Die Briten waren zu dieser Zeit die Prügelknaben des europäischen Radsports: Sie waren unorganisiert, amateurhaft und so pleite, dass, als ein Fahrer sein Trikot als Souvenir behalten wollte, die Mannschaftsleitung einen Riesenaufstand wegen des fehlenden Kleitungsstücks machte und sämtliche Teammitglieder gezwungen wurden, ihre Koffer zu leeren.

Im Laufe der Jahre hatten sich gewisse Dinge im Verband verändert. Irgendein Schlaukopf schlug vor, das »Federation« aus dem Namen zu streichen und so wurde aus der »BCF« einfach »BC«. British Cycling war in vielerlei Hinsicht anders als sein Vorgänger. Sie hatten Geld und sie dominierten den Bahnradsport, aber ein paar Dinge waren wie gehabt, insbesondere die Einstellung des Verbands zum Straßenradsport.

Etwa ein Jahr bevor ich für die Rad-WM 2005 in Madrid nominiert wurde, war ich als Teil der britischen Mannschaft bei den Olympischen Spielen in Athen dabei gewesen. An sich eine tolle Sache: Mein Vater war 1980 bei den Spielen in Moskau für Finnland an den Start gegangen, es war also ein schöner Erfolg, es ihm gleichzutun. Aber wegen der totalen Gleichgültigkeit der Nationalmannschaft gegenüber dem Straßenrennen – weil wir für eine Medaille eh nicht in Frage kamen – kam mir das Ganze eher wie eine Kaffeefahrt vor. Ich traf in letzter Minute in Athen ein und schloss mich einem traurigen Haufen an, bestehend aus mir und einem anderen auf dem europäischen Festland ansässigen Profi, Roger Hammond, sowie zwei Fahrern, die in Großbritannien fuhren. Einer der beiden hatte in seinem ganzen Leben kein richtiges Straßenrennen gewonnen! Man hatte es nicht einmal für nötig befunden, den fünften Startplatz zu besetzen, und so gingen wir mit einer vierköpfigen Mannschaft an den Start. Es war ein Witz.

Aber das war typisch für die britische Nationalmannschaft. Beim Straßenrennen bei den Spielen in Sydney vier Jahre zuvor hatte man den Mountainbiker Nick Craig quasi *überreden* müssen, an den Start zu gehen, nachdem er schon den Mountainbike-Wettbewerb absolviert hatte. Und so bestritt einer der britischen Teilnehmer dieses nicht ganz unbedeutende Rennen mit MTB-Helm und -Schuhen.

In zähen Diskussionen gelang es Dr. Palfreeman und John schließlich doch noch, mich umzustimmen. Man versicherte mir, dass es angesichts meiner verbrieften Hämatokrit-Geschichte keine Wiederholung der leidigen Ereignisse von 2003 geben würde, und da der britische Verband frühzeitig informiert worden war, sorgte sich niemand um die möglichen Implikationen meiner hohen Blutwerte. Ich entspannte mich ein ganz klein wenig. Ich hatte zumindest die richtigen Leute verständigt, und sollte es Ärger geben, würden sie sich für mich einsetzen. Für mich stand fest, dass die Mannschaft mit mir besser dran wäre als ohne mich, und ich wollte nicht, dass in der Not irgendwelche Mountainbiker zwangsverpflichtet werden müssten. Der Entschluss, die Sache durchzuziehen, stellte sich als mein erster Fehler heraus.

* * *

Mir ging eine Menge durch den Kopf, als ich in Madrid eintraf. Ich hatte das Gefühl, dass die britische Mannschaft noch genauso auftrat, wie es in der Vergangenheit der Fall gewesen war. Anders als viele andere Fahrer, die den WCPP durchlaufen hatten, hatte ich keinerlei Beziehungen zum Verband aufrechterhalten. Schon bei meiner ersten WM als Profi, nur ein Jahr, nachdem ich in Verona meinen Vertrag unterzeichnet hatte, fühlte ich mich bereits von der Nationalmannschaft entfremdet. Die Situation verschlimmerte sich damals noch beim Rennen selbst, als es zu einem Disput zwischen Mapei und der britischen Mannschaft kam. Der Verband nämlich untersagte es, dass Mapei sein Logo auf meinem Trikot platzierte – was zwar offiziell ihr gutes Recht war, aber zu jener Zeit trotzdem allgemeines Kopfschütteln hervorrief. Mapei musste schließlich klein beigeben, und der Streit geriet bald in Vergessenheit, aber mir war die ganze Sache sehr, sehr unangenehm. Damals wurde mir der krasse Widerspruch bewusst zwischen der Profiwelt, in der ich mittlerweile lebte, und dem Amateurradsport, den das britische Team für mein Empfinden immer noch repräsentierte. Als die WM 2005 anstand, war ich in den zurückliegenden zwölf Monaten so sehr mit Liquigas beschäftigt gewesen, dass ich hinsichtlich der britischen Nationalannschaft überhaupt nicht mehr auf dem Laufenden war. Als ich eintraf, stellte ich fest, dass ich abgesehen von John Herety niemanden mehr aus dem Umfeld der Mannschaft kannte, und erneut fühlte ich mich angesichts eines Betreuerstabs, der aus fremden Gesichtern bestand, und eines Verbands, den ich nicht verstand, wie ein Außenseiter.

Mein Hämatokrit-Problem nagte immer noch an mir. Obwohl man mir das Gegenteil versichert hatte, war niemand vor Ort, den ich gut genug kannte oder von dem ich glaubte, dass er mir zu dem Thema einen wertvollen Rat geben könnte. Ich hatte mit John darüber gesprochen, aber in Wahrheit konnte ich mich sonst niemandem anvertrauen. Ich fühlte mich völlig fremd.

Aus meiner Sicht herrschte innerhalb der britischen Mannschaft eine seltsame und engstirnige Einstellung gegenüber den »Ausländern«, die für ihr Dafürhalten sowieso alle dopten – was, glaube ich, zum Teil nur eine Ausrede war, um Jahrzehnte unterirdischer Leistungen der britischen Nationalmannschaft schönzureden. Somit hatte ich das Gefühl, selbst ebenfalls unter Verdacht zu stehen, da ich ja nicht Teil ihres Systems war. Sogar dort, im Beisein der Mannschaft, spürte ich, wie die Distanz zwischen uns noch größer wurde.

Bis zum Abendessen, wo ich mit meinen Teamkollegen an einem großen runden Tisch saß und ihnen dabei zusah, wie sie Hotelnudeln und Brot verschlangen, fühlte ich mich schon unwohl genug, um mich zu fragen, was zum Teufel ich überhaupt dort machte.

Ich kehrte zurück auf mein Zimmer. Und dann klingelte das Telefon.

Ich kannte den Anrufer, aber er soll hier ungenannt bleiben. Es geht mir nicht darum, die Taten anderer zu erklären oder zu verdammen, sondern nur meine eigenen. Die folgende Schilderung dessen, was passiert ist, entspricht meiner Erinnerung an die Ereignisse – auch wenn sie sich nicht unbedingt mit dem deckt, wie es andere Leute erlebt haben wollen.

Das Gespräch verlief zunächst zwanglos und nicht weiter bemerkenswert. Wir plauderten eine Weile über dieses und jenes, während ich in einem

Sessel am Ende des Flurs lümmelte, um meinen Zimmergenossen Steve Cummings nicht mit meinem italienischen Geschwafel zu stören. Wir unterhielten uns darüber, wie die Vuelta gelaufen war, wie es um meine Form bestellt war und wie das britische Mannschaftshotel war. Kurz vor dem Ende der Unterhaltung aber fand der anfangs geschilderte Wortwechsel statt, nach dem ich das Gefühl hatte, mir wäre soeben versprochen worden, schon bald ein gemachter Mann zu sein – und in gewisser Weise war es ja auch so.

Die Frage, ob ich mich in der Lage fühle, jemand anderen als meinen Kapitän zu unterstützen, war weder unerwartet noch fehl am Platze. Solche Absprachen gab es bei Weltmeisterschaften seit Jahren. So gesehen war das Format des Rennens von vornherein schlecht durchdacht. Die WM ist das eine Rennen im Jahr, bei dem Fahrer für ihre Nationalmannschaften antreten statt für ihre Profirennställe, trotzdem darf der Sieger das Regenbogentrikot anschließend im Dienste des Teams tragen, das ihn bezahlt. Die WM in diesem Format auszutragen, hatte nur innerhalb des kurzen Zeitraums einen Sinn gehabt, als der Sport noch wesentlich kleiner war und die Profiteams nicht viele ausländische Fahrer beschäftigten: Die belgische Nationalmannschaft wurde aus den besten Fahrern belgischer Teams gebildet, die holländische Nationalmannschaft aus den besten Fahrern holländischer Teams und so weiter. Sobald Profirennställe damit anfingen, Fahrer aus zwölf verschiedenen Nationen zu verpflichten, hätte die Idee einer WM für Nationalteams hinfällig sein sollen, da es unter Profis zwangsläufig zu unklaren Konstellationen kommen würde. Aber nichts dergleichen geschah, und so wurde die Straßen-WM zu dem, was sie heute ist: ein Rennen, bei dem es angeblich um nationale Ehren geht, in Wirklichkeit aber ebenso wegen des Geldes gefahren wird wie bei allen anderen Rennen auch. Es gab eine Handvoll Fahrer, die für einen Sieg in Frage kamen, und dann gab es andere, aus kleineren Nationen, an die man sich hin und wieder wandte, wenn man ein wenig Unterstützung brauchte. Die Italiener waren mit Alessandro Petacchi als Kapitän angereist und dementsprechend auf eine Sprintentscheidung aus. Es war im Telefonat nicht angesprochen worden, aber mir war klar, dass sie Hilfe wollten, um das Rennen unter Kontrolle zu halten.

Ich kehrte mit einer Mischung aus Hochgefühl und Sorge aufs Zimmer zurück. Mir fiel ein, dass ich noch nicht mal nach dem Geld gefragt hatte. Ich wusste, dass es für meine Entscheidung keine Rolle spielte. Das Geld wäre ein schönes Zubrot, aber der eigentliche Erfolg war, überhaupt gefragt zu werden. Für mich persönlich war allein das eine tolle Sache, aber ich wusste, dass sie mich noch mehr von meinen britischen Teamkollegen entfremden würde, zumindest im Vorfeld und am Renntag selbst. Aber obwohl ich mir darüber im Klaren war, ging ich trotzdem davon aus, dass es unmöglich zum Problem werden könnte. Man hatte mir doch gesagt, dass British Cycling nun ganz darauf ausgerichtet wäre, den Fahrern über die Teilnahme an internationalen Titelkämpfen den Sprung ins Profigeschäft zu ermöglichen. Und für mich konnte diese kleine teamübergreifende Hilfe für die Italiener nun mal einen wichtigen Schritt darstellen, wollte ich mich im Profizirkus weiter als feste Größe etablieren. Der Anruf und das Angebot, das mir unterbreitet wurde, waren die Bestätigung dafür, dass man mich für zuverlässig und professionell hielt. Würde ich meine Aufgabe gut erledigen, würde ich in den Augen der besten Fahrer der Welt möglicherweise den Status eines der wichtigsten und wertvollsten Domestiken erlangen.

Als ich ins Bett ging, arbeitete mein Gehirn auf Hochtouren. Ich näherte mich einer Entscheidung, aber ich war mir noch unschlüssig. Warum sollte ich das Angebot, das auf dem Tisch lag, nicht annehmen? Ich musste nicht lange nachdenken, um zu erkennen, dass ich von den sechs Fahrern, die bei dem Rennen für Großbritannien an den Start gingen, der einzige war, für den es absolut nichts zu holen gab. Unser Kapitän Roger Hammond war gerade die Tour of Britain für die Nationalmannschaft gefahren und engagierte sich sehr für British Cycling. Steve Cummings und Bradley Wiggins gehörten der Bahnmannschaft an und wurden von BC bestens versorgt. Die beiden anderen Fahrer, Tom Southam und Robin Sharman, standen an einem Punkt ihrer Karriere, an dem sie schon allein von der Teilnahme an einem halbwegs erfolgreichen WM-Rennen profitieren würden. Für alle anderen Fahrer würde es sich also bezahlt machen, wenn wir uns gut aus der Affäre zogen, sei es durch eine Gehaltserhöhung, mehr Jobsicherheit oder dergleichen. Aber für mich nicht.

Während ich so dalag und grübelte, schlich sich noch etwas anderes in meine Gedanken. Ich wusste schon seit einer Weile, dass British Cycling seit Athen aktiv versuchte, ihre Fahrer in europäischen Rennställen unterzubringen, indem sie dafür bezahlten. British Cycling »sponserte« kleine Profiteams, die das Geld wiederum an die Fahrer zahlten, so wie reiche Onkel und Schwiegerväter versuchten, ihre Jungs in korrupten italienischen Mannschaften unterzubringen. Das war zwar schön und gut für die britischen Fahrer, die diese Chance erhielten, aber ziemlich schädlich für die paar anderen, die versuchten, außerhalb des Systems ihren Weg zu machen.

Profiteams halten immer Ausschau nach Möglichkeiten, ein paar Euro zu sparen. Tatsache war, dass Fahrer wie ich stets ganz am Ende der Hackordnung standen, wenn es darum ging, das Budget für die Gehälter zu verteilen. Die großen Stars bekamen den Löwenanteil, und der Rest wurde zwischen den Jungs aufgeteilt, die für Siege nicht in Frage kamen. Wenn ein Team also die Chance bekam, einen Fahrer – wenn auch vielleicht einen etwas schwächeren – zu verpflichten, ohne für sein Gehalt aufkommen zu müssen, würden sie das zweifellos in Erwägung ziehen. Wenn ich (oder ein anderer britischer Fahrer außerhalb des Systems) auf der Suche nach einem Arbeitgeber war, British Cycling aber anbot, seine Fahrer quasi umsonst arbeiten zu lassen, würden neun von zehn Rennställen tun, was ihnen Geld sparte. Indem sie ihre Schützlinge kostenlos feilboten, entwertete BC meiner Meinung nach die guten britischen Fahrer – eine Situation, gegen die man unmöglich bestehen konnte.

Nach allem, was ich getan hatte, um mich im europäischen Profiradsport durchzusetzen, nahm mir British Cycling einen der wenigen natürlichen Vorteile, die ich als Sportler hatte – die Tatsache, dass ich Brite war. So lächerlich es klingen mag, aber Brite zu sein, war für mich durchaus von Nutzen. Es kam nämlich vor, dass ein Sponsor irgendwelche Verbindungen zu Großbritannien besaß, und dann konnte es nicht schaden, einen britischen Fahrer im Stall zu haben.

* * *

Am nächsten Morgen versammelte sich die Mannschaft nach dem Frühstück zur ersten gemeinsamen Trainingsfahrt. Als wir vom Hotel aus ins trockene Hinterland rund um den Flughafen aufbrachen, nutzte ich die Gelegenheit, um ein wenig die Lage zu checken. Es war ein heller, windiger Tag, und während wir dahingondelten, die Beine lockerten und plauderten, fuhr ich an die Seite unseres Kapitäns Roger Hammond. Ich kannte Roger seit 1997, als er für kurze Zeit für Vendée U gefahren war. Roger war etwas älter als ich, und da er den Großteil seiner Karriere in Belgien verbracht hatte, waren wir uns nicht oft über den Weg gelaufen. Aber ich kannte Roger und wusste, dass er schon lange Profi war. Er wusste ohne Zweifel, wie der Hase lief und was von ihm als Kapitän erwartet wurde.

Während wir so dahinrollten, fragte ich Roger nach seiner Form und machte ein wenig Small Talk, bevor ich ihn ganz direkt fragte, ob er für das Rennen irgendwelche Prämien in Aussicht hätte. Er antwortete, dass es von seinem Rennstall eine recht stattliche Siegprämie gäbe (eine übliche Zulage bei einem Team dieses Formats). Ich ging davon aus, dass Roger ebenso gut wie ich wusste, dass von Seiten des britischen Radsportverbands nichts zu erwarten war.

Schon damals in Athen, wo Roger ebenfalls unser Kapitän war, hatte ich, nachdem ich von verschiedenen Leuten in der Sache beraten worden war, die Frage nach leistungsbezogenen Prämien angesprochen. So wie ich es sah, und fast alle anderen Profis auch, bedeutete der Sonderstatus von Olympischen Spielen und Weltmeisterschaften als Rennen für Nationalmannschaften, dass man an diesen Tagen seinen Job machte, ohne direkt dafür bezahlt zu werden. Im Straßenradsport war es üblich, dass es für Starts im Nationaltrikot keine Antrittsprämie vom Verband gab (so wie zum Beispiel Fußballer sie kassieren, wenn sie für ihre Nationalelf auflaufen). Aber ebenso üblich war es, dass zumindest ein Prämiensystem existierte, um Fahrer hinterher für gute Arbeit und gute Ergebnisse zu entlohnen.

Solange man Amateur ist, reicht es, wenn Flug und Hotel bezahlt werden und man teilnehmen darf. Ich war aber kein Amateur mehr. Ich war *Profi*, und man erwartete von mir, ein Rennen zugunsten eines anderen Fahrers zu opfern. In Athen war es schön und gut, Roger Hammond um der Ehre der Nation willen im Kampf um eine Medaille zu unterstützen, statt mein eigenes Rennen zu fahren und selbst um Edelmetall zu kämpfen; aber nach den Spielen wäre Roger derjenige, der finanziell und persönlich von seinem Erfolg profitieren würde. Als ich vor dem Straßenrennen in Athen eine meiner Meinung nach für einen Profisportler völlig normale Frage stellte, wurde ich von den übrigen Fahrern und den Betreuern ausgelacht. Für wen ich mich denn hielte, Geld dafür zu verlangen, für Großbritannien starten zu dürfen? Man gab mir deutlich zu verstehen, dass man von mir erwartete, alles, was ich im britischen Nationaltrikot machte, umsonst zu tun – und wenn dies bedeuten würde, die Karriere eines Fahrers voranzubringen, der das ganze Jahr über für einen anderen Rennstall fuhr.

* * *

In Madrid ging ich davon aus, dass Roger sich darüber im Klaren wäre, seinen Teamkollegen einen Anteil an seiner Prämie in Aussicht stellen zu müssen, wollte er sich wirklich Chancen auf einen Sieg ausrechnen. So wie ich es sah, war das der Grund, warum Prämien überhaupt ausgelobt wurden. Sie dienten als Anreiz, nicht nur für den Kapitän, sondern auch, damit er etwas hätte, um seine Helfer zu motivieren, sich mächtig für ihn ins Zeug zu legen.

Rogers Reaktion konnte für mein Empfinden nur eins von zwei Dingen bedeuten: Entweder erwartete er von uns, uns ohne Gegenleistung in seinen Dienst zu stellen und ihm Lorbeeren und Geld zu überlassen, oder aber er glaubte selbst nicht daran, das Rennen gewinnen zu können.

Während wir weiterfuhren, ließ ich nicht locker. Ich weiß nicht, inwieweit Roger sich an das Gespräch erinnert, aber ich entsinne mich, ihm gesagt zu haben: »Mir liegt ein Angebot vor, eventuell ein bisschen für jemand anderen zu arbeiten … sollte sich die Gelegenheit ergeben.« Ich sprach mit Roger so offen darüber, weil ich es für die professionelle Herangehensweise an diese Angelegenheit hielt.

Bis zum Ende der Fahrt war mein Entschluss so gut wie gefasst. Bevor ich meinen italienischen »Freund« zurückrufen und ihm mitteilen könnte, dass ich dabei sein würde, gab es aber noch ein paar Dinge zu erledigen.

Ich wollte Roger in Kenntnis setzen und auch die restliche britische Mannschaft. Was auch immer die Leute über mich denken mochten, ich war weder ein kompletter Vollidiot noch ein gewissenloser Söldner. Ich war lediglich dabei, eine professionelle Entscheidung zu treffen, und ging dabei so offen wie möglich vor. Am Nachmittag suchte ich deshalb John Herety in seinem Zimmer auf, um seine Meinung einzuholen.

Es war nichts Ungewöhnliches daran, dass ich (oder ein anderer Fahrer) an Johns Tür klopfte. John engagierte sich seit langem für die Nationalmannschaft und war für die Fahrer stets erreichbar. Ich klopfte an, und John rief mich über den Lärm von Ryan Adams' »Alternative Country«, das aus seinen blechernen Computer-Lautsprechern dröhnte, hinweg herein. Ich trat ein, aber das Zimmer war leer. Ich fand John bei der Rasur im Bad vor, und da wir uns gut genug kannten, nahm ich auf dem Badewannenrand Platz. John rasierte sich weiter. Er hatte mich in meinen letzten Jahren als U23-Fahrer betreut und war in meiner ganzen Zeit als Profi meine einzige echte Verbindung zu British Cycling. Wann immer ich für die Nationalmannschaft nominiert wurde, war es John, der mich anrief, und wann immer ich jemanden von British Cycling erreichen wollte, wandte ich mich an ihn. Für mich war es einleuchtend, ganz offen mit ihm zu sprechen, denn da er früher selbst als Profi gefahren war, wusste er, dass man die richtigen Leute kennen musste, um im Geschäft zu bleiben.

»John. Was meinst du, wie sieht's aus am Sonntag?«

Ich wusste nicht, ob er bereits ahnte, worauf ich hinauswollte, aber ich ließ ihm keine Zeit zu antworten.

»Die Sache ist die, dass ich ein Angebot habe, ein bisschen für jemand anderen zu arbeiten.«

Ich sah im Spiegel, wie er seinen Blick jäh auf mich richtete. Sein Gesicht spannte sich kaum merklich an. Er sagte gar nichts.

Seinem Blick ausweichend redete ich rasch weiter, um das Gespräch am Laufen zu halten.

»Nichts Dramatisches, ich habe gar nicht die Beine, um bis zum Schluss dabei zu sein, und ich schätze, wir wissen beide, wie das Rennen auf dem Kurs laufen wird.«

John schaute mich weiter an, sagte aber nach wie vor kein Wort. Ich war konsterniert. Ich hatte nicht erwartet, dass er mir auf die Schulter klopfen würde, aber ich dachte, dass wenigstens er sich für mich freuen würde. Er war mit mir bei unzähligen Weltmeisterschaften gewesen, bei denen wir von den Italienern vorgeführt worden waren – so war es eben im Radsport –, und er wusste, welche Rolle diese Fahrer in meinem Leben spielten.

Ich begann zu fürchten, dass er nein sagen würde; dass er sagen würde, es sei eine totale Schnapsidee. Aber das tat er nicht. Was ich damals nicht begriff, war, dass er ganz einfach nicht konnte. Im Nachhinein verstehe ich, dass sich unser Verhältnis von seiner Seite aus damals veränderte: Ich war schon viel länger Profi und auch erfolgreicher, als er es jemals gewesen war. Aus diesem Grund und weil er wusste, wie eine WM ablief, konnte er nicht einfach »nein« zu mir sagen. Aber gleichzeitig wusste er, dass sich das britische Team gewandelt hatte und längst nicht mehr der amateurhafte Sauhaufen war, für den ich es immer noch hielt. Er ahnte, dass es zu einem möglichen Problem werden könnte. Ich ließ die Unterhaltung versanden. Und John verlegte sich auf die Taktik, die er für die beste hielt, um sowohl vor mir als auch vor British Cycling das Gesicht zu wahren: Er sagte einfach gar nichts.

Ich verließ Johns Zimmer und ging auf den Hotelflur zurück. Als Radrennfahrer gewöhnt man sich an Hotelflure, an das Rascheln der Trainingsanzüge und die gedämpften Unterhaltungen, die aus den offenen Türen dringen, während Fahrer ihre nachmittägliche Massage bekommen. Da Johns Reaktion nicht ausgereicht hatte, um mich von meinem Vorhaben abzubringen, hatte ich nun Klarheit: Es gab nur noch eines zu erledigen, bevor ich den Anruf tätigte. Ich wollte sicherstellen, dass sich die Sache auch wirklich lohnen würde, also beschloss ich, ein wenig meinen Einfluss geltend zu machen, um noch einem anderen britischen Fahrer unter die Arme zu greifen.

Tom Southam war ein junger englischer Profi, den ich Jahre zuvor durch Mike Taylor kennengelernt hatte. Mit Mike lief es wie in einer Familie: Wenn man als junger Fahrer andeutete, dass man die Mühe wert wäre, stellte er den Kontakt zu anderen Fahrern her, die sich im Ausland durchgesetzt hatten. In einer Zeit, in der niemand von British Cycling nennenswerte Verbindungen zur europäischen Radsportszene unterhielt, waren solche Kontakte unbezahlbar. Als Tom nach Italien kam, um für eine italienische Mannschaft zu fahren, war es für mich also selbstverständlich, ihn unter meine Fittiche zu nehmen.

Tom war in einer kleinen italienischen Mannschaft untergekommen. Er war ein starker Fahrer, der eine ordentliche Portion Talent mitbrachte. Mir fiel gleich auf, dass er mindestens so gut, wenn nicht gar besser war als viele italienische Fahrer, die es sehr viel leichter hatten als er. Aber als Engländer in einem italienischen System würde er im Laufe seiner Karriere eine Menge Dreck schlucken müssen – und ich wusste genau, wie sich das anfühlte. Ich wollte ihm helfen, also hatte ich in der Vorsaison auf die einzige Weise damit angefangen, die ich kannte: Ich nahm ihn bei mir in Varese auf und stellte ihm die richtigen Leute vor. Ich nahm ihn zum Training in meiner Gruppe mit und erklärte ihm, wo es langging. Wir kamen gut miteinander klar, und als zwei von nur drei britischen Profis in Italien sahen wir uns ziemlich häufig bei Wettkämpfen.

Ihn in Madrid mit ins Boot zu holen, würde für einen Fahrer wie ihn einen großen Schritt in die richtigen Kreise bedeuten. Ich nahm einen Umweg an seinem Zimmer vorbei und klopfte an seine Tür. Sein

Zimmergenosse war bei der Massage, also kam ich gleich zur Sache. Tom wollte sich als zuverlässiger Fahrer einen Namen machen und begriff sofort die Tragweite der Offerte. Für ihn war sie ein Geschenk des Himmels, die Chance, sich bei den Fahrern ins Gespräch zu bringen, denen er eines Tages zeigen wollte, was sie an ihm hatten. Er stimmte ohne lange zu überlegen zu, und damit war die Sache geritzt.

Ich tätigte den Anruf.

Diesmal war es ein noch kürzeres Gespräch. Ich fragte, ob noch mehr Hilfe gebraucht werde und die Antwort lautete ja. Ich brachte Tom ins Spiel und im Gegenzug erfuhr ich, was von uns erwartet würde und was wir dafür bekämen.

»Wenn die ersten Ausreißer weg sind, brauchen wir ein wenig Hilfe, um die Verfolgung anzuleiern, damit der Abstand auf den ersten hundert Kilometern unter zehn Minuten bleibt. Dafür gibt es 2.500 Euro pro Nase.« Ich willigte ein, und damit war die Sache erledigt. Ich hatte mein Land für 2.500 Euro verraten. Aber hatte ich das tatsächlich?

Zweieinhalbtausend Euro sind im Radsport nicht viel Geld, aber die Summe überraschte mich keineswegs. Die Rolle, die wir im Rennen spielen sollten, war trivial und kaum der Rede wert, und genau das spiegelte der Geldbetrag wider. Eigentlich war es nur eine symbolische Zahlung, mehr nicht. Ich wusste, dass ich mir nach dem Rennen keinen Swimmingpool bauen oder einen Maserati kaufen würde. Natürlich kommt es darauf an, wie man die Dinge betrachtet: 2.500 Euro waren nicht viel, um dafür die Loyalität zu meinem Land zu verkaufen, aber von dieser Warte aus betrachtete ich die Sache überhaupt nicht. Aus meiner Sicht fällte ich eine Entscheidung, die mir unter meinen Kollegen die Reputation und den Respekt verschaffen würde, die mir in meiner Karriere als Profi in Italien von unschätzbarem Nutzen wären.

Die Tatsache, dass ich am fraglichen Tag ein britisches Trikot trüge, war ein zweischneidiges Schwert. Ich hatte das Gefühl, bei der WM einerseits mein Land zu vertreten, andererseits aber auch gewissermaßen meinen Status als Radprofi im internationalen Peloton. Ich hatte seit vielen Jahren mit dem britischen Radsportprogramm zu tun, aber seitdem es Fördermittel der staatlichen Lotterie erhielt, glich es eher einem Unternehmen, das unter der dem Banner der Nationalflagge Geschäfte machte.

Mein Großbritannien, das Land, an das ich glaubte, und die Nationalmannschaft, die zu vertreten ich stolz gewesen wäre, hatte damit nicht viel gemein. Mittlerweile war jeder, den ich bei British Cycling gekannt hatte, durch die neue Verbandsführung entweder gefeuert oder aufs Abstellgleis abgeschoben worden. Wenn die Leute Stolz und Loyalität von mir wollten und den ganzen anderen Kram, der zum Patriotismus dazugehörte, dann müssten sie schon ein bisschen mehr tun, als auf die Flagge auf ihren T-Shirts zu verweisen.

Sportlern wird häufig abverlangt, ihre Leistungen als patriotischen Akt zu verkaufen, als eine Art Dienst an der Öffentlichkeit. Gewiss gibt es eine Menge patriotischer Sportler da draußen, aber ich glaube nicht, dass ihre Gedanken in erster Linie dem Union Jack gelten, wenn es hart auf hart kommt. Aber das darf man natürlich nicht laut sagen, ohne Gefahr zu laufen, von Fans und Medien ans Kreuz genagelt zu werden. Als Amateur hatte es mir noch eine Menge bedeutet, für mein Land zu starten, aber als Profi hatte sich das geändert. Als ich meinen Entschluss fasste, war ich einfach nur ehrlich mir gegenüber: Ich fuhr bei dieser WM nicht für Großbritannien, ich fuhr für mich selbst und für meine Zukunft. Falls dabei etwas für Großbritannien und British Cycling herausspränge, wäre das sicherlich schön (meine Medaille bei den Europameisterschaften im ersten Jahr seines Bestehens hatte dem WCPP sicherlich nicht geschadet), aber ich hatte nicht vor, mich selbst zu belügen. Ich wäre auch in Zukunft auf die Leute angewiesen, die mir diese Chance verschafft hatten – die Italiener –, und ehrlich gesagt konnte ich die Kohle ganz gut für eine neue Küche gebrauchen. Das war meine Motivation: ein sicherer Arbeitsplatz und mein Privatleben.

Ich hatte die Italiener zurückgerufen, und damit gab es kein Zurück mehr, aber eigentlich war das Ganze ziemlich unspektakulär. Ebenso wie für Fahrer, die anfangen zu dopen, war die Entscheidung weder quälend noch schwierig, es war einfach die Lebenswirklichkeit für einen Radrennfahrer wie mich.

* * *

Nachdem ich den Rückruf erledigt hatte, verging die Zeit mit den Vorbereitungen auf das Rennen wie im Flug. Am Wettkampfmorgen aber hatte ich ein komisches Gefühl im Bauch. Zu meiner Erleichterung stand mir keine Dopingkontrolle bevor, was mich hätte beruhigen sollen, aber tief in mir drinnen fühlte ich mich unwohl, weil ich etwas wusste, was die anderen Fahrer nicht wussten. Als wir eine Stunde vor dem Rennen an der Strecke eintrafen, schwang ich mich auf mein Rad und fuhr die etwa 500 Meter bis zum Start, um mich einzuschreiben. Dort traf ich den Fahrer aus der italienischen Mannschaft, der im Rennen alles regeln würde. Nachdem wir unsere Namen in die Startliste eingetragen hatten, schaute er mich auf dem Weg zurück zu unseren Rädern an. »Wenn ich Bescheid sage, legst du los, okay?«, sagte er leise. Ich sah in sein gelassen lächelndes Gesicht. Es war keine dramatische Szene wie aus einem Film. Ich fühlte mich nicht wie ein Boxer, der angewiesen wird, auf die Bretter zu gehen. Ich war nur jemand, dem von einem Bekannten ein Stück vom großen Radsportkuchen zugeschustert wurde. Ich sagte: »Okay.«

Sobald es losging, nahmen die Dinge genau den Verlauf, den man von einem flachen Eintagesrennen bei den Profis erwarten würde. Drei unbekannte Fahrer starteten eine aussichtslose Attacke, während das Feld im morgendlichen Sonnenlicht um die Wette gähnte. Bis Ende der vierten Runde hatten die Ausreißer einen Vorsprung von zehn Minuten herausgefahren, und als wir um die Kurven zwischen den Hochhäusern am Ende des Kurses steuerten, kam die Order. Das Hellblau des italienischen Trikots tauchte neben mir auf. »Kannst du fahren? Nur *regolare*? Nicht nötig, großen Schaden anzurichten.« Es war keine Aufforderung – es war eine Frage.

Ich nickte und konnte mein Glück kaum fassen. Bis dahin hatte ein kleiner Teil von mir befürchtet, das Rennen könne einen anderen Verlauf nehmen und man würde von mir verlangen, etwas anderes zu machen, als vorab abgesprochen war. Als ich mich durch das Feld nach vorn arbeitete, um vorne das Tempo zu machen, wusste ich, dass ich Roger Hammond damit nicht schadete. Der Plan des britischen Teams war es, für Roger einen Sprint anzuziehen, ich war aber nicht sein Anfahrer und ich hatte auch nicht die Beine, um im Finale eines 270 Kilometer langen Rennens auf flacher Strecke noch eine Rolle zu spielen. Indem ich jetzt die Initiative ergriff, würde ich zumindest einen konstruktiven Einfluss auf das Renngeschehen genommen haben. Ich entdeckte Tom, der sich weiter vorne aufgehalten hatte, und signalisierte ihm mit einem Nicken, dass es an der Zeit war, sich an die Arbeit zu machen. Wir setzten uns vor das Feld, und ich legte los. Zum ersten Mal an diesem Tag lag die Straße frei vor mir, und ich erhöhte langsam das Tempo von 32 auf 37 km/h und pendelte mich dabei ein. »In ein paar Stunden«, dachte ich, »kann ich vom Rad steigen, mich duschen und mir dann in aller Ruhe das Finale anschauen.« Sollte Roger gute Beine haben, wäre er dann vorne mit dabei, und sofern die Italiener in der Lage wären, ihren Mann Alessandro Petacchi ins Spiel zu bringen, wären sie auch mit mir zufrieden. Auftrag erledigt.

Als das konstante Tempo den Vorsprung der Ausreißer allmählich schmelzen ließ und wir das komplette Feld (darunter Roger Hammond, der drei Teamkollegen bei sich hatte) wieder heranführten, merkte ich, dass etwas nicht stimmte. Bevor wir den Wendepunkt am Ziel erreichten, sah ich, dass die britischen Betreuer ihre Boxen verlassen hatten und angespannt das Geschehen verfolgten. Zu meiner Verwunderung schienen sie nicht zu begreifen, was vor sich ging. Stattdessen machte sich Panik unter ihnen breit.

Während ich weiterbolzte, gingen mir alle möglichen Gedanken durch den Kopf. Der Teamfunk blieb stumm, aber selbst wenn die Order gekommen wäre, es gut sein zu lassen, wäre es zu spät gewesen. Jedes Mal, wenn ich die Boxengasse passierte, überkam mich ein ungutes Gefühl. Dort ging einiges vor sich, aber es verhieß nichts Gutes. Ich erblickte meinen alten Freund Rod Ellingworth. Er sah mich an wie ein Mann, der weiß, dass meine Freundin jemand anderen bumst, und ahnte, dass ich sie gleich in flagranti erwischen würde. Seine Miene sagte: »Geh da nicht rein«, aber ich war schon mittendrin. Ich war geradewegs ins Schlamassel hineingewatet. Ich vergrub meine Gedanken in meiner Arbeit an der Spitze des Feldes.

Was mir außer der Unruhe in unserem Boxenbereich auffiel, war die Zahl der Presse- und TV-Vertreter, die dort plötzlich herumhingen. Als ich ein paar Tage vorher gehört hatte, dass das Rennen erstmals in voller Länge übertragen würde, hatte ich dem kaum Aufmerksamkeit geschenkt. Das hätte ich aber tun sollen. Was ich für eine vollkommen belanglose Randnotiz hielt, machte letztlich einen gewaltigen Unterschied. Dass die Übertragung des Rennens so früh begann, bedeutete nichts anderes, als dass die Rolle, die ich spielte, live im Fernsehen zu sehen war. Normalerweise wurden die ersten, zumeist noch völlig uninteressanten Runden nicht gezeigt, aber nun schauten eine Menge Leute zu, und sie alle – Kommentatoren, Journalisten und Fans – brauchten etwas, über das sie reden konnten. Und ich war dabei, ihnen mehr als genug Gesprächsstoff zu liefern: Warum zum Teufel nahm ausgerechnet die britische Mannschaft die Verfolgung auf?

Das war nur deswegen eine gute Frage, weil die Mannschaft so schlecht war. Es gab einfach keinen vernünftigen Grund dafür, dass zwei britische Fahrer bei einem WM-Rennen vorne das Tempo machten. Bis dahin hatte die britische Mannschaft noch nie gewagt, sich bei einer Straßenweltmeisterschaft vorne blicken zu lassen. Die Chancen der Mannschaft wurden selbst von der britischen Presse als bestenfalls minimal eingestuft. Nach ein paar Stunden stieg ich wie geplant aus und schlich mich hinter die Boxen und in unseren Bus, um mich umzuziehen. Während das Feld weiter seine Kreise zog und ich im Bus saß, kamen die Betreuer einer nach dem anderen herein, um einen Blick auf mich, den ungezogenen Rotzbengel, zu werfen. Inzwischen dämmerte mir, dass ich für etwas, das ich für vollkommen belanglos gehalten hatte, zur Rechenschaft gezogen würde. Mir war klar, dass sich die Medien wie die Geier auf die Geschichte stürzen und so schnell nicht wieder locker lassen würden. Roger Hammond schaffte es nicht in die Gruppe der 27 Fahrer, die das Rennen schließlich unter sich ausmachten. Er wurde 14. im Sprint des Feldes und belegte somit den 41. Platz. Sobald er vom Rad stieg, hielt man ihm ein Mikro unter die Nase. Er hatte gerade erst das Rennen beendet und wusste vermutlich am allerwenigsten, was sich zusammengebraut hatte. Er pflichtete einem Journalisten bei, dass es wohl nicht in unserem besten Interesse gelegen habe, vorneweg zu fahren, und sobald er das gesagt hatte, waren wir das große Thema. Plötzlich gab es etwas, über das die britische Presse im Anschluss an dieses für das britische Team ansonsten recht ereignisarme WM-Rennen berichten konnte.

Nach dem Rennen quetschten wir uns in die Teamwagen und machten uns auf den Rückweg zum Hotel. Inzwischen waren die Straßen von Zuschauern überlaufen, und ich sah sie durchs Fenster an, während wir uns langsam den Weg durch die Menge bahnten. Die spanischen Fans jubelten Alejandro Valverde zu, die Franzosen schwenkten ihre Fähnchen, und die berauschten Belgier feierten den Sieg von Tom Boonen. Ich musste daran denken, dass fast ein ganzes Radrennen stattgefunden hatte, nachdem ich ausgestiegen war. Das Rennen hatte den erwarteten Verlauf genommen. Lediglich im britischen Lager herrschte eine Stimmung, als wäre die Welt untergegangen. Ich tat die ganze Geschichte mit einem Achselzucken ab. Für mich war die Verurteilung durch die britische Entourage nur ein weiterer Beleg dafür war, wie wenig sie von der Welt, in der ich lebte, verstanden, und ich schwor mir, die Sache einfach abzuhaken.

Aber stattdessen wurde alles noch schlimmer und unerträglicher. Ich würde erst am nächsten Tag heimfliegen und müsste somit noch einen Abend im Mannschaftshotel verbringen, noch einen Tag im Kreise der Betreuer und Kollegen im T-Shirt der britischen Nationalmannschaft herumlaufen.

Abends unterhielt ich mich mit Tom auf einem der Sofas auf der Galerie. Wir warteten auf die anderen Fahrer, um gemeinsam zum Abendessen zu gehen. Die meisten Betreuer aus dem Stab der britischen Mannschaft waren im Speisesaal, und während wir dort warteten, kam einer der Trainer vorbei, mit dem ich nie wirklich etwas zu tun gehabt und der kaum je ein Wort mit mir gesprochen hatte. Als er uns sah, blitzten seine Augen auf vor Vergnügen.

»'n Abend, die Herren.«

Er schien sich diebisch zu freuen, die beiden Rotzbengel zusammen erwischt zu haben, und bekam das Grinsen gar nicht mehr aus der Visage. Er kicherte beinahe vor lauter Aufregung. Es war, als hätten sie jetzt endlich den Beweis für das, was manche von ihnen schon immer geahnt hatten: dass ich, der »Ausländer« die Ehre des Sports beschmutzte; dass auch ich in Italien zu einem der Fahrer geworden wäre, die schamlos betrogen, um es nach oben zu schaffen. Einmal mehr hatte ich das Gefühl, dass die Leute bei British Cycling sich mit der Vorstellung trösteten, dass alle anderen schummeln mussten, um besser zu sein als sie, und auch ich nur erfolgreich sein könnte, weil ich bestimmt Dreck am Stecken hätte.

* * *

Ich kehrte heim nach Italien und aß mit meinen italienischen Freunden zu Abend. Sie kamen aus einer Kultur, die den Radsport verstand, und zeigten sich von der ganzen Affäre gänzlich unbeeindruckt, als ich ihnen davon erzählte. In den Tagen danach erwähnte ich es ein paar Mal beiläufig beim Training mit der Gruppe oder abends unter Freunden, und sie alle lachten nur darüber. Die Reaktion war immer die gleiche: »Es ist die WM! Wofür sollte man da sonst hinfahren?« Ich tröstete mich mit dem Gedanken, dass Roger nie eine echte Chance auf den Sieg hatte und dass das, was ich getan hatte, keinerlei Auswirkungen auf das Endergebnis hatte.

Dennoch spürte ich, wie sich in mir Unbehagen breitmachte. Mein Handy summte in einer Tour von den Anrufen zunehmend genervter Radsportjournalisten. Ich glaubte, es wäre das Beste, einfach mit niemandem zu sprechen. Daran hielt ich hartnäckig fest, denn es erschien mir aussichtslos, die Sache auf einer halben Seite eines Wochenmagazins mal eben geradebiegen zu wollen. Wie hätte ich meine Lage denn auch erklären können? Mein ganzes Leben stand auf dem Prüfstand, und ich hätte meine ganze Existenz als Radprofi aufs Spiel gesetzt, hätte ich mit dem Finger auf die Leute gezeigt, die mir die Chance gegeben hatten.

Die Situation wurde immer unangenehmer. Als ich ein paar Tage später im Internet meinen Namen eingab, stieß ich auf eine ganze Flut an bitterbösen Kommentaren und wilden Spekulationen darüber, was ich im Schilde geführt hatte. Das machte mich erst einmal stutzig – zu diesem Zeitpunkt hätte unmöglich jemand über die wahren Hintergründe Bescheid wissen können. Aber mir wurde bald klar, das schleunigst etwas unternommen werden musste, um die wütende Presse und Öffentlichkeit zu besänftigen. Während die Leute redeten und murrten, überlegte ich, dass es im Verband doch irgendwo irgendjemanden geben müsste, der verstand, warum ich es getan hatte und was dahintersteckte. Das britische Team arbeitete damals eifrig am Comeback von David Millar, der wieder im Training war, nachdem er seine Dopingsperre abgesessen hatte. David war wegen des Gebrauchs von EPO aufgeflogen, das er genommen hatte, um *im Trikot der britischen Mannschaft* die Zeitfahr-WM *zu gewinnen*. Was ich getan hatte, nahm sich dagegen so harmlos und so unbedeutend aus, dass ich wirklich dachte, die Leute würden verstehen, was vor sich ging. Aber inzwischen herrschten wohl andere Regeln, ohne dass ich davon etwas geahnt hätte. Insgeheim wusste ich, dass ich eine falsche Entscheidung getroffen hatte, aber was mich so verdutzte, war, dass keiner von den Leuten, die von sich behaupteten, die Welt des Profiradsports zu verstehen, einen Mucks machte, um mir beizustehen oder sich in meine Lage zu versetzen. Stattdessen schien British Cycling eine andere Agenda zu haben und nutzte die Gelegenheit, um wieder mal ein paar Köpfe rollen zu lassen.

Nachdem ich mein Telefon fast eine Woche lang ignoriert hatte, meldete sich eine mir wohlbekannte Nummer und ich hob ab.

»John, wie geht's?«

»Nicht so gut, Kumpel ...« John Herety klang müde und angespannt. »Das entwickelt sich alles zu einer ziemlich ernsten Angelegenheit. Sieht echt düster aus. Tut mir leid, aber ich werde die Wahrheit darüber sagen müssen, was passiert ist.«

Das ganze Rennen hindurch hatte John es abgelehnt, uns zum Aufhören aufzufordern. Er wusste so gut wie wir, dass es beruflicher Selbstmord gewesen wäre. Er wusste, warum wir vorneweg fuhren, und ich ging davon aus, dass er es als seine Aufgabe sah, britischen Fahrern so gut es eben ging dabei zu helfen, sich im europäischen Profiradsport durchzusetzen.

Ich stellte die Frage, vor deren Antwort mir angst und bange war: »Verflucht, John, kommst wenigstens du einigermaßen aus der Sache raus?«

»Sieht nicht gut aus.«

Als John das sagte, war es, als hätte man mir in den Magen geboxt. Mir blieb die Luft weg. Ich rang nach Atem und den richtigen Worten. Ich erinnerte mich an dieses bange Gefühl, das ich schon in Madrid gehabt hatte, aber dort noch ignorieren konnte oder wollte. Bei British Cycling ging es inzwischen ums große Geld, und die Leute legten sich mächtig ins Zeug, um im Verband nach oben zu kommen. BC brachte es fertig, von einer großen Meisterschaft zur nächsten einen kompletten Kurswechsel vorzunehmen und ganz nebenbei ein paar Jobs zu streichen. Selbst mit meinen begrenzten Erfahrungen mit dem Team hatte ich das schon oft genug erlebt und vor allem in Madrid hatte ich trotz meiner distanzierten Haltung bemerkt, dass die Stimmung innerhalb des Verbands alles andere als harmonisch war. Für mich war das alles Politik und Cliquenwirtschaft; die Sorte von Umfeld, in dem die Leute, um ihre eigenen Ärsche zu retten, sofort auf Distanz zu jemandem gingen, sobald sie Wind davon bekamen, dass er in Ungnade gefallen war.

In Madrid war mir nicht entgangen, dass es inzwischen John war, der im Regen zu stehen schien. Was mir bei der WM noch nicht so klar war, anschließend aber rasch deutlich wurde, war, dass John wohl nicht so ganz ins Konzept von BC passte. Er leistete gute Arbeit, sie könnten ihn unter normalen Umständen nicht einfach schassen. Nun aber hatte ich ihnen ungewollt die perfekte Ausrede für seinen Rauswurf geliefert. Ich konnte mir gut vorstellen, wie die Leute, die sich in Madrid über John beklagt hatten, jetzt freudig die Hände rieben, und es widerte mich an, dass ich ihnen das ermöglicht hatte.

Ich legte niedergeschlagen und mit sorgenvoller Miene auf. Ich wusste nicht, welche Strafe mich erwartete, aber ich ahnte, dass sie nicht lange auf sich warten ließe. Ein paar Tage später, als ich in meinem VW Golf durch die Stadt fuhr, um Dario Andriotto zu besuchen, rief John erneut an. Ich hielt auf einem schmutzigen Parkplatz voller Pfützen und Plakate für einen Zirkus, der schon lange die Stadt verlassen hatte. Ich drehte die schrille Stimme einer italienischen Travestie-Ulknudel im Radio leise und nahm den Anruf entgegen. Ohne mich einzubeziehen und mir die Chance zu geben, mich zu den Vorwürfen zu äußern, war die Sache entschieden worden. Ich hatte weder mit der Presse gesprochen noch mit jemandem vom Verband, und doch war das Strafmaß bereits festgelegt worden. John klärte mich auf: Tom und ich würden sämtliche Ausgaben für das Rennen selbst tragen müssen und lebenslang für die Nationalmannschaft gesperrt.

Die Anspannung angesichts der Ungewissheit darüber, was passieren würde, hatte sich im Laufe der Woche zugespitzt. Ich hatte ein paar sehr unangenehme Tage hinter mir, und als John mir mitteilte, was mir blühte, war ich in gewisser Weise erleichtert. Ich war ohnehin schon aufgewühlt, aber als ein Freund mir sagte, dass BC erwog, mir die Profilizenz zu entziehen, war ich mit meinen Nerven endgültig am Ende. Mir war inzwischen klar, dass BC mir das Leben so schwer machen wollte wie möglich, aber ich verstand die Sperre trotzdem nicht. Dass man irgendeine Strafe verhängte, konnte ich ja noch nachvollziehen, aber selbst überführte Dopingsünder wurden nicht lebenslang aus der Nationalmannschaft verbannt! Dummerweise verdiente ich zu wenig und redete mir von Natur aus zu viele Schuldgefühle ein, um in der Sache juristische Schritte einzuleiten.

John hatte noch mehr schlechte Nachrichten. Er gab mir die Nummer von David Brailsford und empfahl mir, ihn anzurufen und mich zu entschuldigen, und damit hätte sich die Sache, zumindest für mich, erledigt. Für John hingegen war es noch lange nicht ausgestanden. Er hatte seine Kündigung einreichen müssen. Ich war deswegen am Boden zerstört und entschuldigte mich tausend Mal, aber er machte gute Miene zum bösen Spiel, und wir beendeten das Gespräch.

Dario Andriotto war in Italien einer meiner engsten Freunde. Dank seiner ansteckenden guten Laune konnte ich mich normalerweise darauf verlassen, dass er mich wieder aufrichten würde. Er schaffte es selbst dann, mich zum Training zu bewegen, wenn ich mich überhaupt nicht aufraffen konnte. Sogar in den grässlichsten Rennen brachte er es fertig, mich bei Laune zu halten. Aber jetzt war ich so niedergeschlagen, dass ich kehrtmachte und durch den Regen nach Hause fuhr, ohne ihn besucht zu haben. Ich hatte von allem die Schnauze voll.

Da meine Strafe ohnehin schon verhängt worden war, hatte ich wenig Lust, Brailsford anzurufen. Wofür hätte ich mich denn entschuldigen sollen? Ich hatte meine Strafe erhalten. Ich würde nie wieder für Großbritannien starten und vier Übernachtungen im Hotel sowie einen Alitalia-Flug von Mailand nach Madrid aus der eigenen Tasche bezahlen müssen. Mir kam es so vor, als wollten sie mir auf diese Weise von ihrer hohen moralischen Warte aus noch einen zusätzlichen Denkzettel verpassen. Gleichzeitig war ich mir sehr wohl bewusst, dass ich einen Fehler gemacht hatte. Ungeachtet dessen, was ich geglaubt hatte, war ich im Unrecht. Jemand, den ich respektierte und meinen Freund nannte, hatte seinen Job verloren, und ich hatte keinen Finger gerührt, um dem bösen Blut und den Spekulationen, insbesondere seitens der Presse, entgegenzutreten. David Brailsford hatte sich in der Vergangenheit immer sehr kumpelhaft verhalten, und ich war gut mit ihm ausgekommen, aber als ich nun den Hörer in die Hand nahm, um ihn anzurufen, wusste ich gleich, dass jetzt ein anderer Wind wehte.

In einem kurzen, unterkühlten Gespräch entschuldigte ich mich bei Brailsford dafür, im Rennen die Teamorder missachtet zu haben. Er wollte wissen, wie viel man mir bezahlt hatte. Ich wehrte mich zunächst dagegen, ihm den Betrag zu nennen, weil es mir müßig erschien. Mehr noch, ich war fassungslos: Reichte es nicht, dass ich mich entschuldigte und die Kosten übernahm? Ich war mental mit meinen Kräften am Ende. Ich hatte die Nase voll. Was ich auch machte, es war verkehrt, und der immerwährende Kampf um meine Daseinsberechtigung im Profiradsport zermürbte mich. Ich hatte mir oft genug gesagt, dass es mir egal sei, und ich wusste, dass mein

Schicksal ohnehin seit langem besiegelt war, also sagte ich es ihm: »Zweieinhalbtausend Euro.« Wir beendeten das Gespräch, und damit war die Sache gegessen.

* * *

Von da an bekam ich eine Menge Gegenwind zu spüren. Die britische Presse, die offenbar Anstoß daran nahm, dass ich in ihren Magazinen kein Geständnis ablegen wollte, hat mir nie verziehen. Sie verstanden nicht, dass alles auszuplaudern bedeutet hätte, mit dem Finger auf die Leute zu zeigen, denen ich hatte imponieren wollen. Es war hart. Ich hatte das Gefühl, nichts anderes tun zu können, als meinen Mund zu halten und weiter meinen Job zu machen. Ich hatte mich bei David Brailsford entschuldigt und ich hatte die Reisekosten erstattet, aber dennoch wurde mir niemals verziehen. Ich fuhr nie wieder für Großbritannien, selbst dann nicht, als ich ein naheliegender Kandidat gewesen wäre (beim Olympischen Straßenrennen in Peking beispielsweise, wo die britische Mannschaft ebenso aussichtslos an den Start ging wie in Athen), und ich habe mich nie öffentlich darüber beklagt.

In Madrid hatte ich eine Entscheidung getroffen, die ich gemessen an den Spielregeln der Welt, in der ich mich bewegte, für akzeptabel hielt. Ich hatte mich in mancherlei Hinsicht getäuscht. Ich hatte viele Aspekte meiner Handlungen in Madrid falsch eingeschätzt, insbesondere das Ausmaß der Begeisterung, die britische Fans der Nationalmannschaft entgegenbrachten, und den Stolz, den andere angesichts meiner Leistungen empfanden.

Ich hatte in Madrid einen Fehler gemacht und blieb allein mit den Konsequenzen zurück. Die wenigen Verbindungen, die zwischen der britischen Radsportszene und mir erhalten geblieben waren, schienen endgültig gekappt worden zu sein. Ich wurde aus dem Königreich verstoßen und noch tiefer in die finsteren Winkel des europäischen Pelotons gedrängt.

* * *

2008 stieß ich auf das folgende Zitat von Nationaltrainer Rod Ellingworth über die Aussichten von Mark Cavendish bei den Straßenweltmeisterschaften 2010:

»Wir müssen realistisch sein – das sind Profis, über die wir hier reden. Sie fahren das ganze Jahr für ihre Profiteams, und dann erwarten wir von ihnen, anzutreten und umsonst zu fahren. Das ist nicht realistisch. Klar, es geht um Stolz und Ehre, wenn man für sein Land fährt, aber wenn einer von den Jungs den WM-Titel gewinnt, sollten auch die anderen in der Mannschaft dafür belohnt werden.«

KAPITEL 11

ALLES WIRD GUT

Trotz des bitteren Nachgeschmacks, den die Querelen rund um die WM hinterlassen hatten, hatte ich in meiner ersten Saison für Liquigas das Gefühl, dass sich in meinem beruflichen Leben endlich alles fügte. Und mit wunderbarer Synchronität wendete sich nach der Saison auch privat alles zum Guten.

Im November ist es in Finnland bitterkalt. An einem schlechten Tag, wenn es regnet und der Himmel sich verfinstert und das ganze Land so dunkel ist wie ein Torfmoor, scheint es so, als gäbe es nur noch elektrisches Licht und die Sonne würde nie zurückkehren.

An einem solchen Wintertag im November 2005 trat ich aus dem strömenden Regen und der Dunkelheit in eine Reithalle, die ich gut kannte. Die Halle befand sich auf dem früheren Anwesen meines Vaters, einem Ort namens Gustafsbäck, wo ich nach der Scheidung meiner Eltern meist den Sommer verbracht hatte. Er hatte die Gebäude ein paar Jahre zuvor verkauft, und sie waren in kommerzielle Stallungen umgewandelt worden. So wie viele in die Jahre gekommene Hallen war sie in den Wintermonaten kalt und feucht, was die Reiter nicht weiter kümmerte, aber für jeden, der so wie ich nur tatenlos herumstand, extrem ungemütlich war.

Ich war mit meinem Vater hergekommen, der Springreittrainer war und den ich in meiner Winterpause besuchte. Ich war gerne in der Halle, weil ich so viel mit ihr verband, aber wenn mein Vater seinen Schülern Reitstunden gab, hielt ich mich dort meist nicht lange auf, denn ich fand seine rabiaten (und ziemlich lautstarken) Trainingsmethoden kaum zu ertragen. Wie üblich plante ich, mit Lida, dem schwarzen Labrador meines Vaters, spazieren zu gehen und ihn seiner Arbeit zu überlassen. Aber als wir in die Halle kamen und ich auf die Schar der Reiter blickte, die Figuren ritten, die für mich nach organisiertem Chaos aussahen – Leute, die kreuz und quer huschten, manche übersprangen Hindernisse, andere machten Dressurübungen –, blieb ich plötzlich wie angewurzelt auf dem durchgefrorenen, matschigen Boden stehen. Es mag wie ein schlimmes Klischee klingen, aber ein schönes Mädchen auf einem Pferd hatte es mir angetan. Es traf mich völlig unvorbereitet, und mich durchfuhr ein Schauer der Erregung. Aus dem Schauer wurde richtiges Herzklopfen, als das Mädchen herübertrabte, um ein paar Worte mit meinem Vater zu wechseln. Mein Vater trainierte nur einen der sechs Reiter, die da waren, und das war sie. Ich konnte mein Glück nicht fassen.

An diesem so feuchten, trüben Tag erschien sie mir wie ein Strahl reinen Lichts. Sie war schön, strahlte aber auch eine Entschlossenheit aus, die schon von weitem zu erkennen war. Sehr zu Lidas Enttäuschung verwarf ich die Idee eines Spaziergangs und blieb, um mir die ganze Trainingseinheit anzuschauen. Dieses Mädchen schien mich bereits jetzt alles andere vergessen zu lassen. Es ist schon etwas ganz Besonderes, jemanden zu beobachten, der vollkommen konzentriert etwas tut, das er wirklich liebt. Ich stand da in der Eiseskälte, unter dem grellen elektrischen Licht, taub für Lidas Jammern. Ich war wie gebannt.

Als die Reitstunde zu Ende war, wurde ich panisch. Ich traute mich nicht, sie anzusprechen, und schlich mich aus der Halle, bevor sie fertig war. Auf der Rückfahrt im Auto erkundigte ich mich bei meinem alten Herrn nach ihr und versuchte dabei so beiläufig und desinteressiert wie möglich zu klingen. Er gab zurück, sie sei die einzige Schülerin, die den Mumm gehabt habe, ihm im Training Widerworte zu geben. Es war klar, dass er ihre Aufmüpfigkeit zwar nicht schätzte, sie aber gleichzeitig auch irgendwie bewunderte. Ich kannte meinen Vater und war ziemlich beeindruckt. Aber schon sehr bald würde ich in mein normales Leben zurückkehren. Ich war nur zu Besuch in Finnland und würde in zwei Tagen nach Italien abreisen, also beschloss ich, die Sache auf sich beruhen zu lassen. Insgeheim war ich eh überzeugt, dass ein so schönes und selbstbewusstes Mädchen sich sowieso nicht für mich interessieren würde. Aber noch am gleichen Abend, während ich zu Hause saß und mich mit Gedanken daran quälte, was hätte sein können, erhielt ich eine Nachricht auf meinem Handy von einer unbekannten Nummer: »Sag deinem Vater nichts davon, aber hättest du Lust, morgen Abend etwas trinken zu gehen? Camilla.«

Sie war es. Ich konnte es nicht glauben. Ich hatte keine Ahnung, woher sie meine Nummer hatte, aber ich freute mich wahnsinnig über die Aussicht, sie wiederzusehen.

Auch der nächste Abend war dunkel und regnerisch. Wir gingen in Helsinki aus. Wir verstanden uns auf Anhieb prächtig; wir sprachen über ihre Liebe zum Springreiten, ihre Pferde und ihr Leben in Helsinki. Ich bemühte mich, ihr so gut es ging meinen unsteten Alltag als Profi zu erläutern, und staunte, wie sie alles aufnahm. Ihre Einstellung zum Leben war so herrlich unkompliziert, dass ihre bloße Anwesenheit mich zu entspannen schien. Ich begleitete sie durch den Regen zurück bis zu ihrer Wohnung und küsste sie an der Tür. Momente wie diese erscheinen immer wie schreckliche Klischees, wenn sie anderen Leuten passieren, aber wenn es die eigene Liebesgeschichte ist, ergibt alles einen Sinn. Als ich ging, wurde mir klar, dass dies genau die Straße war, in der mein Bruder zur Welt gekommen war und wo meine Eltern in den sechziger Jahren gelebt hatten. Plötzlich hatte ich das Gefühl, als hätte sich ein Kreis geschlossen. Mir drehte sich der Kopf, und ich fuhr mit 30 km/h zurück zum Haus meines Vaters, denn ich konnte kaum verarbeiten, was hier gerade passierte. Ich würde am nächsten Tag abreisen, aber ich hatte mich soeben verliebt, und es war schier unmöglich, das alles zu begreifen.

Ich kletterte ins Bett und lag die ganze Nacht wach und grübelte, was zum Teufel ich tun sollte. Ich liebäugelte mit dem Gedanken, auf die große romantische Geste zu setzen und den Flug sausen zu lassen, vor ihrer Tür in Helsinki aufzutauchen und mit ihr ein ganz neues Leben zu beginnen. Ich wusste längst, dass sie die Richtige für mich war. Es war, als wäre ich dem anderen Teil meiner selbst begegnet, nur noch besser. Aber letztlich bricht man mit alten Gewohnheiten nur schwer, und nach schlafloser Nacht war ich dann doch zu geizig, mein sauer verdientes Geld darauf zu verschwenden, ein Flugticket wegzuwerfen. Als ich zurück in Italien war, rief ich sie sofort an und fragte, ob sie Lust hätte, mich so bald wie möglich besuchen zu kommen.

Im Dezember flog Camilla hinunter nach Varese, und die Zeit mit ihr war für mich die Bestätigung, dass es die wahre Liebe war. Es war eine aufregende Liebe, die mir die Kehle trocknete und mein Herz rasen ließ. Ich sah, wie sehr sie mein Leben bereichern würde. Als wir uns besser kennenlernten, erkannte ich, dass Camilla viele Eigenschaften hatte, die mir fehlten: Sie war planvoll und stark; sie schien all das zu haben, was mir abging. Es war, als hätte ich ohne sie gar nicht richtig funktioniert, und sie machte mich auf Anhieb stärker.

Sobald Camilla in Italien ankam, um bei mir zu wohnen, wusste ich, dass ich nicht mehr ohne sie sein wollte. Das Problem war, dass es unendlich kompliziert erschien, unser beider Leben miteinander zu vereinbaren. Ich war vor Angst wie versteinert, es nicht auf die Reihe zu kriegen, und fürchtete, dass sie der Gedanke abschrecken würde, mit einem Mann zusammenzuleben, der die Hälfte des Jahres zu Radrennen unterwegs war. Ich quälte mich innerlich damit, wagte aber aus Angst davor, die Antwort nicht ertragen zu können, nicht, mit ihr direkt darüber zu sprechen. Als ihr Besuch endete und ich Camilla zum Flughafen fuhr, ganz aufgewühlt vor Unruhe darüber, was passieren würde, sobald wir wieder getrennt wären, drehte Camilla sich zu mir und sagte: »Also, was müssen wir tun, damit das hier funktioniert?«

Aufgrund unserer Lebensumstände mussten wir uns in den folgenden Monaten damit begnügen, die Zeit zu finden und uns gegenseitig zu besuchen, wann es eben ging. Aber trotz allem gab Camilla mir nie das Gefühl, es wäre kompliziert. Wir taten, was wir tun mussten, damit es klappte, und es gab nie einen Zweifel daran, dass unsere Liebe stark genug war, es durchzustehen. Binnen eines Jahres packte Camilla ihre Sachen und zog zu mir nach Italien. Wir fingen an, unser eigenes Heim einzurichten. Es war der tiefgreifendste und positivste Einfluss auf meine Radsportkarriere, den ich jemals erfahren hatte. Bis dahin hatte ich versucht, auf dem Rad mein Glück zu finden, aber nun begriff ich, dass es ohne eine Familie, die ich liebte und für die ich sorgen konnte und die umgekehrt meinem Sport einen Sinn verlieh, nicht zu erreichen war. Aus mir wurde ein ganz neuer Mensch.

* * *

2007, in meinem dritten Jahr bei Liquigas, hatte meine Karriere ein ganz neues Niveau erreicht. Liquigas war das perfekte Team für mich. Mein Gehalt war jedes Jahr beträchtlich gestiegen, und ich wusste, dass meine Arbeit wertgeschätzt wurde. Camilla hatte all das in mein Leben gebracht, was vorher gefehlt hatte, und einen kurzen Moment lang, bevor die Herausforderungen meines erwählten Berufs ganz neue Formen annahmen, erlebte ich beim Giro d'Italia von 2007 meine Stunde des Ruhms.

Nachdem er zum ersten Mal eine Saison um eine Grand Tour herum geplant hatte, war es Danilo Di Luca nicht gelungen, beim Giro 2006 seine Bestform zu erreichen, also kehrte er 2007 wild entschlossen zurück, diesmal um den Sieg mitzufahren. Die Rundfahrt begann mit einem Mannschaftszeitfahren auf Sardinien: Bereits dort zum Auftakt einen Vorsprung herauszufahren, würde enorm wichtig sein. Dieser gemeinsame Kampf gegen die Uhr war eine Disziplin ganz nach meinem Geschmack, wie dafür geschaffen, das Beste aus mir herauszuholen. Ich hatte in zunehmendem Maße begriffen, welche Fähigkeiten bei einem Mannschaftszeitfahren entscheidend waren: Jeder einzelne Fahrer hat individuelle Stärken und Schwächen, aber das Rennen belohnt eine gemeinsame Anstrengung. Die wichtigste Fähigkeit – mehr noch als reine Kraft und Stärke – ist das

Vermögen, mit anderen zusammenzuarbeiten. Man muss in der Lage sein, auf die Stärken und Schwächen der Kollegen zu reagieren und sich ihnen anzupassen, um die Mannschaft als geschlossene Einheit zu erhalten. Ein guter Mannschaftszeitfahrer ist wie eine Stromregeldiode – es erfordert ständige Anpassungen, um einen konstanten Stromfluss zu gewährleisten. Bei Liquigas war ich derjenige, der diese Fähigkeit mitbrachte.

Ich war zuversichtlich, gute Arbeit leisten zu können, aber als wir am Tag vor dem Rennen die Strecke besichtigten, fiel mir auf, wie technisch anspruchsvoll sie war. Das bereitete mir große Magenschmerzen. In einem Mannschaftszeitfahren, bei dem es vor allem darum geht, so dicht beieinander zu bleiben wie möglich, stellen Kurven und Kehren eine echte Herausforderung dar. Schon ein kleines Schlagloch könnte auf einem Kurs wie diesem verheerende Folgen haben. Seit meinem Quad-Unfall in Irland stellten Abfahrten ein psychologisches Problem für mich dar. Ich hatte eine Heidenangst, erneut zu stürzen. Instinktiv traute ich meinem Vordermann nicht, dass er die volle Kontrolle über seine Zeitfahrmaschine hatte. Ich konnte ihm nicht einfach so blind folgen, wie viele andere es konnten. In normalen Straßenrennen hatte ich dieses Problem einigermaßen im Griff, indem ich stets einen kleinen Sicherheitsabstand zum Vordermann ließ, aber das kam bei einem Mannschaftszeitfahren natürlich nicht in Frage. Nach den zwei Trainingsrunden, die wir am Freitag auf der Strecke absolvierten, erlebte ich 48 ziemlich stressige Stunden, in denen ich versuchte, mich irgendwie zu beruhigen und meine natürlichen Instinkte auszuschalten.

Am Tag des Rennens verspürte ich einen enormen Druck, meine Teamkollegen nicht im Stich zu lassen. Wir fuhren los, und ich musste meine ganze Geschicklichkeit aufbringen, um so nah wie möglich bei meinen Kollegen zu bleiben. Ich hatte eine Heidenangst auf den technisch anspruchsvollen Abfahrten, aber 20 Minuten lang schaffte ich es, meine instinktiven Ängste auszublenden. Ich ließ alles los, während wir ungebremst um die Kurven flogen und ich verzweifelt an meinem Vordermann klebte. Die ersten Kehren waren angsteinflößend, aber ich war so konzentriert darauf, meine Furcht zu unterdrücken, dass ich in gewisser Weise überkompensierte, und ich verpasste keine meiner Ablösungen an der Spitze. Ich war einer der stärksten Fahrer.

Wir kamen mit Bestzeit ins Ziel, und nach uns standen nur noch wenige Mannschaften aus. Aber wir spürten, dass wir nur schwer zu schlagen sein würden. Wir rollten zurück zum Bus und gratulierten uns gegenseitig für die gute Arbeit. Wenig später kam Stefano Zanatta in den Bus gerannt und rief: »Wir haben gewonnen! Wir haben gewonnen!«

Wir brachen in Jubel aus. Wir hatten es geschafft. Ich hatte noch nie in meiner Profikarriere ein Rennen als Einzelfahrer gewonnen, aber ich konnte mir nicht vorstellen, dass es ein schöneres Gefühl hätte sein können. Jeder einzelne Fahrer hatte seinen Beitrag zum Sieg geleistet. Es war eine geteilte Freude. Von uns allen fiel enormer Druck ab. Der Giro war für die Mannschaft das wichtigste Rennen der Saison, und die schwache Vorstellung des Vorjahrs lastete noch schwer auf uns. Ich hätte weinen können vor Freude und Erleichterung. Als wir aus dem Bus sprangen, um den kurzen Weg zum Podium zu gehen, erlebte ich einen sehr emotionalen Moment, als ich die stolzen Gesichter von Mike und Pat Taylor erblickte. Die beiden reisten oft zu den großen Rennen in Europa, und sie dabei zu haben und den Erfolg mit ihnen zu teilen, war ein besonderes Gefühl. Ich hüpfte buchstäblich herum vor Freude und lief zu ihnen hinüber, um sie zu umarmen, bevor ich schließlich als einer der Etappensieger auf das Giro-Podium kletterte.

Es erschien mir angemessen, dass ich dort oben Arm in Arm mit meinen Teamkollegen auf der Bühne stand. Ein Mannschaftszeitfahren zu gewinnen, wird von manchen Leuten nur als »halber« Sieg erachtet, aber mir hat sich die Logik dahinter nie erschlossen. Jeder von uns hatte hart dafür gearbeitet, und wir hatten uns den Sieg verdient. Während wir breit grinsend dort standen und uns von der Menge feiern ließen, wandte sich Di Luca an mich und sagte mit zufriedenem Lächeln (nachdem er im Ziel kurz genervt war, weil Enrico Gasparotto als Erster die Linie überquert hatte): »Ein Mannschaftszeitfahren zu gewinnen, ist kein normaler Sieg, weil *alle* daran teilhaben.« Das bedeutete mir eine Menge, denn ich verstand es, und er verstand es auch. Wir rissen uns für Danilo den Arsch auf, und er wusste, was wir für ihn taten. Aber so wie der Sport nun mal funktioniert, gehörten seine Siege immer ein klein wenig mehr ihm persönlich als uns, seinem Team – ganz gleich, wie sehr er uns der Presse gegenüber auch dankte. Aber diesmal war es anders: Dieser Erfolg gehörte wirklich uns allen, und ich gestattete mir ausnahmsweise, echten Stolz zu empfinden. Dieser Etappensieg war in keinem geringen Maße auch mein Sieg.

Der Giro 2007 verlief für uns weiterhin wie gemalt, und auch für mich persönlich war es ein Traumrennen. Die Mannschaft wusste, was sie von mir verlangen konnte, und ich wusste, wie ich es umzusetzen hatte. Ich liebte den Job, den ich dort zu verrichten hatte. Auf 18 der 21 Etappen setzte ich mich an die Spitze des Feldes, um das Tempo zu machen. Körperlich war es eine saumäßige Schufterei, aber ich genoss sie, nicht nur, weil es meine Aufgabe war, sondern auch, weil ich über nichts nachdenken musste, solange ich vorneweg fuhr. Wenn man nicht die Beine für diesen Job hat, ist es grauenhaft, aber wenn man gut drauf ist, kann es unglaublich befriedigend sein. In jedem Radrennfahrer steckt ein kleiner Sadist, der sich am Leid der anderen hochzieht. Ungeachtet der eigenen Schmerzen gelingt es einem irgendwie, noch mehr aus sich herauszuholen, wenn man andere sieht und hört, denen es noch schlimmer geht. Ein Peloton anzuführen, bringt alle möglichen Anreize und Belohnungen mit sich, und ich schnappte in meiner Zeit beim Giro ein paar Tricks auf. Die vielen Begleitmotorräder zum Beispiel ermöglichen es mir streckenweise, recht locker (es war schon fast peinlich) in ihrem Windschatten zu sitzen und ohne größere Mühe den Fahrern am Ende des Feldes das Leben zur Hölle zu machen. Wenn ich an der Spitze lag, war es ein unheimlich gutes Gefühl, sich umzublicken und das weit auseinandergezogene Feld zu sehen, wo zahlreiche Fahrer ihre liebe Mühe hatten, das Tempo zu halten, oder über den Teamfunk zu hören, dass Fahrer abreißen ließen oder der Vorsprung der Ausreißer dahinschmolz.

Wenn man vorneweg fährt, hat man die Kontrolle. Man kontrolliert, wie schnell das Feld aus einer Kurve kommt, und falls einem danach ist, kann man den armen Teufeln am Ende des Pelotons mit einer gezielten Tempoverschärfung das Leben sauer machen. Ich fuhr beim Giro zwar nicht um den Sieg mit, aber ich ließ jeden spüren, dass ich voll dabei war, und es fühlte sich herrlich an. Ich liebte es, wenn abends an der Hotelbar Fahrer zu mir kamen und sagten: »Verdammt noch eins, du hast uns das Leben heute echt schwer gemacht!«

Es war natürlich ein Egotrip, aber diese kleinen Dinge waren genau die Art von Anerkennung, die ich haben wollte. Ich bewertete meinen Erfolg nicht danach, wie präsent ich in den Medien war oder was Außenstehende über mich in Zeitungen und Magazinen schrieben, sondern durch Kleinigkeiten wie diese: Ich freute mich über die Anerkennung der Leute, die Bescheid wussten.

Nach knapp drei Wochen, in denen ich die stärksten Leistungen meiner Karriere gezeigt hatte, erreichte Danilo Di Luca als Sieger des Giro d'Italia das Ziel in Mailand. Als er die Linie überquerte, war er von allen Teamkollegen umgeben außer von einem, nämlich mir. Ich saß stattdessen daheim mit Camilla auf der Couch und weigerte mich, den Fernseher anzustellen, um ja nichts von der Siegerehrung zu sehen, der ich auf so grausame Weise fernbleiben musste.

Ich hatte vor der letzten Etappe der Rundfahrt aufgeben müssen, weil ich Fieber bekommen hatte. Ich hatte im Rennen sämtliche Reserven aufgebraucht und war nach der letzten Bergetappe (mit Ankunft auf dem Monte Zoncolan) dermaßen erschöpft, dass ich mich in meinen Radklamotten unter die Dusche stellte und unkontrolliert zu zittern begann. Ohne Milz wurde mein Körper nicht mit dem Fieber fertig, und es ging mir ziemlich dreckig. Mir blieb nichts anderes übrig, als vor dem letzten Tag auszusteigen. Das war wieder mal mein typisches Pech: Nach all der harten Arbeit blieb mir dennoch die Erfahrung verwehrt, auf der Schlussetappe dabei sein zu können und als einer der Sieger in Mailand anzukommen, mit rosa Lenkerband und einem Glas Champagner in der Hand.

Nichtsdestotrotz erwies sich mein Wechsel zu Liquigas als die beste Entscheidung meiner Karriere. Liquigas schickte mich in Rennen an den

Start, die mir lagen, und ich erhielt eine Rolle, die perfekt auf mich zugeschnitten war. Endlich fühlte ich mich als Radsportler, und auch als Mann, reich belohnt.

KAPITEL 12

DIE TOUR

Am Tag des Prologs meiner ersten Tour de France war alles ein bisschen anders, als ich es mir vorgestellt hatte. Zunächst einmal startete die Rundfahrt, die in meiner Jugend das Ziel meiner Träume war und deren Streckenverlauf ich auf Michelin-Karten nachverfolgt hatte, nicht auf den mythischen Straßen des europäischen Festlands, sondern ausgerechnet in England, auf den Straßen von London.

Zum dritten Mal in ihrer Geschichte und zum ersten Mal seit 1994 war die Tour in Großbritannien zu Besuch. Der Prolog verlief über einen 7,9 Kilometer langen Kurs entlang der berühmtesten Sehenswürdigkeiten der Stadt: Buckingham Palace, Houses of Parliament, Hyde Park, The Mall. Ich war zwar in Finnland geboren, aber in Großbritannien aufgewachsen. »Britisch« lautete die Nationalität in meinem Pass, und in Großbritannien hatte ich als Kind davon geträumt, eines Tages bei der Tour de France dabei zu sein.

Als ich im Teambus von Liquigas durch Westminster fuhr, war ich erstaunt angesichts der Zuschauermassen. Insgeheim hatte ich mir von der Tour versprochen, dass mich dieses Erlebnis zutiefst aufwühlen und beeindrucken würde. Als ich aufwuchs, hatte ich sie jeden Sommer im Fernsehen verfolgt, und die Frage, ob ich eines Tages dabei sein würde, war mir bis zum

Abwinken gestellt worden. Und nun, nach fast sieben Jahren als Profi, war ich tatsächlich dabei.

Als wir den uns zugewiesenen Parkplatz erreichten, stieg ich aus dem Bus und ging auf die erwartungsvolle Menge zu. Ich habe mir nie etwas aus großen Zuschauermassen gemacht. Mich interessierten nur die Gesichter der Leute, die ich kannte, und als ich vorbei an den lindgrünen Rädern, die die Mechaniker bei unserer Ankunft schnell aufgebaut hatten, in die Menge schaute, wurde ich vom wunderbaren Anblick meiner fast vollständig versammelten Familie begrüßt, die geduldig auf mich gewartet hatte. Ich strahlte von einem Ohr zum anderen, als ich sie entdeckte – Camilla, meine Mutter und mein Bruder sowie Mike und Pat Taylor standen dicht beisammen und freuten sich mit mir auf den Moment, auf den ich so lange und hart hingearbeitet hatte. Es war ein besonderer Moment, der noch schöner wurde, als ich ein weiteres bekanntes Gesicht sah: Etwas abseits stand die frühere Lebensgefährtin meines Vaters, eine Finnin namens Gun Järnefelt.

Nach der Scheidung meiner Eltern hatte ich in den Sommern, die ich in Finnland bei meinem Vater verbrachte, ohne Unterlass von der Tour de France gesprochen und jedem, der es hören wollte, versichert, dass ich eines Tages selbst dabei sein werde. Gun hatte mir versprochen, mir meinen Lieblingsblaubeerkuchen zu backen, sollte ich es schaffen. Und nun stand sie tatsächlich vor mir und hielt mir mit ausgestreckten Armen einen Blaubeerkuchen entgegen, den sie gebacken und im Handgepäck aus Finnland mitgebracht hatte.

Das war eine gelungene Überraschung. Gun und mein Vater hatten sich schon vor vielen Jahren getrennt, aber sie hatte sich daran erinnert, und ihre Geste haute mich um. Ich stand einen Moment lang da, im Kreise der Menschen, die mir am meisten bedeuteten, kurz bevor ich bei dem Rennen an den Start gehen würde, auf das ich mein ganzes Erwachsenenleben hingearbeitet hatte. Mir war längst klar, dass ich von der britischen Öffentlichkeit nie die richtige Anerkennung erhalten würde – für sie war ich quasi Italiener, während ich umgekehrt für die Italiener immer ein Brite bliebe (was die Finnen angeht, so hatten sie keinerlei Interesse am Radsport oder an mir), aber für meine Familie und für Camilla war ich wichtig und das gab mir an diesem strahlenden Morgen in London ein ganz besonderes Gefühl.

Als ich bei der Tour eintraf, hatte ich nach meinem Dafürhalten niemandem mehr etwas zu beweisen. Ich hatte im selben Jahr bereits in der Siegermannschaft beim Giro gestanden. Ich wusste, dass ich in der Form meines Lebens war. Es bestand kein Zweifel, dass ich im Kollegenkreis als Musterprofi galt, doch bis dahin hatte ich es im Laufe meiner Karriere immer vermeiden können, im Mittelpunkt des Interesses zu stehen oder mir großartig Gedanken darüber machen zu müssen, wie ich mit den Medien umging. Aber die Tour de France ist anders. Verglichen mit anderen Rennen passiert bei der Tour im Verlauf von drei Wochen eigentlich recht wenig, aber für die Medien ist es ein einziger Blutrausch.

Trotz einiger Interviewanfragen seitens der heimischen Presse fühlte sich die Tour im Vorfeld erstaunlicherweise kaum anders an als die meisten anderen Rennen, an denen ich teilgenommen hatte. Selbst die Nominierung war kaum der Rede wert. Für viele Teams ist die Tour de France der unumstrittene Höhepunkt der Saison, und allein schon in den Kader für dieses Rennen berufen zu werden, ist eine große Sache. Doch wie es bei einem Fahrer meines Schlags vielleicht typisch ist, lief das Ganze in meinem Fall eher nüchtern ab. Stefano Zanatta, mein *directeur sportif*, hatte mir bereits im Mai, vor dem Start des Giro, ganz beiläufig am Telefon mitgeteilt, dass ich bei der Tour dabei sein würde. Das Thema wurde nicht weiter erörtert, und es klang auch mit keiner Silbe an, dass man mich womöglich für einen herausragenden Sportler halten könnte, der deshalb soeben für eins der größten Sportereignisse des Planeten auserkoren worden war. Nein, ich erfüllte einfach nur das Anforderungsprofil für die Sorte Fahrer, die Liquigas bei der Frankreich-Rundfahrt brauchte. Das war alles.

Dieses ernüchternde Gefühl wurde durch die gleichgültige Einstellung meiner Liquigas-Kollegen noch verstärkt. Nach Di Lucas Giro-Sieg herrschte innerhalb des Tour-Teams keine Spur von Begeisterung darüber, an der Frankreich-Rundfahrt teilzunehmen. Nach einem so emotionalen

Hoch glaubte keiner von uns so recht, noch viel Energie für eine weitere große Landesrundfahrt aufbringen zu können. Wir waren halt einfach dabei. Zu allem Überfluss wurden wir von Dario Mariuzzo betreut, dem meiner Meinung nach schlechtesten Teammanager, den ich in meiner Karriere hatte. Ihm fehlten die nötigen Sprachkenntnisse, und manchmal schien er nur über Flüche in seinem venezianischen Dialekt kommunizieren zu können. Dadurch geriet schon die Vorbereitung auf die Tour zu einer ziemlichen Belastungsprobe, was aber nicht nur an ihm lag.

Ich hatte inzwischen gelernt, dass es für viele Italiener eine große Herausforderung war, aus ihrem gewohnten Trott gerissen zu werden. Leider war ich in diesem Fall der Sündenbock, denn ich war Engländer und jeder Italiener im Feld hielt es für angebracht, mir das aufs Brot schmieren zu müssen. War der Kaffee schlecht, bekam ich es zu hören. Schmeckte das Hotelfrühstück nicht, fragten sie mich, ob auch die Queen Bohnen in Tomatensauce zum Frühstück essen müsse. Kam uns auf der linken Seite plötzlich ein Auto entgegen, beklagten sie sich bei mir darüber, wie bescheuert es doch sei, »auf der anderen Straßenseite zu fahren, *cazzo!*«

Für die Tour hatte die Teamleitung sich vorgenommen, zumindest ein bisschen was zu zeigen, um die Teilnahme zu rechtfertigen und unseren amerikanischen Radsponsor Cannondale zufriedenzustellen – egal wie. Die Strategie, die sie sich für die Frankreich-Rundfahrt zurechtgelegt hatten, war recht simpel: Sie schickten eine Reihe von Fahrern aus dem Kader für die Klassiker, die in der erste Woche für einen Etappensieg gut wären, und füllten die Mannschaft mit Kerlen auf, die beständig genug waren, um Liquigas mit vorderen Platzierungen bei den großen Bergetappen in der Teamwertung ins Spiel zu bringen. Die Teamwertung ist etwas, dem niemand, der bei klarem Verstand ist, große Beachtung schenkt. Das Publikum hat null Interesse daran, denn aller Augen sind auf den Gesamtsieger gerichtet. Für ein Unternehmen, das sein Ethos von »geschlossener Teamarbeit« herauskehren will, ist sie aber ein akzeptabler Trostpreis.

Liquigas' ganze Herangehensweise an diese Tour de France hatte eher etwas von einem lockeren Betriebsausflug: Sogar unser Teambus war nur geliehen (und zwar von Manolo Saiz, dem in Ungnade gefallenen früheren Leiter der ONCE-Mannschaft). Am Vorabend schaute ich ungerührt zu, als die Mechaniker den Moment für gekommen hielten, die Aufkleber des Sponsors am Bus anzubringen, damit die Leute wüssten, mit welchem Team sie es zu tun hätten. Ich musste lachen angesichts der Vorstellung, dass am nächsten Tag die Radsportfans voller Ehrfurcht auf den mit bunten Sponsorenlogos zugeklebten Bus schauen würden, an dem sich jetzt noch ein paar gelangweilte Mechaniker zu schaffen machten. Das war typisch für den Profizirkus und erst recht für die Tour: äußerlich strahlend und glänzend, innerlich chaotisch und zermürbend.

* * *

Als der Start der Rundfahrt bevorstand, stellte meine Freude darüber, meine Familie zu sehen, einen solchen Kontrast zu meiner allgemeinen Stimmung dar, dass ich sie gar nicht verlassen wollte. Aber ehe ich mich versah, klopfte mir ein *soigneur* auf die Schulter und fragte mich, was ich auf der Rolle, die für mich zum Aufwärmen vorbereitet wurde, trinken wolle. Plötzlich fiel mir wieder ein, dass es an der Zeit war, mich an die Arbeit zu machen, und nachdem ich allen für ihr Kommen gedankt hatte, blendete ich die Welt wieder aus, um mich innerlich auf das Prologzeitfahren vorzubereiten.

Ein Prolog bedeutet stets eine zwar nur kurze, aber immense Anstrengung. Gemäß meinem Rennkalender hatte ich seit dem Giro nicht mehr richtig in die Pedale getreten und ich wusste, dass die hohe Intensität der Belastung für meinen Körper einen ziemlichen Schock bedeuten würde. Die Strecke war etwas unter acht Kilometer lang, was auf nicht ganz zehn Minuten brennender Schmerzen hinauslief. Bei dieser Art Rennen weiß man: Wenn du nicht leidest, bist du definitiv zu langsam.

Es gibt viele Dinge, die ich über meine ersten Kilometer als Tour-de-France-Teilnehmer auf den Straßen der Hauptstadt meines Landes gerne sagen würde. Ich würde gerne sagen, dass mich der ohrenbetäubende Lärm der begeisterten Menge angespornt habe – aber mein Aerohelm war mit

Ohrenschützern ausgestattet, so dass ich nichts hörte, außer meinem keuchenden Atem und dem Geschrei meines *directeur sportif* in meinem Knopf im Ohr. Ich würde gerne sagen, dass der Anblick der majestätischen Bauwerke von London mich motivierte, aber ich konnte mich nur auf die paar Meter vor mir konzentrieren – das bisschen Asphalt, das ich schon auf der ganzen Welt sich vor mir hatte erstrecken sehen. Ich würde gerne sagen, dass ich meine Beine nicht spürte oder das Brennen in meinen Lungen, aber das konnte ich sehr wohl – die jähe Rückkehr ins Renngeschehen fühlte sich an, als hätte mir jemand die Hand in den Hals gesteckt und versucht, meine inneren Organe herauszureißen. Ich würde außerdem gerne sagen, dass der besondere Anlass mich dazu animierte, über mich hinauszuwachsen … aber ich wurde 91., irgendwo verloren inmitten der rund 190 Fahrer, die an den Start gingen.

Das war ein ernüchternder Einstieg, aber der nächste Tag war noch deprimierender. Als sich das Feld zur ersten Etappe auf britischen Straßen aufmachte, setzte sich David Millar schon bald vorne ab. David hatte schon immer gewisse Star-Qualitäten ausgestrahlt, und die Tour war sein Comeback nach verbüßter Sperre. Mit einem beherzten Bravourstück begeisterte er die britischen Fans und weckte die schönsten Hoffnungen, dass am Abend einer ihrer Landsleute auf dem Podium stehen würde. Aber während David vorne seine Kreise zog, eingefangen von den Fernsehkameras und mit der Billigung der Radsportwelt, fühlte sich meine eigene Fahrt im Vergleich dazu eher so an, als würde ich durch ein Flussbett geschleift.

Der neue Rahmen, den ich von Cannondale für das Rennen erhalten hatte, war für die paar Tage leichten Trainings im Vorfeld in Ordnung gewesen, aber sobald es ernst wurde, merkte ich, dass es ein Problem mit der Kurbel gab. Sie hatte sich inzwischen gelockert, so dass ich zu einem Radtausch gezwungen war. Während das noch frische Peloton sich auf und davon machte, stieg ich auf meine Zweitmaschine um. Das Problem mit solchen Ersatzrädern ist jedoch, dass sie so wenig benutzt werden, dass sie im Laufe der Saison als Ersatzteillager dienen, wenn die Mechaniker auf die Schnelle ein Teil brauchen. Sie fallen allmählich auseinander, und je weniger sie zum Einsatz kommen, desto weniger haben sie noch mit der eigenen Rennmaschine zu tun.

Ich schwang mich auf ein Rad ohne Computer, ausgestattet mit einfachsten Trainings-Laufrädern, die wohl noch irgendwo herumgelegen hatten, und – am allerschlimmsten – einem brandneuen Sattel. Mein alter Sattel war schon gut ein- und durchgesessen und hing bestimmt vier Millimeter durch. Ich war so an die Sitzposition mit dem eingefahrenen Sattel gewöhnt, dass mir selbst winzige Abweichungen wie ein Riesenunterschied vorkamen. Als ich mich durch die Begleitfahrzeuge hindurch ins Feld zurückzukämpfen versuchte, wurde eine erste Zeitnahme durchgegeben. David Millars Vorsprung betrug inzwischen über eine Minute, sein Tag im Rampenlicht war gesichert. Und ich fuhr hinterher, auf einem Rad, das jemand anderem zu gehören schien, und kroch verzweifelt durch die Begleitkarawane, um wieder zum Feld aufzuschließen. Beim Radsport kann man eine Menge Ruhm und Ehre einheimsen, aber ganz bestimmt nicht, wenn man so weit hinten rumgurkt.

Schon auf der ersten Etappe wurde mir klar, warum die Tour de France so etwas Besonderes ist. In den meisten Rennen, an denen ich teilgenommen hatte, insbesondere in Italien, gab es einen bestimmten Platz im Feld, gleich hinter den Fahrern an der Spitze, die um die Positionen kämpften, den ich »das Büro« nannte. Ich konnte mich darauf verlassen, dort auf eine Gruppe von Fahrern zu stoßen, deren Aufgabe vor allem darin bestand, sich aus allem Ärger herauszuhalten; sie waren also etwas entspannter und ließen es ruhiger angehen. Es gab kein Drängeln und kein Schubsen, und hin und wieder plauderte oder scherzte man ein wenig, um die Stimmung aufzulockern. Im Büro hatte keiner richtig zu leiden – diejenigen, die litten, waren die armen Teufel am Ende des Feldes. Im Büro hielt ich mich gerne an den Tagen auf, an denen ich keine besonderen Aufgaben hatte oder mich bereithalten musste für den Fall, dass mein Kapitän mich bräuchte. Auf vierstündigen Flachetappen war das Büro bei mehrtägigen Rundfahrten immer meine Rettung gewesen. Zwar musste ich das von den Führenden vorgegebene Tempo mitgehen, aber ich konnte innerlich so weit abschalten, um wertvolle mentale Energie zu sparen, die ich später noch brauchen würde. Bei der Tour aber gab es kein Büro – stattdessen ging es zu wie an der Börse. Der besondere Stellenwert der Tour de France hat zur Folge, dass jeder dort das Rennen als Chance sieht, das große Los zu ziehen. Jeder zweitklassige Sprinter will an das Hinterrad, von dem er meint, dass es ihm den großen Coup verschaffen wird. Jeder Opportunist will in die Ausreißergruppe, die ihn ins Rampenlicht katapultieren wird. Kein Kapitän kann riskieren, zu stürzen und Zeit zu verlieren, also wollen sie, mitsamt ihren Mannschaften, von Anfang bis Ende vorne mit dabei sein. Radsportler kämpfen in den meisten Rennen auf Biegen und Brechen um jeglichen Erfolg, aber bei der Tour war alles noch schlimmer. Es war ein einziges Massaker.

Weil es kein Büro gab, war mir in der ersten Tour-Woche kein Moment der Ruhe vergönnt. Es war, als hätte ich die ganze Zeit den Bremshebel eines drängelnden Konkurrenten im Gesäß gespürt, der sofort an mir vorbeijagen und mich vom Hinterrad verdrängen würde, sobald ich nur eine Lücke von fünf Zentimetern ließe. Fahrer, die ich gut kannte und mit denen ich sonst gern ein Schwätzchen hielt, sagten nicht einmal hallo. Das lag nicht daran, dass sie mich ignorierten, sondern sie sahen mich einfach nicht – sie waren so angespannt vom Renngeschehen, dass sie sich nur auf sich selbst konzentrieren konnten.

Die erhöhte Anspannung und das ständig verschärfte Tempo konnten nur eine Folge haben: reihenweise Massenstürze. Bis 2007 war es längst gang und gäbe, dass die erste Tour-Woche von Stürzen im dicht gedrängten Peloton überschattet wurde. Stürze gehören natürlich zum Rennsport dazu, aber in der ersten Tour-Woche sind sie wirklich verheerend. Dabei sind sie nicht das Resultat natürlicher Gefahren wie glatten Abfahrten oder gefährlichen Kurven, sondern sie sind eigentlich völlig sinnlos, verursacht nur durch die riesige Anspannung und zu viele Fahrer, die alle zur gleichen Zeit am gleichen Ort sein wollen.

Die Massenstürze stellten nicht nur wegen der Verletzungsgefahr eine Bedrohung für mich dar. Einem Domestiken können sie einen ehedem schweren Tag nochmals deutlich erschweren, und bei der Tour treten sie mit zermürbender Häufigkeit auf. Sobald es einen Sturz gab, war es meine Aufgabe, sofern ich nicht selbst zu Fall gekommen war, sicherzustellen, ob einer unserer Fahrer Hilfe bräuchte. Falls ja, hieß das für mich, zu warten, bis sein Rad wieder einsatzbereit war (was jedes Mal eine Ewigkeit zu dauern schien), während der Rest des Feldes sich auf und davon machte. Dann musste ich dem Kollegen helfen, so schnell und reibungslos wie möglich wieder Anschluss an das Feld zu finden. Bei den meisten anderen Rennen reichte es, die Lücke bis zu den Begleitwagen zu überbrücken, bevor ich ein wenig zurücknehmen und mich einigermaßen sicher fühlen konnte. Bei der Tour aber ist die Karawane so lang, dass selbst dann, wenn schon die Rücklichter der letzten Fahrzeuge in Sicht kamen, noch ein ganzer Kilometer zwischen mir und dem Ende des Feldes lag. Beim Tempo des Tour-Pelotons Boden gutzumachen, ist furchtbar schwer, und ich wusste, dass die Helferdienste, die ich meinen Kapitänen in dieser heimtückischen ersten Woche leisten musste, mich im weiteren Verlauf der Rundfahrt teuer zu stehen kommen würden.

Während ich in der ersten Woche eine persönliche Hölle durchlitt, lief es für die Mannschaft ansonsten wie am Schnürchen. Mein Zimmergenosse bei der Rundfahrt, Pippo Pozzato, setzte ein frühes Ausrufezeichen und gewann die fünfte Etappe. Das Team war überglücklich. Wir hatten den Giro und jetzt auch noch eine Tour-Etappe gewonnen. Nach nur fünf Etappen war unsere Arbeit an sich schon erledigt. Jedes andere Rennen hätte man von da an entspannt und locker angehen können, aber dies war die Tour, und da tickten die Uhren ein wenig anders.

Noch am selben Abend kam Mariuzzo, unser *directeur sportif*, auf seiner Runde in unser Zimmer und nachdem er Pippo rasch gratuliert hatte, wies er quasi im gleichen Atemzug noch einmal auf den Stellenwert der Mannschaftswertung hin. Scheinbar war ihm entgangen, dass er nicht, wie von der Teamleitung vorgesehen, drei, sondern nur zwei Kletterer mitgebracht hatte, nämlich Manuel »Trixi« Beltrán und mich. Beltrán war ein netter Kerl. Bei Banesto war er einer von Ábraham Olanos Domestiken gewesen und bei US Postal einer von Armstrongs wichtigsten Männern für die Berge. Bei Liquigas aber wirkte er verloren – er erfüllte keinen richtigen Zweck und er war es gewohnt, seinem Kapitän zum Gesamtsieg zu verhelfen. Ihn zur Tour zu schicken, um für die Mannschaftswertung zu fahren, war seinen Fähigkeiten überhaupt nicht angemessen. Er schien das auch selbst so zu sehen und nahm jeden Tag die Beine hoch, sobald er das Gefühl hatte, genug getan zu haben.

Als wir die Berge erreichten, wurde es auf der Abfahrt vom Cormet du Roselend auf der Etappe von Le Grand-Bornand nach Tignes ziemlich fies. Als wir die Abfahrt hinabrasten und mein Trizeps wegen der ungewohnten Gewichtsverteilung auf dem Rad brannte, verbannte ich die Welt wie immer aus meinem Bewusstsein, während ich mich ganz auf das Hinterrad vor mir konzentrierte. Auf dem Weg hinab schoss ich aus einer schnellen Kurve heraus, riss hart am Lenker und trat in die Pedale, um nochmals zu beschleunigen und mit Vollgas dem Fahrer vor mir zu folgen. Doch plötzlich bockte mein Rad wie ein Bulle beim Rodeo. Ich wurde bei 70 km/h über den Lenker geworfen und landete hart auf dem Hinterkopf, bevor ich überhaupt wusste, wie mir geschah.

Stürze kommen immer unerwartet, aber wenn man vor sich einen Fahrer fallen sieht oder hört oder wenn man in einer Kurve ins Rutschen gerät, bleibt dem Gehirn oftmals noch der Bruchteil einer Sekunde, um es zu registrieren. Zu wissen, dass man gleich stürzen wird, ist so ziemlich das schlimmste Gefühl, das sich ein Radprofi vorstellen kann. Es hat nichts mit der Erwartung von Schmerz zu tun. Es geht nicht um die Möglichkeit gebrochener Gliedmaßen, nicht um das buchstäblich atemberaubend heftige Stechen beim Säubern der Wunden unter der Dusche oder um die Nächte, die man auf einer Seite schlafend verbringen muss, um nicht die Teile des Körpers zu berühren, denen die obersten Hautschichten abgezogen wurden ... Es ist viel schlimmer als das. Bei jedem Wegrutschen, jeder übersteuerten Kurve, jedem nicht mehr zu umgehenden Haufen gestürzter Fahrer vor einem weiß man als Profi, der im nächsten Moment unweigerlich zu Fall kommen wird, dass die ganze Karriere auf dem Spiel steht.

Sich bei einem Sturz lediglich zu verletzen, ist für einen Profi noch das bestmögliche Szenario. Ein einziger Sturz, egal wie harmlos er auch erscheinen mag, kann ausreichen, um eine Kettenreaktion auszulösen, die das Karriereende bedeuten kann. Ich hatte nach meiner leidigen Hämatokrit-Affäre am eigenen Leibe erfahren, wie schnell man im Regen stehen kann. Das Feld zieht weiter, und oft gibt es keinen Weg mehr zurück. Ein Sturz könnte den gleichen Effekt haben. Ein gebrochener Knochen bedeutete eine längere Auszeit; eine Auszeit wiederum bedeutete, Rennen zu verpassen und die Form einzubüßen, was einen, bewusst oder unbewusst, plötzlich zum Problemfall für die Teamleitung machen konnte. Für einen Teammanager gibt es nichts Schlimmeres, als der Ausfall eines seiner 25 Fahrer, denn dann stehen die anderen Fahrer und die sportliche Leitung in der Pflicht, die vom verletzten Fahrer hinterlassene Lücke irgendwie zu schließen. Wenn also die Zeit für Vertragsverhandlungen kam, zählten nicht die Ausreden, sondern die Zahl der Siege, die Zahl der Renntage und die Leistungen. Die üblicherweise auf ein oder zwei Jahre befristeten Profiverträge lassen einfach keinen Raum für verletzungsbedingte Auszeiten.

Die Leute wundern sich oft, mit welch fürchterlichen Verletzungen die Fahrer bisweilen weitermachen, und glauben, Radrennfahrer seien zähe Burschen. Aber es ist gar nicht so, dass Radprofis besonders harte Jungs sind – sie haben nur einfach keine andere Wahl. Ein Radrennfahrer klettert verletzt und blutend wieder auf sein Rad und versucht durchzukommen, weil er es *muss*. Falls er es bis ins Ziel schafft, hat er wenigstens die Chance, am nächsten Tag weiterzumachen. Wenn ihm das gelingt, lässt er seine Mannschaft nicht im Stich, er verliert keine Renntage und er wird von der Teamleitung nicht als Problem angesehen.

All diese Dinge gehen einem Radrennfahrer durch den Kopf, wenn er fühlt, wie unter ihm das Gleichgewicht verloren geht, in dem Bruchteil einer Sekunde, bevor es ihn auf den Asphalt hinschlägt. Diesmal aber blieb mir keine Zeit, meine Karriere vor meinem geistigen Auge vorbeiziehen zu sehen oder all die Monate harter Arbeit zu beklagen, die für die Katz wären, sollte ich unglücklich aufkommen. Ich krachte auf den Asphalt, noch bevor ich kapierte, dass ich gestürzt war. Ich war vollkommen orientierungslos.

Die erst kürzlich gelieferten Rahmen, die wir von Cannondale für die Tour bekommen hatten, waren Modelle aus der Vorproduktion und boten nicht annähernd die Steifigkeitswerte, die im Renneinsatz gefragt waren. Die lateralen Kräfte, die auf das Material einwirkten, waren zu viel für den weichen Rahmen, und die Kette sprang vom großen Kettenblatt, während das Rad sich durch das Tretlager bog. Ich hatte nicht den Hauch einer Chance.

Ich tastete meinen Kopf ab und stellte fest, dass die Rückseite meines Helms total eingedellt war. Ich war mitgenommen, aber da der Helm das meiste abbekommen hatte, merkte ich bald, dass nichts gebrochen war. Während mir noch das Adrenalin durch den Körper jagte, wollte ich schnell wieder aufsteigen, also hob ich mein Rad auf und fuhr wieder los, bis mir angesichts der erschrockenen und entgeisterten Gesichter der Fahrer, die mit entgegenkamen, klar wurde, dass ich in die falsche Richtung unterwegs war. Als ich kehrtmachte, machten sich die Auswirkungen des Schocks bemerkbar und ich fühlte, wie ich wie ein brennendes Stück Papier in mich zusammenfiel. Der Sturz hatte meinen Kräften und meinem Nervenkostüm den Rest gegeben. Ich fuhr kauernd und vorsichtig Richtung Ziel und kroch schließlich als 172. und Letzter über die Ziellinie.

In den Bergen erhöhte sich der Druck auf mich noch. Liquigas war wild entschlossen, um die Mannschaftswertung mitzufahren, und während Beltrán sich nicht darum scherte, war ich zu pflichtbewusst, um es ebenso zu halten. Auf der Straße aber machte ich mir damit selbst das Leben schwer. Bei der Tour, so wie bei den meisten Rennen, nehmen viele Fahrer im Feld die Beine hoch, sobald sich eine Spitzengruppe abgesetzt hat. Das gilt vor allem für die versprengten Häufchen hinter den Führenden, wo sich viele abgehängte Fahrer aufhalten, die ihre Arbeit getan haben und ihre Kräfte schonen wollen. Normalerweise gehörte auch ich zu diesen Fahrern. Ich erledigte meinen Job und suchte mir dann eine Gruppe, in der ich so kraftsparend wie möglich Richtung Ziel rollen könnte. Ich wusste so gut wie jeder andere, wie nervtötend es war, einen übermotivierten Spinner in der Gruppe zu haben, der unbedingt weiter Dampf machen wollte. Das Problem war, dass Liquigas die Mannschaftswertung im Blick hatte, und ich wusste, dass ich mich daher sehr unbeliebt machen würde.

Ich war der beste Liquigas-Mann auf diesen Etappen, und während die Fahrer um mich herum einfach nur mit so geringem Aufwand wie möglich ins Ziel kommen wollten, hatte ich das Teamfahrzeug im Nacken, aus dem Mariuzzo seinen kahlen Schädel steckte und mich fluchend und hupend auf Trab hielt. Ich fand sein Gebaren eher beschämend als motivierend und ziemlich daneben, während ich mich durch die Berge quälte. Ich war so genervt davon, dass ich anfing, vor dem letzten Anstieg des Tages aus den Gruppen, in denen ich mich befand, wegzuspringen und lieber alleine ins Ziel zu fahren – aber nicht, weil ich auf eine bessere Platzierung aus war, sondern einfach, weil mir die Situation so unangenehm war.

***

Auf der zehnten Etappe, in der zweiten Woche, erreichten die Dinge eine neue Dimension. Nach 70 Kilometern, während wir eine weitere winzige *route départementale* mit Mach 3 entlangrasten, wandte ich mich an meinen brasilianischen Liquigas-Kollegen Murilo Fischer und sagte: »Verdammt noch eins! Sind die Ausreißer immer noch nicht weg?«

»Nö, sieht so aus, als würden sie Schumacher auch kriegen. Kann noch eine Weile dauern, bis sie einen ziehen lassen.«

»Wenn sich nicht bald irgendein Idiot absetzt, bin ich erledigt. Es sind verfluchte 40 Grad ...«

Die Aussicht darauf, in diesem Tempo weiterfahren zu müssen, während sich die endlosen Attacken und Gegenattacken neutralisierten und das Feld immer weiter beschleunigten, gab mir beinahe den Rest.

Die Intensität der schnellen Flachetappen, die die erste Rennwoche bestimmt hatten, war von der ungestümen Fahrweise der Übergangsetappen abgelöst worden. In jeder Tour gibt es mehr Etappen für Spezialisten als solche, die von einem »durchschnittlichen« Fahrer gewonnen werden können. Bei jeder Tour de France gibt es mindestens zehn Etappen für reine Sprinter, vier Bergetappen für die Kletterer und zwei Zeitfahren für die Favoriten auf den Gesamtsieg. Alle anderen Fahrer im Rennen sind, wenn sie etwas reißen wollen, gezwungen, ihre Energien auf eine kurze Phase in der zweiten Woche zu konzentrieren, wenn die Stunde der Ausreißer schlägt. In einem normalen Rennen wäre dies die Phase, in dem sich das Geschehen ein wenig beruhigt und die Fahrer, die sich etwas vorgenommen haben, ihr Glück versuchen können. In der Tour aber haben sich *alle* etwas vorgenommen.

Statt der üblichen frühen Attacken, die rasch klären, wer in der Fluchtgruppe dabei ist, gibt es ein wütendes Gemetzel unter Hasardeuren, die sich von einem Etappensieg bei der Tour den Einstieg in ein besseres Leben erhoffen. Wenn die Tage ins Land gehen und die Gelegenheiten weniger werden, versuchen diese Fahrer umso verzweifelter, in eine Gruppe zu kommen.

Die zweite Woche war ein hartes Brot. Am Ende der 13. Etappe war ich vollkommen erledigt. Aber während ich auf die brutale Fahrweise zumindest eingestellt war, hätte mich nichts auf die Unterkunft der nächsten beiden Tage vorbereiten können. Die Hotels bei Radrennen sind weitaus schlimmer, als sich die Leute ausmalen können, und bei der Tour waren sie selbst an diesen Maßstäben gemessen besonders gruselig. Ich hatte in meiner Zeit als Radprofi schon einiges gesehen, aber nichts reichte auch nur annähernd an das Hotel Belle Vue in Albi heran. Bis 2007 war ich so ziemlich überall auf der Welt Radrennen gefahren, inklusive winziger, namenloser Nester in allen möglichen »Entwicklungsländern« in Südamerika und Osteuropa, aber das Hotel Belle Vue, wo unser Team beim vermeintlich größten Rennen der Welt untergebracht war, war etwas, was man als halbwegs zivilisierter Mensch nur als absolute Bruchbude bezeichnen konnte.

Wir trafen dort nach einem völlig verregneten Zeitfahren ein (bei dem ich wieder mit einer dreistelligen Platzierung unter ferner liefen gelandet war). Zu diesem Zeitpunkt der Tour hatte ich mich schon so weit an die Schmerzen gewöhnt, dass sich das brennende Stechen des Prologs zu einem dumpfen Pochen gewandelt hatte, etwas, das ich gerade so spüren konnte unter den Schichten meiner Erschöpfung. Worauf es inzwischen ankam, war nicht mehr meine Fähigkeit, mir Schmerzen zuzufügen, sondern die Kleinigkeiten, die das Leben etwas angenehmer gestalteten, wenn ich mir nicht gerade auf dem Rad die Seele aus dem Leib fuhr. Jeden Abend betete ich, dass wir in einer behaglichen Unterkunft untergebracht würden und ich endlich entspannen könnte. Als ich die Tür unseres Zimmers im Belle Vue öffnete, knallte sie gegen den Koffer, der vom *soigneur* in die einzige freie Ecke im Zimmer gequetscht worden war. Ich spürte, wie mir schwer ums Herz wurde.

Das Zimmer war so beengt, dass Pippo und ich den Schreibtisch und einen Stuhl wegräumen mussten, um überhaupt unsere Koffer öffnen zu können, und selbst dann war es noch schwierig. Nach der verregneten Etappe mussten wir zusehen, wie wir unsere Schuhe und feuchten Klamotten trocken bekämen. Als ich auf der Suche nach einem freien Fleckchen das Bad betreten wollte, schlug mir ein Gestank nach Reinigungsmittel entgegen, der so streng war, dass ich mich in den Hundezwinger des örtlichen Tierheims in York zurückversetzt fühlte, wo wir als Kinder oft hingegangen waren, um streunende Hunde zu holen. Ich warf die Tür sofort wieder zu, aber es war zu spät: Das ganze Zimmer stank wie ein Tatort. Immerhin gab es ein Bett. Aber als ich die Laken zurückschlug, sah ich entgeistert, dass es sich dort bereits eine verfluchte Kakerlake bequem gemacht hatte!

Der Abend entwickelte sich wie ein Episode von *Fawlty Towers*. Während wir auf das Abendessen warteten, geriet der Betreiber mit seiner Frau aneinander. Der Streit eskalierte dermaßen, dass die Frau schließlich die Gendarmen rief, um ihren Gatten zur Räson zu bringen. Das Ergebnis des Dramas war, dass wir kein Abendessen bekamen und uns nichts anderes übrig blieb, als das zu essen, was wir bei uns hatten. Das waren noch die Zeiten, bevor Rennställe eigene Köche beschäftigten, also gab es Schinken- und Käsebaguettes, dazu Müsli aus der Packung und Proteinriegel für alle.

Als ich abends ins Bett sank, hing die Matratze so weit durch, dass mein Rücken den Boden berührte. Ich lauschte der lauten Musik, die aus dem Nachtclub nebenan dröhnte, und musste an die Horden von Touristen denken, an denen ich am nächsten Tag vorbeifahren würde, und die wahrscheinlich gerade eine nette Mahlzeit beendeten, die sie mit einem französischen Wein herunterspülten, bevor sie sich zur behaglichen Nachtruhe in ihre Vier-Sterne-Hotels zurückzogen. Am nächsten Tag würden diese Leute an der Straße stehen und uns glänzende Radprofis bestaunen. Mir kam das wie ein grausamer Scherz vor. Mit Glanz hatte dies alles so wenig so tun, dass ich nicht wusste, ob ich lachen oder weinen sollte, und ehrlich gesagt fehlte mir auch für beides die Energie.

* * *

Falls es möglich war, noch tiefer zu sinken als das Hotel Belle Vue, so schienen sich die Dinge in der dritten Rennwoche genau in diese Richtung zu entwickeln, allerdings mit einer noch teuflischeren Wendung. In Bezug auf Doping machte der Radsport gerade besonders schwere Zeiten durch. In den zehn Jahren bis 2007 schien keine Tour de France vergangen zu sein, in der es nicht irgendeine Dopingaffäre gegeben hätte. Lange Zeit war die Realität des Dopings von einem scheinbar undurchdringlichen Schutzwall von der Welt ferngehalten worden, aber jetzt taten sich immer neue Löcher auf. Es entstanden Risse, und unbequeme Wahrheiten wurden herausgespült. Die Tour war das Herzstück des europäischen Radsports und sorgte demgemäß Jahr für Jahr auch für die brisantesten Skandale.

Während der Tour de France 2007 folgte eine niederschmetternde Nachricht auf die nächste. Patrik Sinkewitz von T-Mobile war der Erste, der positiv getestet wurde, gefolgt vom zweifachen Etappensieger Alexander Winokurow (der daraufhin mit der gesamten Astana-Mannschaft vor der 15. Etappe ausstieg). Es war, als würde ein Buschfeuer durch das Feld wüten. Doping war ein so großes Thema bei dieser Tour, dass es schien, als hätten die Fernsehstationen extra Leute dafür abgestellt, um sich auf uns zu stürzen, wenn Neuigkeiten von einer positiven Probe die Runde machten. Sobald es eine neue Doping-Geschichte gab, nahm der Medienrummel rund um das Rennen jedenfalls noch einmal gewaltig zu.

Der erste echte Schock, den ich persönlich erlebte, war der positive Befund von Cristian Moreni nach der 16. Etappe. Wir wohnten im gleichen Hotel wie die Cofidis-Mannschaft, und eines Abends, nach einer schweren, sechseinhalbstündigen Etappe mit Bergankunft auf dem Col d'Aubisque, war das Gebäude bei unserer Rückkehr von der Polizei in Beschlag genommen worden. Die französische Polizei war so erbarmungslos, dass es beinahe grotesk war. Im Tagungsraum hatte sie eine Art provisorische Kommandozentrale eingerichtet, mit Computern und Telefon. Obwohl ich genau wusste, dass sich keinerlei verbotene Substanzen in meinem Körper oder meinem Koffer befanden, konnte ich angesichts solcher Kontrollen gar nicht anders, als mich irgendwie doch schuldig zu fühlen.

Als ich endlich mein Zimmer erreichte und in Sicherheit war, schloss ich die Tür hinter mir und spähte durch die Gardinen auf die Szenen, die sich vor dem Hotel abspielten. Man hätte meinen können, es wäre eine Geiselnahme im Gange, und hätte ich mich nicht so schuldig gefühlt, wäre es bestimmt ziemlich spannend gewesen, fast wie ein Actionfilm, aber so war es doch eine ziemlich verstörende Erfahrung. Da wir den Großteil des Tages auf dem Rad gesessen hatten, wussten die Fahrer nicht, was vor sich ging oder wer verhaftet wurde. Wir hatten weniger Informationen als alle anderen und wurden in unserem eigenen Hotel belagert. Es herrschte eine so paranoide Atmosphäre, dass ich mein Zimmer nicht mal verließ, um zur Massage zu gehen. Dennoch waren mir die einschüchternden Blicke der Gendarmen immer noch lieber als die Horden der Presse, die vor dem Hotel lauerten, um Stellungnahmen zu bekommen.

Die ganze Situation war furchtbar, aber ich hatte nicht die Kraft, mir Gedanken darüber zu machen, was genau vor sich ging und wie ich mich verhalten sollte. Am Abend vermied ich es, mir im Internet die neuesten Nachrichten anzuschauen. Ich tat, was ich konnte, um die Konzentration zu wahren, mich von der Etappe zu erholen und mich auf den nächsten Tag vorzubereiten. Am Morgen war ich immer noch so müde, dass es eine echte Kraftanstrengung bedeutete, ein anständiges Frühstück zu bekommen und meinen Koffer zu packen. Aber als ich etwa eine Stunde später aus dem Bus stieg, war der Medienauflauf auf der Straße so groß, dass man hätte meinen können, wir wären bei einem Protestmarsch gelandet. Die Journalisten hatten jede einzelne Entwicklung der letzten zwölf Stunden mit einer Hartnäckigkeit verfolgt, als hingen ihre Jobs davon ab, und jetzt wollten sie naturgemäß Meinungen und O-Töne von Hinz und Kunz einholen.

Ich hatte kein Medientraining gehabt und obwohl ich schlau genug war, nicht in die Fallen zu tappen, die manche der Fragen darstellten, war ich von den Strapazen des Rennens mental erschöpft. Aber das Klima hatte sich gewandelt. Es reichte nicht mehr, sauber zu fahren. Man erwartete von jedem Fahrer, dass er Stellung bezog und *etwas sagte*.

Aus meiner Warte war das in zweierlei Hinsicht schwierig. Mein erstes, offensichtliches Problem war, dass ich mir nicht den Kopf darüber zerbrechen wollte, welche Mittel die anderen genommen hatten, um mir meinen Job, ihnen wochenlang quer durch Frankreich nachzujagen, so verdammt schwer zu machen. Mein anderes Problem war, dass ich Verständnis für die Leute um mich herum hatte. Ich wusste genug, um davon ausgehen zu können, dass die Mehrheit der betreffenden Fahrer »Doper zweiter Klasse« waren, die ebenso gern auch *ohne* verbotene Mittel gefahren wären. Es stand mir nicht zu, meine sämtlichen Kollegen in die Pfanne zu hauen. Ich verstand, welch enormer Druck auf ihnen, auf uns allen, lastete. Ich sah keinen Sinn darin, mich hinzustellen und mich in irgendwelchen Mutmaßungen über das zu ergehen, was jeder Blinde sehen konnte. Damit hätte ich nichts weiter erreicht, als meine Teamkameraden mit hineinzuziehen und den Großteil meiner Kollegen, mit denen ich dann weiter arbeiten müsste, mit Dreck zu bewerfen. Mein einziger Wunsch war, mich abzuschotten und die Tour irgendwie zu Ende zu bringen, um meinen Job zu erledigen.

Aber es kam alles nur noch schlimmer. Nun machten Meldungen über Michael Rasmussen, den Führenden in der Gesamtwertung, die Runde.

Nach mehreren verpassten Trainingskontrollen war der Däne bei seinem eigenen Verband in Ungnade gefallen. Die Tour 2007 versank vollends im Chaos, und der Druck auf alle Beteiligten verschärfte sich noch. Selbst als es durch die Berge ging, war die allgemeine Anspannung riesig. Es fing schon beim Aufwachen an. Die Fahrer versuchten, sich in ihren Teambussen zu verstecken, und eilten dann zur Einschreibkontrolle und schnell wieder zurück, um bloß nichts sagen zu müssen. Im Laufe des Tages steigerte sich die Nervosität innerhalb des Feldes immer mehr, bis wir entnervt die Ziellinie überquerten, wo wir mit den neuesten Enthüllungen konfrontiert wurden, während wir noch um Atem rangen. Der erste Fahrer, der die Fassung verlor, war der Holländer Michael Boogerd von Rabobank, der schließlich jemanden niederstreckte. Im Feld wunderte man sich nur, dass so etwas nicht häufiger passierte. Es war so gut wie unmöglich, in einem solchen Umfeld einen kühlen Kopf zu bewahren. Viele Fahrer wollten plötzlich mit alten Bekannten, Kollegen und Freunden nicht mehr in Verbindung gebracht werden, und das Peloton wurde zu einem sehr unangenehmen Ort.

* * *

Erst als wir nach einer sehr entspannten Abschlussetappe in Paris einrollten, löste sich bei mir die Anspannung, und ich ließ mich ans Ende des Feldes zurückfallen. Beim Start in London hatte ich, wie vor allen großen Rundfahrten, Scheuklappen angelegt und mich ganz auf die bevorstehende Aufgabe konzentriert. Während des gesamten Rennens hatte ich mich wie ein Stier in der Arena gefühlt, der von den Stichen der Matadore langsam in die Knie gezwungen wurde, aber endlich, auf der letzten Etappe, hatte ich das Gefühl, meinen Kopf heben und einen Blick auf meine Umgebung werfen zu können.

Noch eindrücklicher als der Anblick des Arc de Triomphe war das Gefühl der Erleichterung – es war, als wäre ich von der Tour *befreit* worden. Der Druck war so groß gewesen, dass ich meine mentale Konzentration in den letzten Tagen darauf beschränkt hatte, einfach nur in die Pedale zu treten und sonst nichts. Überflüssige Dinge wie Städtenamen nahm ich nicht einmal wahr. Oft blendete ich sogar aus, überhaupt bei der Tour de France zu sein. Ich wusste, wie lang die Etappe des nächsten Tages wäre und wie viele Kilometer es bergab ginge (so dass ich mir einreden konnte, die Etappe sei um die paar Kilometer kürzer). Ich hatte meine Scheuklappen auf: »Trink etwas, iss etwas, bleib vorne.« Hätte ich mir mehr Gedanken gemacht, hätte ich vielleicht etwas mehr Motivation aufbringen können, aber letztlich befand ich, dass ich die Dimensionen der Tour de France und das Drama drumherum nur ertragen konnte, indem ich die Dinge soweit es ging heruntergekocht, um sie handhaben zu können.

Was mich ein wenig aufmunterte, während wir durch die Straßen einer weiteren europäischen Hauptstadt rauschten, war die Gewissheit, dass Camilla im Ziel auf mich warten würde. Das gab mir großen Auftrieb. Camilla war, wie viele andere Ehefrauen und Freundinnen der Liquigas-Fahrer, nach Paris gekommen. Ich verspürte wie immer, wenn sie bei einem Rennen war, so etwas wie Stolz und ich genoss auf dem Pflaster der Champs-Élysées die letzten Kilometer meiner ersten Tour de France und das Gefühl, sie tatsächlich beenden zu können.

Während die letzte Etappe für vieles entschädigte, war mein letztes Erlebnis bei dieser Tour einfach nur lächerlich. Nachdem ich Dopingskandale, Polizeirazzien, Stürze und die Annehmlichkeiten des Hotel Belle Vue überstanden hatte, standen mir nun noch die Freuden der After-Tour-Party bevor – ein Event, der von vielen Fahrern während der letzten Woche dermaßen angepriesen worden war, dass ich mich ziemlich darauf gefreut hatte. Aber als ich die Ziellinie überquerte und es geschafft war, nach drei Wochen, in denen wir Tag für Tag gegeneinander gefahren waren und ich jede Nacht wenige Zentimeter entfernt von einem Teamkollegen geschlafen hatte und ständig von Leuten umlagert worden war, die irgendwas mit der Tour zu tun hatten, wollte ich einfach nur ein wenig Zeit mit Camilla verbringen. Das Letzte, wonach mir der Sinn stand, war, mir die gleichen hässlichen Fratzen anzusehen, die mir in den letzten drei Wochen allzu vertraut geworden waren. Aber die Abschlussparty wurde nun mal, so wie die Tour de France selbst, als etwas angepriesen, bei dem man unbedingt mal dabei gewesen sein musste. Nach dem Abendessen und einer kurzen Ruhepause spazierten Camilla und ich also am Sonntagabend auf der Suche nach der Örtlichkeit der »offiziellen« Feier durch die Straßen von Paris. Die Stadt war inzwischen vollkommen verwaist, abgesehen von ein paar Kneipen, in denen sich Alkoholiker und Touristen verloren – ein greller Kontrast zum Tag, als Massen von Fans die Straßen säumten und die Stadt aus allen Nähten zu platzen schien.

Nach einer Weile stießen wir schließlich auf den Nachtclub, in dem die große Sause steigen sollte. Draußen standen sehr ernst dreinblickende Türsteher, die mir in barschem Französisch mitteilten, dass eine private Party im Gange sei. Nachdem sie die schwierige Aufgabe gemeistert hatten, meinen Namen auf der Gästeliste zu finden, führten sie uns hinein und wir kamen in einen schmuddeligen, halb leeren Nachtclub. Dank meiner gebührend geringen Erwartungen war ich wenig erstaunt, feststellen zu müssen, dass die große Tour-de-France-Party den ganzen Charme einer Zeltlagerdisco in einem heruntergekommenen englischen Seebad zur Nebensaison versprühte.

Camilla und ich schauten uns verlegen an, aber es waren zu viele erwartungsvolle Blicke auf uns gerichtet, um sofort wieder verschwinden zu können. Während wir berieten, was zu tun sei, entschuldigte ich mich, um die Toilette aufzusuchen. Als ich wiederkam, war ich nicht überrascht, dass sich bereits der lange Belgier Gert Steegmans an Camilla herangemacht hatte. Ich ging zu den beiden rüber, und als er mich sah, fragte er: »Möchtest du einen Drink, Kumpel?« Ich antwortete: »Ja. Gibst du meiner Freundin auch einen aus?« Er sagte einfach nur: »Ach, ist das deine Perle?« und zog unbeschwert von dannen.

Das reichte. Meine erste Tour war geschafft, und nach einem schnellen Drink verließen wir die Party. Es würde nicht meine letzte Tour de France sein, aber mein Eindruck von der Frankreich-Rundfahrt hat sich nie mehr verändert: Die Tour war groß, sie war aufdringlich, sie war ermüdend und nicht annähernd so prächtig, wie sie schien. Und vor allem war sie definitiv nichts für mich.

KAPITEL 13

ERSTE LIGA

Ich traf um Mitternacht in Monaco ein. Das Team hatte mich bereits im Hotel eingecheckt, also huschte ich rasch an der Rezeption vorbei und in den Fahrstuhl hinauf zu meinem Zimmer. Es war spät, also versuchte ich leise zu sein: Ich zog die Schlüsselkarte durch und entschuldigte mich gedämpft, als ich meinen belgischen Zimmergenossen Johan Vansummeren sich in seinem Bett bewegen hörte. Ich stellte schnell meine Taschen ab und fummelte am Lichtschalter herum, in der Hoffnung, das Licht für das Bad zu erwischen und nicht das für den Raum, in dem mein Teamkollege zu schlafen versuchte. Ihn zu wecken, wäre sehr rücksichtslos gewesen, denn in 48 Stunden begann die Tour de France 2009 und in neun Stunden würden wir zum Medizincheck erwartet. Ich hatte richtig geraten, das Licht flackerte auf und ich schlich ins Bad. Im grellen Badezimmerlicht betrachtete ich mich im Spiegel. Mein Kopf saß fest auf meinen Schultern, aber innerlich rotierte ich wie eine Zentrifuge. Nur Stunden zuvor, an eben diesem Nachmittag, war ich in Jeans und T-Shirt mit Camilla in der Metro auf dem Weg zurück vom britischen Konsulat durch Mailand gerattert. Da hatte ich das Handy in meiner Hose vibrieren gespürt.

Sobald ich mein Handy aus der Jeans gefischt hatte und den Namen des Anrufers auf dem Display sah, war ich beunruhigt. Marc Sergeant war

Teammanager von Silence-Lotto und er rief mich eigentlich nie an. In den paar Monaten, seit ich die große Entscheidung getroffen hatte, Liquigas am Ende der Saison 2008 zu verlassen und mich Silence-Lotto anzuschließen, um Cadel Evans bei seinem Ziel, die Tour de France zu gewinnen, zu unterstützen, hatte ich vielleicht ein Dutzend Mal mit Marc gesprochen. Mir wurde sofort bang ums Herz. Mein erster Gedanke war, dass ich aus irgendeinem Grund positiv getestet worden war. Ich wusste, dass ich keine verbotenen Substanzen nahm, aber nach allem, was ich 2004 durchgemacht hatte, hatte ich in der ständigen Angst gelebt, dass etwas Ähnliches noch einmal passieren könnte. Ich nahm ab. »Hi ... wie geht's dir, Marc?«

Seine Antwort klang nicht gerade beruhigend. »Nicht besonders gut, Charly.« Ich wartete, dass er fortfuhr. Ich wagte nicht zu fragen, was los sei.

»Wir haben heute sehr schlechte Nachrichten bekommen. Thomas Dekker wurde positiv getestet. Ich brauche dich in Monaco für die Tour, und zwar brauche ich dich jetzt.«

Mir ging alles Mögliche durch den Kopf: Dekkers positive Dopingprobe war gewiss eine schlechte Nachricht für das Team, aber ein Teil von mir war erleichtert, dass nicht ich der Grund dafür gewesen war, dass Marc so niedergeschlagen klang. Vielleicht hätte ich mich freuen sollen, für die Tour de France nominiert worden zu sein, aber es war erst zehn Tage her, dass ich nach einer Meinungsverschiedenheit mit der Teamleitung kurzerhand aus dem Tour-Kader gestrichen worden war und in letzter Minute erfahren hatte, dass ich nicht dabei sein würde.

Eigentlich war alles ganz anders geplant gewesen. Anders als 2007, als Liquigas bei der Tour mit einer gewissen Gleichgültigkeit an den Start gegangen war, hatte Silence-Lotto große Ambitionen: Mit Cadel Evans stellte meine neue Mannschaft einen echten Anwärter auf den Gesamtsieg, und so hatte ich den Giro im Prinzip nur zur Vorbereitung auf den eigentlichen Saisonhöhepunkt im Juli bestreiten sollen. So war es zumindest besprochen worden. Aber sobald der Giro losging und die Mannschaft (mich eingeschlossen) nicht die Ergebnisse einfuhr, die man sich vorgestellt hatte, schien die Teamleitung diese theoretisch gute Idee für keinen so guten Einfall mehr zu halten. Mit jedem Tag erhöhte sich der Druck auf jeden Einzelnen von uns, und aus irgendeinem Grund hatte ich die Hauptlast zu tragen. Bei Silence-Lotto war ich mit Roberto Damiani wiedervereint worden, der natürlich mein wichtigster Ansprechpartner im Team war. Vielleicht hatte er insgeheim gehofft, dass ich beim Giro eine gute Platzierung im Gesamtklassement erreichen könnte, und da er wusste, wie meine Psyche funktionierte, hatte er versucht, den Druck von mir zu nehmen, so dass ich unbelastet fahren könnte. Aber ich ging davon aus, tatsächlich nur zum Trainieren dort zu sein, und dementsprechend fuhr ich auch.

Mit jedem Tag, an dem ich weiteren Boden verlor, verhielt sich Damiani mir gegenüber immer griesgrämiger, und mir dämmerte allmählich, dass er mehr von mir erwartete als ursprünglich besprochen. Das Verhältnis zwischen uns war zunehmend angespannt, und zwei Tage vor dem Ende spitzte sich die Sache zu. Damiani teilte mir mit, dass ich, statt nach dem Giro nach Hause fahren zu dürfen, gleich ins belgische Zolder reisen sollte, um mit der Tour-Mannschaft das Training für das Mannschaftzeitfahren zu absolvieren. Mir platzte der Kragen. Mir nach einer dreiwöchigen Rundfahrt eine solche Überraschung aufs Brot zu schmieren, war eine Zumutung, und das wusste Damiani auch. Ich geigte ihm die Meinung, und wir gerieten uns richtig in die Haare. Ich fand, dass Damiani mir gegenüber nicht ganz aufrichtig gewesen war. Im Nachhinein war er wohl enttäuscht, dass ich mich nicht in der Weise reingehängt hatte, wie er es sich erhofft hatte. In Wahrheit waren wir beide einfach frustriert. Jeder von uns hatte auf seine Weise recht, aber das Problem war, dass wir nicht mehr auf einer Wellenlänge lagen.

Ich wusste, dass ich die Teamleitung verärgert hatte, insofern war ich nicht überrascht, als ich zehn Tage vor der Tour erfuhr, dass ich aus dem Kader gestrichen worden war. Das war ein Schlag ins Kontor, aber ich war eher verärgert als am Boden zerstört. Zum einen hatte ich einen Zweijahresvertrag bei Silence-Lotto, und auch wenn ich bei der Tour nicht dabei wäre, hätte ich immer noch die Chance, eine gute Vuelta zu fahren und meine

Bosse damit wieder versöhnlich zu stimmen. Zum anderen war ich nach sechs Monaten als Teamkollege von Cadel Evans ganz froh, meinen Kopf bei der Tour nicht für den Mann hinhalten zu müssen.

Mein größtes Problem damit, das Rennen zu verpassen, war sehr trivialer Natur: Ich hatte bereits ein Hotel im Wintersportort Livigno gebucht, wo ich in der Höhe meine letzten Vorbereitungen auf die Tour absolvieren wollte. Da es nichts mehr gab, woraufhin ich hätte trainieren müssen, beschloss ich, das Beste aus der Situation zu machen und Camilla mitzunehmen, um mir mit ihr fernab von zu Hause ein paar schöne Tage zu machen. Statt also zu trainieren, spazierte ich ein paar Tage nur herum, ging shoppen und entspannte mich. Ich tat nichts, was auch nur im Entferntesten mit einer professionellen Vorbereitung auf eine dreiwöchige Landesrundfahrt zu tun hatte. Wir verlebten eine schöne Zeit in den Alpen und da wir auf dem Heimweg ohnehin durch Mailand kamen, nutzten wir die Gelegenheit, um im britischen Konsulat die nötigen Papiere für unsere Hochzeit abzuholen. Dann klingelte das Telefon.

Als ich auflegte, stand ich unter Schock. Mit fassungsloser Miene teilte ich Camilla mit, dass ich zur Tour aufbrechen müsse, sobald wir zu Hause seien. Das war nicht gerade ideal, denn wir hatten für August unsere Hochzeit geplant. Ich teilte ihr praktisch mit, dass sie den ganzen Juli über auf sich allein gestellt wäre. Was mir abgesehen davon, meine Verlobte kurzfristig sitzen lassen zu müssen, zu schaffen machte, war der Umstand, dass ich in den Urlaubsmodus umgeschaltet hatte, seitdem ich aus dem Tourkader gestrichen worden war. Nach drei Tagen, in denen ich mein Rad gar nicht angerührt und stattdessen opulente Mahlzeiten in mich reingeschaufelt hatte und kreuz und quer durch Mailand gelaufen war, fühlte ich mich so aufgebläht und fit wie eine Wasserleiche. Nicht gerade das, was man sich unter der Idealform für die Tour vorstellte, aber es war zu spät, daran etwas zu ändern.

Wir kehrten heim, und ich packte eilig meine Koffer. Camilla, die so leicht nichts aus der Fassung brachte, ließ sich ihre etwaige Enttäuschung darüber, mal wieder allein gelassen zu werden, nicht anmerken und bot mir an, mich nach Monaco zu bringen. Wir waren es gewohnt, dass mein Berufsleben gelinde gesagt unberechenbar war, aber in den sechs Monaten, seit ich bei Silence-Lotto war, war uns beiden schon aufgefallen, dass es bei dieser Mannschaft recht launisch und chaotisch zuging. Mein Aufstieg in die Erste Liga gestaltete sich nicht ganz so, wie ich ihn mir vorgestellt hatte.

Zu einem Rennstall wie Silence-Lotto zu wechseln, war der Schritt, von dem ich immer geträumt hatte. Liquigas war eine große Mannschaft, aber dennoch sehr italienisch geprägt. Das Team hielt an einem traditionellen Ansatz fest, den ich, obwohl er durchaus effektiv war, allmählich in Frage zu stellen begann. Anfang des Sommers 2008 hatte ich erste lose Gespräche mit der Teamleitung von Lotto geführt. Nach drei Jahrzehnten, in denen sich Lotto auf die Klassiker des Nordens konzentriert hatte, begann die belgische Mannschaft, seit sie den Australier Cadel Evans unter Vertrag genommen und seine Karriere auf Vordermann gebracht hatte, ihr Augenmerk auch auf die großen Landesrundfahrten zu richten. Das Team eignete sich neue und (zumindest im Vergleich zur Konkurrenz) ziemlich fortschrittliche Trainings- und Arbeitsmethoden an, um aus dem Trott herauszukommen, der es die gesamten neunziger Jahre hindurch bei Tour, Giro und Vuelta zumeist hatte hinterherfahren lassen. Das weckte auch mein Interesse an diesem Rennstall und seinem neuen Ethos, und da Roberto Damiani dort angeheuert hatte, besaß ich auch auf persönlicher Ebene einen Draht zu dieser Mannschaft. Nach neun Jahren bei italienischen Teams gab es eine leise Stimme in meinem Kopf, die neugierig darauf war, wie das Leben wohl anderswo wäre. In Italien genoss ich unter Fahrern, Teamleitern, Organisatoren und *tifosi* so viel Anerkennung, wie ich mir nur wünschen konnte, aber ein Teil meines Egos sehnte sich nach internationaler Anerkennung und freundete sich mit dem Gedanken an, dass ein Teamwechsel sich lohnen könnte.

Doch so schnell Lotto ein Interesse an mir signalisiert hatte, so rasch schien es auch wieder zu erlöschen. Der Kontakt brach ab. Mein Vertrag bei Liquigas lief Ende des Jahres aus, und ich beschloss, meinen Agenten Alex Carera (den Bruder des Anwalts Johnny Carera, der viele Jahre zuvor Stanga gezwungen hatte, seine Absichtserklärung mir gegenüber einzuhalten) anzuweisen, den Markt zu sondieren. Die Resonanz war zum ersten Mal in meiner Karriere wirklich überwältigend. Nach kurzer Zeit lagen mir mehrere Angebote diverser spanischer und italienischer Mannschaften vor, und wie es schien, war mein Marktwert in den letzten beiden Jahren erheblich gestiegen. Da wurde mir, während ich mit Alex in einer Hotelbar bei einem Kaffee zusammensaß, plötzlich klar, dass ich es geschafft hatte. Für einen Radprofi gibt es nichts Schöneres als die Gewissheit, dass es mehr als eine Mannschaft gibt, die einen dafür bezahlen möchte, Rad zu fahren.

Mir fiel eine lange vergessene Vereinsausfahrt mit dem VC York wieder ein, die ich im Alter von 13 Jahren unternommen hatte. Während einer Plauderei mit einem älteren Klubkollegen über die Welt der Radprofis, hatte dieser mit weiser Miene erklärt: »Sean Yates, das ist ein *echter* Profi.« Es war nur eine beiläufige Bemerkung und vermutlich wenig fundiert, aber sie war mir im Kopf geblieben. Er sagte nicht, dass Yates ein Held wäre, weil er ein Zeitfahren bei der Tour de France gewonnen hatte oder eine Etappe bei der Vuelta. Nein, Yates war der Prototyp des Domestiken, und ganz gleich, ob der ältere Vereinskamerad überhaupt wusste, wovon er sprach, war mir im Laufe der Jahre klar geworden, dass es für einen Domestiken keine größere Auszeichnung gab, als dass die Teams Schlange standen, um ihn unter Vertrag zu nehmen. »Dieser Charly Wegelius, das ist ein *echter* Profi.«

Mein einziges Problem war jetzt, die für meine Zukunft richtige Entscheidung zu treffen. Ich dachte lange und gründlich über die vorliegenden Angebote nach, aber ich konnte mich nicht davon überzeugen, dass ein Wechsel nach Spanien der richtige Schritt für mich wäre. Letztendlich, zumindest froh darüber, eine Vorstellung von meinem Marktwert bekommen zu haben, hielt ich mich an das Bewährte und willigte ein, meinen Vertrag bei Liquigas zu verlängern. An Liquigas war schließlich nichts auszusetzen, sagte ich mir, und sie waren bereit, dem besten Angebot zu entsprechen, das mir vorlag, was deutlich mehr Geld war, als ich bislang verdiente.

Nach der Tour de France 2008 nahmen die Dinge jedoch eine neue Wendung. Cadel Evans wurde Zweiter hinter Alberto Contador, aber weil er eine schwächere Mannschaft hatte als der Spanier, war er in den Bergen weitgehend isoliert gewesen. Plötzlich suchte Silence-Lotto händeringend nach starken Kletterern, die den Unterschied machen könnten, und ich stand wieder ganz oben auf ihrer Einkaufsliste. Ich war der ideale Mann für den Job. Ich war nicht nur ein mustergültiger Domestik für die Berge, ich kannte Cadel bereits durch unsere kurze gemeinsame Zeit bei Mapei, und ich wohnte nur 20 Kilometer von ihm entfernt auf der anderen Seite von Varese.

Wie sich zeigte, war Lotto bereit, eine Menge in Cadels Chancen auf einen Toursieg zu investieren. Im Spätsommer 2008 kontaktierten sie meinen Agenten und boten eine Summe, die das, was ich bei Liquigas verdient hätte, locker in den Schatten stellte. Ich hatte mich prinzipiell auf einen neuen Vertrag mit Liquigas geeinigt, aber noch war nichts unterschrieben. Ich wusste nur zu gut, dass Liquigas nicht in der Lage wäre, mit dem Angebot mitzuhalten, und ich konnte eine solche Summe unmöglich ablehnen. Eine Radsportkarriere ist schrecklich kurz. Meine Entscheidung war gefallen.

Liquigas zu verlassen, fiel mir nicht leicht. Ich hatte dort eine erfolgreiche Zeit erlebt und ich mochte das Team. Ich wusste außerdem, dass sie mich wirklich gerne behalten hätten. Es war, wie mit einer Freundin Schluss zu machen, die man wirklich mochte, die aber zu Hause bleiben wollte, während man selbst um die Welt reiste. Mir war wichtig, ihnen meine Entscheidung persönlich mitzuteilen statt über meinen Agenten, also rief ich Liquigas' Teamleiter Roberto Amadio an. Ich wollte offen und direkt sein und ihm nicht das Gefühl geben, ihn erpressen zu wollen. Ich rief an und sagte nur: »Roberto, Lotto hat mir ein Angebot gemacht, das ich nicht abschlagen kann.« Ich musste ihm nicht einmal sagen, wie viel es war. Amadio war ein guter Manager und er verstand, dass Fahrer in ihrer kurzen Karriere verschiedene Pfade betreten mussten. Es tat ihm um der Mannschaft willen leid, aber er akzeptierte meine Entscheidung und rechnete es mir hoch an, ihn persönlich angerufen zu haben. Ich verließ Liquigas, aber ich ging erhobenen Hauptes. Es war das stimmige Ende eines sehr produktiven Kapitels in meiner Karriere.

Als ich bei Silence-Lotto unterschrieb, war es, als würde ich die Belohnung erhalten für all das, was ich zuvor bei Liquigas und De Nardi geleistet hatte. Bei De Nardi war ich für einen Profi ziemlich mies bezahlt worden. Bei Liquigas war es schon besser, aber ich verdiente nach wie vor nur ein Durchschnittsgehalt. Bei Lotto würde ich nun ein Gehalt bekommen, das mir wie das eines echten Stars erschien. Radprofis nehmen diese ganzen Strapazen nicht nur zum Spaß auf sich. Die reine Liebe zum Sport bringt einen vielleicht bei den Junioren oder bei Rennen auf regionaler Ebene weiter, aber mehr auch nicht. Durch die Wertschätzung seitens meiner Arbeitgeber und meinen Stellenwert im Peloton hatte sich mein größter Wunsch, nämlich als echter Profi anerkannt zu werden, erfüllt. Aber zu diesem Zeitpunkt meiner Karriere wurde das Bestreben, gutes Geld zu verdienen, zu einer immer stärkeren Triebfeder, insbesondere da ich nun Camilla hatte und eine Immobilie, die es abzubezahlen galt. In den harten Zeiten bei De Nardi hatte ich mir – während ich mit Knielingen zitternd am Start der nächsten Giro-Etappe stand und mich fragte, ob oben in den Dolomiten, die vor uns auftragten, aus dem Regen wohl Schnee werden würde – immer wieder gesagt: »Irgendwann macht sich das alles bezahlt.« Ich ging davon aus, dass ich eines Tages bei einer großen Mannschaft großes Geld verdienen würde – dass es ein Happy End für mich gäbe. Aber wie sich herausstellen sollte, macht Geld allein tatsächlich nicht glücklich. Vor allem nicht in einer Radsportmannschaft.

* * *

Zwei Tage nachdem ich in Monaco angekommen und wie ein Einbrecher in mein Hotelzimmer geschlichen war, stand ich auf der Startrampe zum Zeitfahren, das den Auftakt der Tour bildete. 2007 hatte mich das Rennen mit einer schleichenden Angst erfüllt, und ich war mental ausgelaugt, nachdem ich schon beim Giro unter großem Druck gestanden hatte. Aber diesmal war das Team so erleichtert, dass ich alles stehen und liegen gelassen hatte und gekommen war, dass mir schon fürs Dabeisein auf die Schulter geklopft wurde. Das beruhigte mich, und die Gewissheit, endlich auch auf internationaler Bühne Anerkennung zu erhalten, bedeutete einen weiteren Motivationsschub. Cadel hatte echte Chancen auf den Toursieg und so ging ich, anders als 2007, mit einer klaren Aufgabe ins Rennen.

Einen kurzen Moment lang waren an der Startrampe die Augen der Welt auf mich gerichtet. Ich ging genau eine Minute vor Lance Armstrong auf die Strecke, der nach vorübergehendem Rücktritt sein Comeback feierte. Alles drehte sich nur um Lance. Mir tat der arme Kerl leid, der direkt nach ihm starten musste, denn angesichts des gewaltigen Presseandrangs würde er es schwer haben, rechtzeitig zum Start zu kommen. Wo immer Lance auftauchte, stellte sich im Nu eine Flut an Reportern und Kameraleuten ein, die buchstäblich übereinander stolperten, um ihm nahe zu kommen. Die Tour schien dank seiner Rückkehr noch mehr im Rampenlicht zu stehen als sonst, und in gewisser Weise war Monaco die perfekte Metapher für alles, was vor sich ging: Geld, Prominenz, Glamour, alles unter dem Dach der Tour de France. Es war eine Welt, die mit meiner sonstigen Lebensrealität nicht viel gemein hatte, aber ausnahmsweise konnte ich all das genießen. Es gab nur einen Wermutstropfen, aber der hatte es in sich.

Als Lotto mich verpflichtete, wusste ich, dass ein wichtiger Aspekt meiner Aufgabe darin bestünde, eine Beziehung zu Cadel aufzubauen. Da wir in Italien fast Nachbarn waren, lag es nahe, zusammen zu trainieren und uns besser kennenzulernen. So könnte Cadel sich von meinen Fähigkeiten überzeugen, und es würde eine Verbundenheit zwischen uns entstehen. Das stellte sich in der Praxis allerdings als weitaus schwieriger heraus, als ich es mir vorgestellt hatte.

Kurz nachdem ich bei Lotto unterschrieben hatte, lud Cadel Camilla und mich zum Abendessen mit ihm und seiner Frau Chiara ins Restaurant ein. Zu diesem Zeitpunkt meiner Karriere, nach so vielen Jahren in Italien, hatte ich gelernt, mich von meiner geselligen Seite zu zeigen. Mit Camilla hatte ich wieder Gefallen daran gefunden, unter die Leute zu kommen, aber dieser Abend war ein hartes Stück Arbeit. Das Essen hatte etwas von einem verkorksten Vorstellungsgespräch. Es war purer Stress, und ich konnte mich keinen Moment lang entspannen. Ich wusste nicht, ob es Cadel genauso ging. Ich fragte mich, ob ich irgendetwas falsch machte, und dadurch wurde ich nur umso nervöser. Das Gespräch stockte, eine wirkliche Konversation kam nicht Gang, aber es wurde deutlich, dass Cadel ein paar ernsthafte Probleme mit dem Team hatte. Ich war nicht der Einzige, der sich an diesem Abend unwohl fühlte. Auf dem Heimweg äußerte Camilla sich erstaunt darüber, dass Cadel zwar eine schöne Flasche Wein mitgebracht und auf den Tisch gestellt hatte, sie dann aber nicht geöffnet und wieder mit nach Hause genommen hatte! Vielleicht hatte er es nicht einmal bemerkt, aber dennoch war es eine merkwürdige und nicht gerade erbauliche Geste.

Als das Jahr voranschritt und die Tour sich näherte, erwies sich auch das Training mit ihm als recht kompliziert. Er neigte dazu, sich auf dem Weg zwischen unseren Wohnungen ständig zu verfransen, was es bereits zu einer Herausforderung machte, sich mit ihm zu einer Trainingsausfahrt zu treffen. Wenn es dann endlich losging, war Cadel oft ziemlich anstrengend. Ihm ging so vieles durch den Kopf und er arbeitete so hart darauf hin, die Tour zu gewinnen, dass er alles und jeden um sich herum in Frage stellte. Er schien nicht überzeugt davon zu sein, dass das Team alles tat, was es konnte. Vielleicht hätten sie tatsächlich mehr tun können, oder es fehlten die Ressourcen, die nötig gewesen wären, jedenfalls konnte ich mich des Eindrucks nicht erwehren, dass er es persönlich nahm. Ehrlich gesagt litt darunter zusehends auch meine eigene Einstellung, und ich tat mich immer schwerer, Verhaltensweisen zu tolerieren, die ich nicht nachvollziehen konnte. Als junger Mann wäre ich vielleicht mit der Herausforderung gewachsen, aber stattdessen war ich nur frustriert. Silence-Lotto war damals vielleicht nicht das beste Team für einen Anwärter auf den Tour-de-France-Sieg, aber ich fand, dass sie eine Menge für Cadel taten, und sie hatten viel investiert, um ihm zu einem Erfolg bei der Tour zu verhelfen. Cadel war dennoch überzeugt davon, dass es nicht genug wäre.

Bei der Tour 2008 hatte Cadel bekanntlich einen Journalisten angeschnauzt und dem armen Kerl gedroht, »ihm den Kopf abzuschneiden«, sollte er seinen Hund anrühren (den er damals bei sich hatte). Da der Medienrummel im Zielbereich ihn offenbar ein wenig überforderte, entschied das Team, ihm ein wenig Beistand zu leisten. Für die Tour 2009 heuerten sie daher einen Bodyguard namens »Big Serge« an, der sich um ihn kümmern sollte. Cadel fasste dies aber nicht als Hilfe auf, sondern beklagte sich stattdessen, dass alle naselang ein Aufpasser hinter ihm herlief. Es schien fast so, als *wollte* er einfach alles in den falschen Hals kriegen.

Cadel startete nicht beim Giro, so dass sich unsere Wege ein paar Wochen lang nicht kreuzten. Aber sobald die Tour losging, beschloss er, um die üblichen Stürze der ersten Woche zu vermeiden und keine Zeit einzubüßen, unentwegt vorne zu fahren. An sich war das keine schlechte Idee, aber wenn Cadel »vorne« sagte, meinte er damit nicht, sich nahe der Spitze aufhalten zu wollen, sondern wirklich *an* der Spitze. Er wollte nichts davon hören, dass es vollkommen ausreiche, sich ein wenig zurückzunehmen und um Platz 20 herum mitzurollen. Statt sich zu entspannen und anderen Teams die Arbeit zu überlassen (und damit Kräfte für die Berge zu sparen, wo er uns wirklich brauchen würde), rieb er schon in der ersten Woche seine ganze Mannschaft auf.

Für mich war das größte Problem, dass Cadel kein geborener Anführer war. Es gibt Radrennfahrer, die geborene Anführer sind, und dann gibt es Radrennfahrer, die zwar mit Talent gesegnet sind, aber erst lernen müssen, was es bedeutet, die Kapitänsrolle auszufüllen. Nach meinem Dafürhalten brachte Cadel einfach nicht die natürliche Gabe mit, sich in die Männer hineinzuversetzen, die er beflügeln sollte. Ein wichtiger Aspekt meiner Aufgabe als Domestik ist, den Charakter meines Kapitäns kennenzulernen und ihm zu ermöglichen, das Beste aus sich herauszuholen. Ein guter Kapitän wiederum muss in der Lage sein, die Charaktere der Männer einzuschätzen, die sich für ihn aufopfern, und wissen, wie er das Beste aus ihnen herausholt.

Bei Liquigas hatte ich mich für Danilo Di Luca reingehängt, weil ich Profi und das mein Job war, aber hin und wieder, wenn es um die Wurst ging, war ich über mich hinausgewachsen, weil Di Luca mich dazu beflügelt hatte. An seinem Beispiel hatte ich aus erster Hand erlebt, wie sich ein geborener Kapitän verhält. Trotz seiner Fehler war Danilo ein echter Anführer und er wusste, wie er als Führungspersönlichkeit voranzugehen hatte und sich zu erkennen gab. Wenn sich nicht die gewünschten Resultate einstellten, behandelte er uns dennoch weiter mit Respekt und nahm die Verantwortung auf die eigenen Schultern.

Beispielsweise hielt sich Danilo gerne so lange wie möglich hinten im Feld auf, um sich zu entspannen und dann aber voll da zu sein, wenn es darauf ankam. Hin und wieder geriet der Teammanager, wenn er unsere acht lindgrünen Trikots am Ende des Feldes herumgondeln sah, ein wenig in Panik und fürchtete, das eigentliche Rennen würde ohne uns stattfinden, also beorderte er uns über den Teamfunk brüllend nach vorn. Aber Danilo wusste genau, wann er nach vorne zu fahren hatte, und wenn wir uns zu früh nach vorne arbeiteten, war es reine Energieverschwendung. Während der Teammanager sich heiser schrie, sagte Danilo ganz gelassen: »Ist schon okay, *ragazzi*, wir warten ab, ich sage, wann es losgeht.« Da konnte die sportliche Leitung im Teamwagen noch so zetern, wir blieben bei Danilo, denn wir vertrauten ihm und wussten, dass er sich für den Fall, dass es schiefging und wir uns zu spät nach vorne orientierten, nach dem Rennen vor uns stellen und erklären würde: »Das war mein Fehler.« Danilo hätte nicht im Traum daran gedacht, nach einer Etappe vor die Presse zu treten und zu behaupten, die Mannschaft habe ihn im Stich gelassen. Er wusste, dass man acht erschöpfte Radrennfahrer nicht damit motivierte, indem man der Welt mitteilte, sie seien zu nichts zu gebrauchen. Für Cadel hingegen schien ein solcher Umgangston schon zur Routine geworden zu sein.

Die Unterschiede machten sich nicht nur bemerkbar, wenn es schlecht lief. 2007, nachdem er den Giro gewonnen hatte und mein Vertrag auslief, suchte Danilo mich in meinem Hotelzimmer auf und erkundigte sich, wie viel ich verdiente. Als ich es ihm mitteilte, sagte er nur: »Das reicht nicht.« Mehr sagte er nicht, aber er kümmerte sich persönlich darum, dass ich einen wesentlich besseren Vertrag bekam. Binnen einer Woche erhielt ich ein neues, lukrativeres Angebot von der Mannschaft. Danilo verlor nie wieder ein Wort darüber und hielt es nicht für nötig, die Sache an die große Glocke zu hängen. Fairerweise muss ich sagen, dass Cadel sich oft öffentlich bei mir bedankte, wenn ich gute Arbeit geleistet hatte, aber für mein Empfinden geschah dies stets in einer Weise, der die einfache, persönliche Note fehlte, die mich wirklich angespornt hätte. Kurz, es passte einfach nicht zusammen, und allmählich fiel es mir schwer, mich zu motivieren.

* * *

Im Sommer stand meine Hochzeit bevor, und zum ersten Mal in meiner Radsportkarriere hatte ich das Gefühl, endlich ein glückliches und ausgeglichenes Privatleben zu führen. Wenn ich jetzt in die seltsame Welt des Profiradsports zurückgeworfen wurde, begann ich meine Kollegen und meinen Beruf in einem anderen Licht zu sehen. Wie alle Radprofis war ich im Idealfall austrainiert und ausgeruht wie ein Rennpferd, und alle anderen Aspekte meines Lebens waren nebensächlich und würden später erledigt, notfalls auch von jemand anderem. Weil ich Sportler war, fassten die Leute dieses Verhalten als Zeichen meiner großen Einsatzbereitschaft und hohen Arbeitsmoral auf, als etwas, das mir zeitlebens als rühmliche Charaktereigenschaft ausgelegt wurde. Jetzt, da ich einen Partner hatte, den ich liebte und mit dem ich Zeit verbringen wollte, wurde mir klar, dass es bisweilen schwierig sein musste, mit meiner Persönlichkeit klarzukommen. Das Wichtigste in meinem Leben war meine körperliche Verfassung. In mir reifte die Erkenntnis, dass ich nichts weiter als ein ichbezogener, egozentrischer Hypochonder war.

Mir wurde allmählich klar, dass ein Dasein als Leistungssportler bisweilen zu bedauernswerten Verhaltensmustern animiert. Die gesellschaftliche Bewunderung für Sportler basiert auf dem Erreichen eines Ideals. Die Leute nehmen einen Radprofi als jemanden wahr, der ein Ziel hatte und es durch harte Arbeit erreichte. Das Publikum sieht gerne jemanden, der etwas geschafft hat, das ihnen verwehrt blieb, und der den Gipfel körperlicher Leistungsfähigkeit erreicht hat. Für Fans, die Bücher und Magazine verschlingen, ist die Vorstellung der *Opferbereitschaft* eine ehrenvolle Sache, aber wenn man erst mal 30 ist, sollte man sich gut überlegen, welche Dinge man zu opfern bereit ist. Ich musste bereit sein, um des Radsports willen Opfer in meiner Beziehung zu bringen. Natürlich war mir klar, dass jeder in seinem Beruf Opfer bringen muss, aber im wahren Leben würde ein Workaholic, der seine Familie vernachlässigte, als ein mieses Stück Scheiße angesehen – streng genommen jedoch tat ich genau das Gleiche, nur dass ich dafür auch noch Bewunderung vom Publikum erntete, das mir vom Straßenrand aus zujubelte und in strömendem Regen vor dem Teambus Schlange stand, um mir zu erzählen, was für ein toller Hecht ich war.

Aber das Paradoxe am Profiradsport ist, dass einem, solange man gut fährt, die menschlichen Makel nicht nachgetragen werden. Niemand, außer vielleicht die etwas empfindsameren Fahrer, stellt in Frage, dass bedingungslose, auf nichts und niemand Rücksicht nehmende Hingabe nötig ist, um sportlichen Erfolg zu haben. In den meisten Fällen ist es zudem im besten Interesse der Mannschaft, den Mythos aufrechtzuerhalten, dass ein guter Fahrer auch charakterlich ein guter Mensch sei, denn solange er gewinnt, ist seine wahre Persönlichkeit irrelevant.

Je mehr ich mich in jenem Jahr umsah, desto mehr nahm ich andere Menschen (und mich selbst) in einem neuen Kontext wahr. Dank der neuen Perspektive, die mein Privatleben mir vermittelte, begann ich zu begreifen, dass wir die Anerkennung und den Applaus überhaupt nicht verdienten: Wir waren ein Haufen selbstsüchtiger Arschlöcher, die ihr Leben damit verbrachten, entweder Rad zu fahren oder die Beine hochzulegen.

Was würde passieren, fragte ich mich, wenn ich eine Familie gründete? Solange ich bei der Arbeit war, wäre ich einer der in hautenge Funktionskleidung gewandeten Gladiatoren, die das Tour-de-France-Peloton bildeten, aber zu Hause wäre ich ein Vater, der sich auf die andere Seite drehte, wenn seine Kinder nachts weinten. Ich wäre ein Ehemann, der seine Frau mir nichts, dir nichts sitzen ließ, um wochenlang zu verschwinden, nur um dann als ein missmutiger Schatten seiner selbst zurückzukehren. Ich wäre ein erwachsener Mann, der abends nicht das Geschirr spülte, weil er keine zusätzlichen zehn Minuten auf den Beinen sein wollte. Ich würde möglicherweise die Geburt meiner Kinder verpassen und kaum erleben, wie sie heranwuchsen, um mich stattdessen in der Bewunderung von Leuten zu sonnen, die ich gar nicht kannte. Während ich im Rennen mein Programm abspulte, spürte ich tief in meinem Inneren eine Frage aufkommen: Was zur Hölle machte ich hier eigentlich?

* * *

Letztendlich verlief die Tour 2009 gar nicht so schlecht für mich. Es war immer noch das größte Rennen des Planeten, und in diesem Jahr hatte ich das Gefühl, dass mein Verhältnis zu ihm ein wenig reifte. Es gab ein paar Kleinigkeiten, die meinen früheren Eindruck von der Frankreich-Rundfahrt bestätigten, die ich aber noch nicht wirklich verstanden hatte. Als Radrennfahrer versucht man stets zu ergründen, welchen Platz man im Klassensystem des Pelotons einnimmt, wo man im Verhältnis zu anderen steht und wie sich diese Konstellationen ständig verändern. Das Peloton ist, wie ich schon viele Male gesagt habe, nichts weiter als ein vielsprachiger Schulhof, und es dauert Jahre, bis man seinen Platz dort gefunden hat. Selbst wenn man seine Rolle als Fahrer sportlich irgendwann gefunden hat, bleibt noch die Frage der sozialen Rolle, die man spielt, und die ist viel komplizierter. Auf dem Rad möchte man in bestimmter Weise wahrgenommen werden und man möchte in den richtigen Kreisen verkehren, wenn bestimmte Dinge diskutiert werden. Ich war als Neoprofi nicht in meine neue Schule spaziert und sofort von den älteren Kindern akzeptiert worden. Stattdessen hatte ich mir den Weg dahin mühselig erarbeiten müssen, und bei der Tour 2009 hatte ich das Gefühl, endlich in den obersten Sphären des internationalen Pelotons angekommen zu sein.

Einen guten Ruf zu genießen, machte meinen Job in vielerlei Hinsicht einfacher und in mancherlei interessanter. Es gibt keine bessere Messlatte für das Standing eines Fahrers in der Radsporthierarchie als das, was man durch das zwanglose Geplauder im Feld aufschnappt, während das Feld dahinrollt. Bei einer der Bergetappen bekam ich zufällig mit, wie Pablo Lastras von Caisse d'Epargne sich hinter mir mit einem seiner Teamkollegen unterhielt. Lastras' junger Kollege stellte eine Frage, die ich im Trubel des Rennens nicht mitbekam. Aber die Antwort von Lastras konnte ich klar und deutlich verstehen: »Frag Charly, der weiß das.«

Lastras war ein Fahrer, zu dem ich aufschaute. Der lange Spanier war einer der höflichsten, professionellsten und ehrenwertesten Fahrer im Feld: Er verhielt sich jedem gegenüber wie ein echter Gentleman. Er gewann hin und wieder ein großes Rennen, aber was ich an ihm vor allem bewunderte, war der Respekt, den er im Feld genoss. Es machte mich mächtig stolz, dass Lastras mich als einen Fahrer sah, an den man sich um Rat und Hilfe wenden könnte. Inzwischen gehörte ich also zu den alten Hasen, an die andere sich richteten, wenn sie wissen wollten, wie sich das Wetter entwickeln würde oder an welches Hinterrad sie sich halten sollten, wenn die Ausreißer angriffen. Äußerlich ließ ich mir nichts anmerken, aber innerlich war ich bewegt. Ich hatte mich von einem Fahrer, der bei der Vuelta verzweifelt nach Erik Zabel Ausschau hielt, um das richtige Gruppetto zu erwischen, zu einer Richtgröße für andere Leute im Feld entwickelt. Das war ein großer Moment. Ich wurde respektiert.

Auf der letzten Etappe der Tour 2009, als wir die 180-Grad-Kurve erreichten, um die herum es zurück auf die Champs-Élysées ging, schloss ich zu meinem jungen australischen Teamkollegen Matt Lloyd auf. Als wir um die Kurve fuhren und ich neben ihm herrollte, konnte ich endlich durchatmen und rief: »Matt! Was zu trinken? Willst du einen Schluck?«

Ich bekam nicht die Antwort, die ich erwartet hatte. Lachend rief er zurück: »Leck mich, Klugscheißer!«

Ich war verwirrt. Matt hatte einen großartigen Sinn für Humor, aber ich verstand nicht, was daran witzig sein sollte beziehungsweise warum dies der geeignete Zeitpunkt für alberne Späße wäre. Ich versuchte es noch mal: »Ernsthaft, Matt, willst du einen Schluck?«

Da sah er mich an und begriff, dass ich keine Späße machte. »Charly, wir sind auf der letzten Runde!«

Dieser Witz ging auf meine Kosten. Ich hatte keine Ahnung, dass wir uns wenige Kilometer vor dem Ziel befanden und dass die ganze Mühe, mich zurückfallen zu lassen und dann mit Trinkflaschen beladen wieder nach vorne zu arbeiten, totale Zeitverschwendung gewesen war. Ich musste an die sportlichen Leiter und an die Mechaniker denken, die sich hinten im Teamwagen vermutlich gerade über mich kaputtlachten. Ich musste selbst ein wenig kichern, warf die Flaschen weg und sprintete zurück ins Feld. Das war typisch für meine Einstellung gegen Ende dieser Tour. Das Rennen schien mich gar nicht mehr wirklich zu tangieren. Cadel war die ganze Zeit hinterhergefahren und gab jedem, der es hören wollte, zu verstehen, dass die mangelnde Unterstützung seiner Mannschaft schuld daran sei. Je näher wir dem Ziel kamen, desto weniger Gedanken verschwendete ich an das Geschehen und desto mehr dachte ich über die profunden Fragen in den finsteren Winkeln meines Gehirns nach. Mein Körper tat noch seine Arbeit, aber mit dem Kopf war ich längst woanders.

Nach der Tour dachte ich, dass es sich mit den bösen Überraschungen für dieses Jahr erledigt hätte. Im August kehrte ich nach Finnland zurück und heiratete Camilla im Kreise vieler Freunde, die aus Italien und Großbritannien angereist waren. Ich spürte förmlich, wie sich alles in mir löste; ich war wahrhaft glücklich. Durch Camilla hatte ich wieder Zugang zu Finnland gefunden, und die Dinge, die ich dort gerne machte, und die Freiheit, die ich dort verspürte, waren wieder wichtig für mich geworden. Wir gingen im Wald spazieren, schwammen in Seen und kümmerten uns um Camillas Pferde. Wir genossen es, zusammen zu sein, und wir genossen die Weite und die Einfachheit Finnlands. Wir verbrachten Zeit mit Camillas Freunden, und ich freute mich darüber, Leute kennenzulernen, die nicht das Geringste mit Radsport zu tun hatten. In Italien bestand mein gesamtes soziales Umfeld aus Radrennfahrern oder Leuten, die ich durch andere Radsportler kannte, aber in Finnland war es ganz anders. Wir genossen es, für eine Weile von unserem unsteten Leben in Italien loszukommen. Ich musste mich nicht selbst hinterfragen, denn ich war glücklich, und was meine Karriere betraf, so befand ich, dass es im Großen und Ganzen ein gutes Jahr gewesen war. Angesichts von Dekkers positiver Dopingprobe und Cadels enttäuschenden Leistungen hätte die Tour von der Mannschaft als einziges Desaster betrachtet werden können; aber was mich betraf, waren sie so froh, dass ich überhaupt angetreten war, dass ich eine Art Freifahrtschein bekam. Ich wusste auch, dass der Finnland-Aufenthalt etwas dringend benötigten Abstand zwischen mich und meine Arbeit bringen würde. Ich hoffte, dass eine Auszeit dort vor den Rennen im Herbst meine mentalen und physischen Kräfte wiederherstellen könnte, damit ich bei unserer Rückkehr nach Italien wieder bereit wäre, in den gewohnten Trott zurückzukehren.

Aber es kam, wie es kommen musste.

Diesmal war es Hendrik Redant, einer unserer *directeurs sportifs*, der wohl das kürzeste Streichholz gezogen hatte und so den unangenehmen Job hatte, mich anzurufen und darüber zu informieren, dass ich in neun Tagen bei der Vuelta an den Start gehen solle. Bittere, wütende Tränen stießen mir in die Augen. Ich konnte nicht glauben, was ich da hörte. Ich war noch auf Hochzeitsreise, und nun hieß es, dass Cadel, weil die Tour so schlecht gelaufen war, bei der Vuelta sein Glück versuchen wolle. Ich schaute quer durch den Raum zu Camilla, während ich ungläubig den Kopf schüttelte. Wie schwierig und schmerzhaft es für mich auch wäre, schon wieder so lange fort zu sein, so wusste ich, dass Camilla es verstehen würde. Aber das änderte nichts daran, dass ich mich vollkommen ohnmächtig fühlte. Es war nicht nur mein Privatleben, das darunter zu leiden hatte. Auch in körperlicher Hinsicht war es eine aberwitzige Idee. Ich war kurzfristige Programmänderungen gewohnt, aber das hier war schlichtweg grotesk.

Alle drei großen Landesrundfahrten in einem Jahr absolvieren zu müssen, war schon heikel genug, aber zwei davon völlig unplanmäßig und unvorbereitet zu bestreiten, war einfach nur schwachsinnig. Es ist durchaus machbar, alle drei Grand Tours in einem Jahr zu fahren, aber man muss als Athlet schon außergewöhnlich robust sein, um alle drei zu absolvieren und auch im Jahr darauf noch gut zu sein. Selbst angesichts dessen, was Silence-Lotto in mich investiert hatte, ergab es keinen Sinn. Ich begriff nicht, warum das Team mich, mit einem Zweijahresvertrag ausgestattet, unter diesen Umständen bei der Vuelta an den Start schicken wollte und mir so möglicherweise die folgende Saison ruinierte.

Ich war so niedergeschlagen, dass ich ehrlich sein musste: Ich sagte Hendrik, dass ich lieber nicht starten würde. Statt mir zuzuhören, sagte er: »Okay, lass es dir einfach mal durch den Kopf gehen.«

Angeblich war es meine freie Entscheidung, das hinderte ihn aber nicht daran, am selben Tag noch fünf Mal anzurufen. Das Team wusste genau, wo es den Hebel ansetzen musste, um mich zum Umdenken zu bewegen, und damit begann die emotionale Erpressung. Ein ums andere Mal schmierte er aufs Brot, *wie sehr* sich die Mannschaft auf mich verließ und dass sie mich *unbedingt* bräuchte. Ich hätte ihn gerne gefragt, ob es nicht reichte, dass ich in dem Jahr bereits zwei große Landesrundfahrten bestritten hatte und dass ich zu einer davon mit einer Vorlaufzeit von sechs Stunden angetreten war, nachdem sie mich zunächst aus dem Kader gestrichen hatten, um mich zu bestrafen. Aber das spielte keine Rolle. Ich wusste, dass ich damit nichts ausrichten würde.

»Meine« Entscheidung wurde mir um einiges erleichtert, als ich, statt weiter emotional erpresst zu werden, stattdessen vor eine sehr einfache Wahl gestellt wurde: »Wenn du die Vuelta nicht fahren willst, schicke ich dich halt in der Zeit zu Eintagesrennen in Belgien.«

Ich gab nach. Zwei Wochen später schleppte ich mich pflichtgemäß zum Start der Vuelta, der ausgerechnet in Holland stattfand. Ich wusste, dass ich nicht die mentale Stärke aufbringen könnte, um eine dreiwöchige Rundfahrt zu überstehen. Nach der dritten Etappe lag ich im Hotelzimmer auf meinem Bett und starrte an die Decke. Ich hatte noch den Trainingsanzug an, in den ich nach der Etappe hastig geschlüpft war, und auch die Tasche mit meinen dreckigen Radklamotten war noch nicht ausgepackt. Mein Zimmergenosse Matt Lloyd war mit den üblichen Verrichtungen nach einer Etappe beschäftigt, packte seine Klamotten aus und wühlte in seinem Koffer. Ich überlegte, aufzustehen und das Gleiche zu tun, aber ich konnte mich einfach nicht aufraffen. Mir wurde klar, dass ich es einfach nicht bringen würde.

»Ich bin raus, Matt. Ich fahre nach Hause.«

»Ach ja? Mist. Was wirst du der Teamleitung sagen?«

»Ich weiß nicht. Keine Ahnung. Ich sage, ich habe eine Knieverletzung ... irgendwas wird mir schon einfallen. Sie wissen eh, dass es Blödsinn ist, ganz gleich, was ich ihnen erzähle, aber das ist mir scheißegal. Es ist nicht fair. Sie können sich ihre Scheißrundfahrt in den Arsch stecken.«

»Na gut, Kumpel. Wenn's denn sein muss ...«

Ich wusste, dass Matt es verstehen würde. Es war unser erstes gemeinsames Jahr beim Team, aber wir hatten uns auf Anhieb verstanden. Er fiel in mancherlei Hinsicht aus dem Rahmen: Er war kein typischer australischer Fahrer, denn er war ein reiner Kletterer; er war klein und schmächtig, während die meisten australischen Profis von der Bahn kamen und in der Regel Sprinter waren. Für mich war er ein Unikum, denn er besaß wirklich Scharfsinn – eine Schlagfertigkeit, bei der viele nicht mitkamen – und er hatte Rückgrat. Matt Lloyd verhielt sich immer so, als wäre ihm alles völlig schnuppe, und dafür mochte ich ihn wirklich. Matts Einstellung war die Antithese der unterwürfigen Haltung, die ich stets für nötig gehalten hatte, um mich als Fahrer anzupassen. Und dabei war er niemals kompliziert oder schwierig, er ließ sich nur einfach nichts gefallen oder sich von irgendwelchen Idioten unterkriegen. Auch als Rennfahrer war er völlig anders als ich, denn er war ein Siegertyp, und das war wichtig. Er legte genau die Einstellung an den Tag, von der ich während meiner ganzen Zeit im Profigeschäft geträumt hatte, aber meine Rolle als Domestik hatte mich dazu verdammt, mich unterzuordnen. Wenn es jemals jemanden gegeben hatte, der meine Situation einschätzen konnte, dann war es Matt. Ich war echt froh, dass er da war.

Ich ging am nächsten Tag an den Start, stieg aber unterwegs vom Rad, und teilte Redant mit, dass ich zu kaputt wäre, um weiterzumachen. Er zeigte sich ungerührt. Es war klar, dass er mir die Geschichte nicht abkaufte, aber er konnte nichts tun, um mich zum Weitermachen zu zwingen, und das wusste er. Bei einem Rennen auszusteigen, ist unter keinen Umständen angenehm. Ich verspürte keine Erleichterung, keine insgeheime Genugtuung darüber, dem Team eins ausgewischt zu haben. Stattdessen verspürte ich nur ein bitteres Bedauern darüber, dass es mir so schwer fiel und sich so falsch anfühlte, das für mich Richtige zu tun.

Als ich schließlich fern der Mannschaft war und in einer weiteren unscheinbaren Abflughalle eines Flughafens saß, dessen Namen ich nicht einmal kannte, kamen all die verdrängten Fragen wieder zum Vorschein, die ich mir während der Tour gestellt hatte. Ich musste daran denken, wer ich noch bei meiner ersten Vuelta gewesen war. Mir war klar, dass mein jüngeres Ich, wenn es mich jetzt sehen könnte, denken würde, dass ich alles habe: Respekt, eine große Mannschaft, Geld, eine sportliche Bilanz, auf die man durchaus stolz sein könnte. Aber jetzt, da ich alles hatte, was ich mir von meiner Radsportkarriere erträumt hatte, erkannte ich, wie schmal doch die Straße war, auf der ich mich all die Jahre bewegt hatte.

KAPITEL 14

EINE TOUR ZU VIEL

Meine Schwiegereltern besitzen, wie so viele Familien in Finnland, ein kleines Haus am See. Es ist eine Blockhütte, die sich in wunderbarer Abgeschiedenheit nur ein paar Meter vom Ufer eines der vielen hundert finnischen Seen entfernt befindet, in einem Wald hoher, stiller Kiefern. Im Winter ist der schmale Zugang von der Straße aus durch den Wald wegen des tiefen Schnees vollkommen unpassierbar. Unter dem Gewicht des Schnees brechen zahlreiche Äste, und wenn meine Schwiegereltern im Frühjahr zurückkehren, müssen sie jedes Mal jede Menge Unrat vom Weg räumen, um das Haus erreichen zu können.

Im Sommer aber ist diese Blockhütte eine Zufluchtsstätte. Dann verstreichen die scheinbar endlosen Stunden des Tageslichts, die in eine lange Dämmerung übergehen, mit herrlicher Einfachheit. Ich hatte mich in das kleine Haus am See auf den ersten Blick verliebt. Im Sommer 2009 verbrachten Camilla und ich dort unsere Hochzeitsnacht und drei wundervolle Tage allein. Es gab keinen Mobilfunkempfang, und sobald wir dort waren, war ich für niemanden auf der Welt mehr zu erreichen. Ich lebte das einfachste Leben, das ich mir vorstellen konnte. Ich hackte Holz für die Sauna, schwamm im See, ruderte hinaus in die Stille, die über der Mitte des Sees lag, und ging mit den Hunden spazieren. Am liebsten lag ich aber auf der

Holzveranda, schaute in den Himmel und lauschte der herrlichsten Stille, die man sich vorstellen konnte.

Genau das tat ich auch am 17. Juli 2010, aber es war eigentlich nicht das, was ich hätte tun sollen. Zwei Tage zuvor hatte ich noch dem Peloton der Tour de France angehört. Aber in meiner 14. Grand Tour war einiges schiefgelaufen. Als ich auf der Veranda lag und dem Knacken der Kiefern und dem Plätschern des Sees lauschte, wusste ich, dass ich ein kranker und erschöpfter Mann war. Ich war kaputt, aber ich verstand, dass mein Ausstieg aus der Tour de France unausweichlich gewesen war – er war die logische Konsequenz einer Tour zu viel.

Ironischerweise war ich in die Tour 2010 sogar mit der Hoffnung gegangen, ein gutes Rennen zu fahren. Nach den Enttäuschungen von 2009 mit Cadel und Silence-Lotto brauchte ich eine Veränderung, um hungrig zu bleiben. Wegen der Querelen um die späten Nominierungen war 2009 ein einziges zähes Ringen gewesen, und ich war gezwungen, meinen Lebenswandel zu hinterfragen. Die Hochzeit mit Camilla hatte mich verändert. Als ich von der katastrophalen Vuelta heimkehrte, wurde mir klar, dass ich einen Großteil meines erwachsenen Lebens den Kopf in den Sand gesteckt und immer nur das getan hatte, was man mir sagte. Camilla zu treffen, hatte mein Leben ungemein bereichert und mir eine objektivere Perspektive eröffnet – auf mich selbst und meine Berufswahl.

Es war mir zum Beispiel lange Zeit gar nicht erst der Gedanke gekommen, dass ich als Radprofi eventuell auch anderswo als in Italien leben könnte. Ende 2009 aber fuhr ich nicht mehr für eine italienische Mannschaft, und meine Teamkollegen lebten über ganz Europa verteilt und flogen zu den Rennen ein. Warum zum Teufel lebte ich also noch in Italien? Was mich dort gehalten hatte, war das gleiche Streben nach Legitimation, das mich in meinen ersten Jahren davon abgehalten hatte, zweistündige Flüge nach England auf mich zu nehmen, wenn ich mal ein paar Tage freihatte. Ich redete mir damals ein, dass ich es mir mit einem kleinen Heimaturlaub als Profi zu einfach machen könnte, ich also praktisch »schummeln« würde. Nun aber hatte sich meine Einstellung geändert: Jetzt strebte ich danach, mein Leben möglichst einfach zu gestalten und nicht möglichst schwierig. Mich selbst zu geißeln, kam mir nicht mehr in den Sinn. Ich musste niemandem mehr beweisen, dass ich ein echter Radrennfahrer war.

Nach dem ersten enttäuschenden Jahr bei Silence-Lotto wurde Camilla und mir klar, dass wir etwas ändern mussten. Wir lebten seit drei Jahren zusammen in Italien, und das Leben dort zermürbte uns beide. Die banalsten Kleinigkeiten fielen mir lästig. Egal, wie gut ich die Sprache und die Kultur kannte, so richtig verstanden hatte ich das Land noch immer nicht. Ich brauchte einen ganzen Nachmittag, um die einfachsten Besorgungen zu erledigen, weil die Dinge, die ich brauchte, nie dort zu finden waren, wo man sie erwartete und jedes einzelne Geschäft und jede einzelne Bank in Italien eigene Öffnungszeiten zu haben schien. Das hatte mich nicht weiter gestört, solange ich Single war, denn ich tat ja ohnehin nichts. Aber als ich mit Camilla zusammenzog, war es notwendig, dass solche Dinge funktionierten. Ich führte nun ein anderes Leben, und mit den Eigenheiten Italien zurechtzukommen, kostete mich aufs Neue einige Mühe.

Eines Tages im Winter 2009 war das Maß voll. Als wir morgens Kaffee machten, wandte ich mich an Camilla und sagte: »Was würdest du davon halten, unsere Bleibe hier Italien zu verkaufen und woanders hinzuziehen?« Ich sah, dass Camilla der gleiche Gedanke durch den Kopf ging: »Du meinst, wir *müssen* gar nicht mehr hier bleiben?« Damit war es besiegelt. Sobald ich es ausgesprochen hatte, gab es kein Zurück mehr. Ich war es satt, nicht wirklich sesshaft zu sein. In Italien war ich immer noch *bagai* – der Junge. Ich wollte nicht länger »der Junge« sein. Ich wollte ein Mann sein, und ich wollte irgendwo leben, wo ich dieser Mann sein durfte. Wir wollten beide ein Zuhause, und das war in Finnland. In den letzten Jahren hatten wir mehr und mehr Zeit dort verbracht, und ich spürte, dass es der Ort wäre, wo ich das Leben führen könnte, nach dem ich mich sehnte.

»Zu Hause« zu sein, kann ich nur mit dem Gefühl beschreiben, mich geborgen zu fühlen. Es war ein Gefühl, das mir gefehlt hatte, seit ich vor all den Jahren mit meiner Mutter im Trainingslager von Vendée U in Frankreich eingetroffen war. Seither hatte ich viele Jahre im Ausland gelebt,

Sprachen gelernt und mich bemüht, andere Kulturen zu verstehen. Ich war sogar Immobilienbesitzer in Italien geworden. Aber ich hatte mich nie geborgen gefühlt. Ich war mir immer ungeschützt vorgekommen, wie in der Schusslinie. Mein Leben erschien mir, als wäre es auf einer temporären Plattform erbaut, die mir in jedem Moment entzogen werden könnte. Die ständige, im Hintergrund schwelende Sorge darüber, ob ich in der kommenden Saison einen anständigen Vertrag bekäme oder nicht und was mit meiner Hypothek würde, sollte ich böse stürzen und kein Geld mehr verdienen, rumorte in mir, und das alles wollte ich hinter mir lassen.

In gewisser Weise fühlte ich mich wie jemand, der vom Arzt eine falsche Diagnose bekommen hatte und dazu verurteilt worden war, sein Leben lang zu leiden. Plötzlich sah ich, dass es eine Möglichkeit gab, mein Leben zu leben *ohne* den Schmerz. Was ich nicht geahnt hatte, bis ich versuchte, die Ängste, den Schmerz und die Unsicherheit zu lindern, war, dass es das Unbehagen selbst war, das mich dazu gebracht hatte, mich auf dem Rad dermaßen zu verausgaben – und dass ich umso langsamer fahren würde, je glücklicher ich zu Hause war.

* * *

Bis wir einen Käufer finden würden, vermieteten wir unser Haus an Matt Lloyd und verließen Italien für immer. Die Saison 2010 stand vor der Tür, und allmählich, während wir uns in Finnland niederließen, kehrten sich meine Gedanken einmal mehr ab von den Annehmlichkeiten des häuslichen Lebens und zurück zu meinem Job als Radprofi. In der Zwischenzeit hatte sich einiges verändert: Das Team war in Omega Pharma-Lotto umbenannt worden, und Cadel Evans hatte sich im Winter verabschiedet. Obwohl ich es schwierig gefunden hatte, mit ihm zu arbeiten, waren das keine durchweg guten Neuigkeiten. Ob ich ihn mochte oder nicht, Cadel war der Fahrer, als dessen Helfer ich verpflichtet worden war, und nun da er weg war, war ich das fünfte Rad am Wagen in einem Team, das so recht nichts mit mir anzufangen wusste.

Meine Rettung kam in Gestalt einer der Neuverpflichtungen des Teams: Adam Blythe. Adam war ein junger britischer Neoprofi, und seine Ankunft im Team hauchte mir neues Leben ein. In meinen zehn Jahren im Geschäft waren mir unzählige junge Fahrer begegnet, die durch das italienische System nach oben gekommen und einfach nur verwöhnte Rotzgören waren, die meinten, die Weisheit mit Löffeln gefressen zu haben, und sich von einem Fahrer, der »nur« ein Domestik war, nichts erzählen ließen. Adam war da ganz anders. Ich merkte sofort, dass er etwas lernen wollte: Er bemühte sich, mir zuzuhören, wenn ich ihm etwas sagte. Und, ganz wichtig, er war auch einfach ein überaus angenehmer Zeitgenosse.

Nun, da ich den Status des alten Hasen innehatte, machte es mir große Freude, Adam unter meine Fittiche zu nehmen. Zehn Jahre der Enttäuschungen und Entbehrungen hatten meine einstmals so schwärmerische Sicht auf den Radsport mehr als nur getrübt: Ich hatte inzwischen längst vergessen, warum ich überhaupt gerne Rad fuhr. Bei den Trainingslagern und Rennen des Frühjahrs ließ ich mich von Adams Enthusiasmus mitreißen und zum ersten Mal seit langem genoss ich es, Rad zu fahren.

Adams Freude war ansteckend, aber was ein echtes Feuer in mir entfachte, war Matt Lloyds Auftritt beim Giro. Matt war seit 2007 bei der Mannschaft, und in diesem Mai gelang ihm der Durchbruch. Sein Sieg auf der sechsten Etappe und die couragierte Fahrweise, mit der er das Grüne Trikot des besten Bergfahrers behauptete, beflügelten die gesamte Mannschaft. Wir boten eine beherzte Vorstellung, und es passte einfach alles. Das gesamte Team arbeitete während der kompletten Rundfahrt hervorragend zusammen, und es bereitete uns eine diebische Freude, alles in die Waagschale zu werfen, um Matts Vorsprung in der Bergwertung bis Mailand zu verteidigen. Die Kameradschaft und der Kampfgeist innerhalb der Mannschaft wirkten sich auch auf meine eigene Leistung sehr positiv aus, und so erreichte ich, welche Ironie, in einer meiner letzten großen Landesrundfahrten eines meiner besten Resultate bei einer dreiwöchigen Tour. Ich wurde 27., obwohl ich auf der siebten Etappe eine Menge Zeit verlor, als es durch strömenden Regen über die *strade bianche* ging, die unbefestigten Schotterstraßen des Chianti-Gebiets, auf denen mir einfach der Schneid fehlte, es richtig laufen zu lassen.

Das gute Gefühl, das mich beim Giro überkam, war angesichts meiner inneren Kämpfe im Vorfeld eine echte Überraschung. Nach dem Rennen kehrte ich bester Stimmung nach Hause zurück. Es war so, als hätte ich das Radfahren wiederentdeckt und käme ganz aufgeregt heim, um Camilla von diesem tollen neuen Hobby zu erzählen, das ich mir zugelegt hatte. Es war eines der wenigen Male, dass ich von einer dreiwöchigen Rundfahrt zurückkam und immer noch Lust aufs Radfahren hatte. Nach nur wenigen Tagen Pause war ich wieder auf der Straße, erst zu ein paar lockeren Regenerationsfahrten und dann bald wieder im handfesten Training. Die Tour de France stand auf dem Programm, und ich wollte topfit dafür sein. Ich würde erneut mit einer großen Mannschaft an den Start gehen, aber diesmal ohne negativen Ballast. Ich ergriff sofort die Gelegenheit, mit der Mannschaft ins Trainingslager in der Sierra Nevada zu fahren, und verbrachte acht Tage in der Höhe, trainierte hart und versuchte, Kapital aus meinem neu gewonnenen Enthusiasmus zu schlagen.

Aber sobald ich wieder in Finnland war, begann ich, unruhig zu werden. Ich konnte zwar schlafen, aber wenn ich morgens aufwachte, fühlte ich mich nicht erholt. Irgendetwas stimmte mit mir nicht. Zunächst sagte ich mir, dass es wohl an der plötzlichen Rückkehr aus der Höhe liege. Als Sportler ist man nie um eine Ausrede verlegen, um zu ignorieren, dass man sich unwohl fühlt. Man verbringt sein ganzes Leben damit, über nichts anderes als den eigenen körperlichen Zustand nachzudenken, und gelangt an einen Punkt, an dem man *immer* irgendwas finden kann, das nicht hundertprozentig in Ordnung zu sein scheint – ein angeschlagenes Knie oder ein schmerzender Rücken. Ich wusste, dass ich mich in den Wochen vor einer großen Rundfahrt grundsätzlich etwas komisch fühlte, weil ich meine Routine durchbrach, um für das Rennen zu regenerieren. Ich redete mir ein, dass ich beim Ausruhen einfach zu viel Zeit zum Grübeln habe und dass sich schon alles zum Guten wenden werde, wenn ich zur Mannschaft stieß.

Aber als ich am Mittwoch vor dem Start der Tour im Teamhotel in Rotterdam eintraf, wendete sich nichts zum Guten. Am Donnerstagmorgen gingen wir zur Blutuntersuchung, und der Arzt teilte mir in recht beiläufiger Weise mit, dass mein Körper Anzeichen einer Infektion zeige, es aber »wohl kaum lebensbedrohlich« sei. Ich beschloss, mich durchzubeißen. Innerlich war mir klar, dass von diesem Rennen eine Menge abhing, und ich wollte auf keinen Fall einen Rückzieher machen.

Ich spekulierte darauf, dass ich mich allmählich erholen würde, aber das tat ich nicht. Sobald das Rennen losging, konnte ich spüren, dass ich mich nicht wohlfühlte auf dem Rad, und im Laufe der folgenden Tage wurde es immer schlimmer. Ich war bis dahin nur ein einziges Mal wegen einer Krankheit zur Aufgabe bei einer Grand Tour gezwungen gewesen, und ich erinnerte mich noch sehr lebhaft an das Fieber, das mich hoch oben auf dem Monte Zoncolan so plötzlich und so heftig ereilte, dass mir nicht einmal Zeit blieb, im Sattel zu leiden. Diesmal aber war es anders: Dies war eine schleichende Erkrankung, die langsam in mir schwelte und mit jedem Tag schlimmer wurde.

Ich konzentrierte mich auf das Zwischenziel, es bis zum ersten Ruhetag zu schaffen. Nach einer sehr unbehaglichen Woche schaffte ich es, aber inzwischen war ich vom hinteren Drittel bis ganz ans Ende des Pelotons durchgereicht worden. Bisweilen hatte ich Mühe dranzubleiben, selbst wenn andere Fahrer locker dahinrollten und zum Pinkeln anhielten. Trotzdem spielte ich weiter das übliche Sportlerspiel der Verleugnung. Ich redete mir ein, dass ich nur einen Tag Ruhe bräuchte, und alles wäre wieder in Butter. Ich wollte einfach nur weitermachen.

Aber nach dem Ruhetag wurde alles nur noch schlimmer. Selbst mein Schlaf, der heilige Gral bei Etappenrennen, war unruhig und aufgewühlt. Ich erwachte am Morgen der neunten Etappe und fühlte mich noch schlapper als am Abend zuvor. Ich fürchtete den Tag, der vor mir lag und den Schmerz, der auf mich wartete. Mein ansonsten unbändiger Appetit war dahin. Beim Frühstück saß ich einfach nur da und starrte auf mein Essen, während mein Magen nach Wasser verlangte. Egal, wie viel ich auch trank, ich konnte nicht den höllischen Durst stillen, der meine Lippen trocknen ließ und mich nachts quälte. Es hatte keinen Zweck mehr, zu leugnen, dass irgendetwas absolut nicht stimmte.

Trotzdem versuchte ich, ruhig zu bleiben. Ich hatte schon in anderen Rennen gelitten und ich wusste, dass Leiden etwas war, das ich ertragen konnte ... bis zu einem bestimmten Punkt. Viele Male zuvor hatte ich mich so sehr an den Schmerz gewöhnt, dass ich ihn fast genossen hatte und es beinahe als Spiel auffasste, meine äußersten körperlichen Grenzen auszuloten. Aber jetzt übte der Schmerz Vergeltung an mir. Ich fühlte mich so leer und schwach, dass mir jede Kleinigkeit Schmerzen bereitete: jeder Buckel auf der Straße, jeder Windstoß, sogar die Straße selbst mit ihrem ständigen Auf und Ab. Wie sehr ich mich auch reinhängte, hatte ich stets das Gefühl, nie mehr als einen Pedaltritt davon entfernt zu sein, endgültig abgehängt zu werden. Ich klammerte mich aus Verzweiflung und schierem Willen fest, aber das Ende war nur eine Frage der Zeit.

Am Abend nach der zehnten Etappe nach Gap ging ich früh zu Bett. Ich war vollkommen ausgelaugt und sehnte mich nach der Umarmung erholsamen, tröstlichen Schlafs. Mein ganzer Körper schmerzte, und ich schlüpfte ins Bett, aber meine gereizte Haut wurde nicht von den weichen frischen Laken empfangen, die ich ersehnt hatte, sondern vom kratzigen Leinen eines billigen Hotels, auf einer Matratze, die ebenso gut aus einer rostigen Eisenplatte hätte gefertigt sein können. Ich fand nicht die Kraft, meinen Körper zu strecken, um das behagliche Kribbeln des Blutes zu spüren, das durch meine Glieder strömte, also rollte ich mich zusammen und schloss die Augen in der Hoffnung, dass der Schlaf mich finden würde.

Ich fing an zu schwitzen und spürte eine Hitze, die mir die Kehle abschnürte. Es war noch früh, es blieb also noch Zeit genug zum Schlafen. Der Fernseher flackerte tonlos vor sich hin, und das Licht zeichnete Muster auf das Innere meiner Lider, während Matt Lloyd gelassen seiner abendlichen Routine nachging. Solange er noch wach war, war alles im grünen Bereich, denn es war ja noch früh. Ich widerholte diese Worte in meinem Kopf – »noch früh, noch früh« –, um meine fieberhafte Panik zu unterdrücken. Ich presse die Lider zusammen gegen das gedämpfte Licht und fühlte, wie Schweiß meinen Nasenrücken herunterrann. Dann gingen die Lichter aus, und ich hörte leise Geräusche, als Matt zu Bett ging, um sich schlafen zu legen. Ich drehte mich im Dunkeln um. Es war immer noch alles okay, denn wenn Matt gerade erst ins Bett gegangen war, war es immer noch früh; er war ja selbst noch wach. Es blieb noch genug Zeit zum Schlafen. Noch früh, noch früh ... mein Schädel hämmerte wie blöde. Matt schlief inzwischen, und die Zeit verrann. Ich versuchte, die Augen zu schließen, aber sie sprangen auf. Die Dunkelheit, nicht die tröstliche Dunkelheit, die ich liebte, sondern eine einsame, fahrige Dunkelheit verhöhnte mich dafür, hellwach zu sein. Meine Gedanken drehten sich wild im Kreis, und ich wälzte mich im Bett und verdrehte die Laken unter mir zu einer feuchten, zerknüllten Masse. Ich drehte das Kissen um. Keine der beiden Seiten war kühl und trocken, und das Geräusch von Matts langsamem, entspanntem Atem machte mich wütend. Mir war, als würde das ganze Feld, die ganze Welt sich ausruhen und erholen und sich darauf vorbereiten, frisch und munter in den nächsten Tag zu gehen, während ich mich marterte. Ich wurde von Panik und Verzweiflung ergriffen, während mir die Zeit davontanzte. Es war abgefuckt, ich war abgefuckt, alles war abgefuckt. Mein Schädel war eine aufgeblähte, brennende Masse, die mir keine Ruhe ließ. Wütend starrte ich quer durch das Zimmer auf die Vorhänge, und dann sah ich es. Als wäre es die ganze Nacht bis zu meinem Fenster hinaufgeklettert und hätte gerade die oberste Sprosse der Leiter erklommen, erreichte das grinsende Licht der Dämmerung die Vorhänge und kroch durch das Zimmer auf mich zu. Das Licht schrie mir ins Gesicht: »Vielleicht klappt's ja morgen!« Ich hörte die Geräusche der Mechaniker, die die Trucks und Transporter aufschlossen, um ihre Arbeit zu beginnen. Ich hatte die ganze Nacht wachgelegen.

Matt schlummerte immer noch selig, nichts ahnend von den Qualen, die ich auf der anderen Seite des Zimmers durchmachte. Ich wusste, ich konnte jetzt nichts mehr machen, also stand ich auf und ging ins Bad. Was ich im Spiegel sah, erschütterte mich bis ins Mark: Ich schaute in das eingefallene Gesicht eines ausgezehrten alten Mannes.

Es war an der Zeit, etwas zu tun, was ich noch nie getan hatte. Ich zog mir langsam meinen gruseligen schwarzroten Trainingsanzug an und schlurfte den Flur herunter, um Marc Sergeant aufzusuchen. Ich verließ das Hotel und ging zum Teambus, wo die Mechaniker normalerweise ihren Kaffee tranken. Es war kaum zu übersehen, dass mit mir etwas ganz und gar nicht stimmte. Sobald ich Marc sah, teilte ich ihm unumwunden mit, dass ich einfach nicht mehr konnte. Marc schaute mich an und versuchte nicht einmal, mich umzustimmen. Er sagte nur: »Wenn du wirklich meinst, dass es nicht geht, dann geht es nicht.« Sobald er diese Worte aussprach, wusste ich, dass es überstanden war. Der Form halber suchte ich noch den Arzt auf. Seine Antwort war typisch für alle belgischen Ärzte, mit denen ich es zu tun bekam: »Kannst du es nicht zumindest versuchen?« Ich hatte zehn Tage lang mein Möglichstes versucht – ich hatte einfach keine Kraft mehr.

Es spricht sich in einer Mannschaft schnell herum, wenn ein Fahrer krank ist oder aussteigt. Plötzlich wusste niemand mehr so recht, wie er sich mir gegenüber verhalten sollte. Es herrschte eine Stimmung, als wäre jemand gestorben. Nach dem Frühstück marschierten die Fahrer Richtung Bus, wo ich herumhing und wünschte, ich könnte einfach verschwinden. Aber das konnte ich nicht. Ich saß mit der Mannschaft fest, bis mich jemand zum nächsten Flughafen bringen könnte, und das hieß, beim Rennen abzuhängen. Manchen der Jungs schien ich aufrichtig leidzutun, und sie hatten ein freundliches Wort für mich übrig oder gaben mir einen Klaps auf die Schulter, aber andere mieden mich wie die Pest. Ich konnte sie verstehen, ich wusste, was sie dachten: Sie fürchteten, ich könnte sie anstecken, nicht nur mit meinem Virus, sondern mit meinem Scheitern. In den Augen seiner Teamkollegen ist ein kranker Radrennfahrer so schädlich, dass es ihn beinahe entmenschlicht.

Wir erreichten den *départ*, und meine Teamkollegen stiegen aus dem Bus und fingen an, mit der Presse und den Fans zu reden. Der ganze Tourzirkus ging ohne mich weiter, so als wäre nichts geschehen. Ich saß hinter verspiegelten Scheiben und versuchte, meinen Blick von der Horde ausgelassener australischer Fans abzuwenden, die in Fahnen gehüllt waren und aufblasbare Kängurus schwenkten. Ich fühlte, wie sich die ganze Last der Schuld und der Scham auf meine Schultern legte. Die Schuldgefühle überlagerten meine Beschwerden. Ich vergaß meinen Zustand und begann zu hinterfragen, wie krank ich wirklich war. Vielleicht hatte der Arzt recht? Vielleicht hätte ich mich mehr anstrengen müssen? Eigentlich spielte es keine Rolle, wie krank ich war. Sich so aus dem Staub zu machen, war eine Schande. Ich war ein Drückeberger, ein Versager und ein Schwindler. Ich wollte mich einfach nur in einem Loch im Boden verkriechen – so weit entfernt von der Tour de France wie nur irgendmöglich.

* * *

Als ich wieder in Finnland war und an jenem Julinachmittag den Wolken dabei zusah, wie sie über den Bäumen über mich hinwegzogen, konnte ich spüren, dass sich etwas dauerhaft verändert hatte. Während ich so dalag, war mir so, als wolle mein Körper mir etwas mitteilen, was mir mein Verstand schon eine ganze Weile gesagt hatte. Ich hatte es satt, mich körperlich auszubeuten. Es war so, als wäre mein Körper ein Planet und ich hätte sämtliches Rohöl aus ihm herausgepresst. Alle meine Rohstoffreserven waren komplett erschöpft. Es war nicht nur die Krankheit und auch nicht die ungeheure Anstrengung einer dreiwöchigen Rundfahrt, die mich schließlich eingeholt hatten, sondern es war der alltägliche Kampf, als Radprofi bestehen zu müssen.

Da wusste ich, dass der Antrieb, der meine Karriere erhalten hatte, versiegt war. Den ganzen Sommer über war ich unruhig und nervös. Der hochtourige Motor, der mich angetrieben hatte, kam nun stotternd zum Stillstand. Es war, als hätte mein Leben lang im Hintergrund laut eine Uhr getickt: Sie drängte mich, im Regen zu trainieren und noch ein Intervall am Berg mehr zu absolvieren, weil ich wusste, das ich noch eine letzte Anstrengung aus mir herausholen könnte; sie tickte unaufhörlich, während ich im Training litt ... zu Hause litt ... in Italien litt. Und dann, plötzlich, hörte sie auf zu ticken. Die Stille war ohrenbetäubend.

Den ganzen Sommer über kehrte ich immer wieder zu der Blockhütte am See zurück. Ich musste neue Kraft schöpfen, und es war die einzige Weise, die ich kannte. Ich erkundigte mich bei Ärzten und Spezialisten, warum ich so müde war, aber niemand konnte ein spezifisches Problem feststellen. Es war eine Phase der Ungewissheit. Ich schaltete im Training ein paar Gänge hoch und dann wieder runter, ohne jemals zu wissen, ob wirklich etwas nicht in Ordnung war. Ich wollte wieder richtig hergestellt werden, aber ich wusste nicht, wie das zu bewerkstelligen wäre. Meine Stimmung schwankte entsprechend dem Maß an Optimismus, das ich aufbringen konnte. Mein Alltag war so ruhig und entspannt, dass ich meine Probleme oft darüber vergaß und anfing, mich besser zu fühlen. Aber sobald ich wieder zu trainieren begann, legte sich ein Schatten auf mein Gemüt, so als wüsste mein Körper, dass er gezwungen wäre, die behagliche Zuflucht zu Hause wieder zu verlassen, sobald er wieder fit sein würde.

Ich versuchte zu trainieren, aber es war aussichtslos. Mein Körper ließ es einfach nicht zu. Ich musste Unmengen an Verpflegung und Energiegels mitnehmen, weil mein Körper nicht in der Lage war, mit der Anstrengung fertig zu werden. Das Essen schien meinen Körper einfach zu durchlaufen, ohne dass er eine einzige Kalorie an Energie daraus zog. Während ich auf die Diagnose wartete, was genau mit mir nicht stimmte, beschloss ich, an meiner mentalen Verfassung zu arbeiten. Zur Blockhütte am See zu fahren, schien mir die ideale Lösung. Vom Kopf her war es eine Wohltat, so allein zu sein und zu wissen, dass niemand kommen und mich holen konnte.

Bei den Rennen war offensichtlich gewesen, warum der Lärm mir Probleme bereitete: Er störte meinen Schlaf. Ein erschöpfter Radsportler braucht Schlaf, um sich zu erholen, und ich schätzte die wertvollen Stunden der Ruhe, aber Hotels sind laute Orte; nur selten sind sie ausschließlich von Radrennfahrern und rücksichtsvollen, ruhigen Gästen bewohnt. Immer schien eine Hochzeit im Gange zu sein oder es befand sich ein Nachtclub nebenan oder es lungerten Horden betrunkener und rauflustiger Masseure und Betreuer auf dem Parkplatz herum und grölten sich gegenseitig an. Morgens wurden überall auf den Fluren Türen geschmissen, und bald kündigte das unverkennbare Geräusch von Kompressoren, die Reifen aufpumpten, den Beginn eines neuen Tages an, angefüllt vom Lärm der Autos, Helikopter, Sirenen und Hupen, von Anfeuerungen, Geschrei und Getöse.

Aber selbst fernab der Rennen schien ich dem Lärm nicht entkommen zu können. Italiener leben ihr Leben bei solcher Lautstärke, dass sie, statt sich daran zu stören und um Ruhe zu bitten, den Lärm der anderen einfach durch den eigenen übertönen. Das ganze Land ging mit Lärm genauso um, wie es mit Unterhaltungen umging – man wurde einfach immer lauter und lauter. In den letzten Jahren hatte ich bemerkt, dass der Lärmpegel rund um meine Wohnung jeder Beschreibung spottete. Da waren schreiende Nachbarn, Hunde, Autoalarmanlagen, Babys und sogar ein verfluchter Truthahn, der so glücklich war, mehrere Osterfeste ungebraten überstanden zu haben, dass er meinte, Tag und Nacht vor Freude krähen zu müssen.

Eines Tages im Sommer 2009 brannte mir schließlich die Sicherung durch. Ich war im gewohnt körperlich und geistig angeschlagenen Zustand von der Tour de France heimgekehrt und versuchte, nachmittags ein wenig zu schlafen, als mich das entnervende Summen eines Heckenschneiders aus dem Schlummer riss. Ich schaute auf die Uhr und sah, dass es kurz nach 15 Uhr war. Ich zog die Fensterläden hoch, um zu gucken, wer der Übeltäter war. Ich erkannte meinen Nachbarn, der in seinem Hinterhof drei Jagdhunde hielt, die die ganze Nacht über unaufhörlich kläfften. Es war einfach zu viel. Ich stürmte in Unterhose hinaus auf den Balkon und schrie so laut ich konnte: »*Porco Dio!*« Mein Nachbar wirbelte herum und sah sich einem ausgezehrten Mann mit seltsamen Bräunungsstreifen am ganzen Körper gegenüber, der ihn erbost anstarrte. Er war so überrascht, dass ihm nichts anderes einfiel, als mich verlegen anzusehen und zu fragen: »Ich?«

»Ja, du!«, schrie ich zurück, bevor ich einsah, welch seltsamen Anblick ich bieten musste und mich jäh umdrehte, um wieder hineinzugehen. Aus irgendeinem Grund schien mein Auftritt als entlaufener Irrer gewirkt zu haben, denn danach war er sehr freundlich zu mir und wenngleich die Lärmbelästigung unvermindert weiterging, war sein persönlicher Beitrag fortan wesentlich geringer.

In Finnland aber war das alles ganz anders. Es war die reine Freude, draußen vor der Blockhütte am See einfach nur dazuliegen und die Sekunden zu zählen, bis ich das Geräusch eines anderen Menschen vernahm. Bisweilen vergingen scheinbar Stunden, ohne dass auch nur eine Spur menschlicher Aktivität zu bemerken war.

Ich wusste, dass es nicht an Italien lag. Es ging nicht um das Land, in dem ich mich befand, oder den Ort, an dem ich gerade war – es war die ganze Radsportwelt, die so laut war. Radrennfahren bedeutete für mich einen einzigen grauenvollen Lärm: Mein nagender Ehrgeiz und die Wirren des Lebens, das ich führte, schienen sich in einem nicht enden wollenden Getöse manifestiert zu haben. In Finnland und zu Hause mit Camilla hatte ich endlich einen Weg gefunden, den Lärm »abzustellen«.

* * *

Im Herbst bat mich das Team, beim Trittico Lombardo ins Renngeschehen zurückzukehren, einer dreiteiligen Rennserie, die ich gut kannte und die nahe meiner alten Heimat Varese stattfand. Nach anderthalb Monaten ohne Renneinsätze hatte ich angefangen, mich besser zu fühlen. Ich nahm ein wenig mehr Nahrung zu mir, aber mir saß die Müdigkeit noch in den Knochen. Hat man als Sportler ein solches Stadium erreicht, kann man bisweilen gar nicht mehr richtig beurteilen, was müde zu sein überhaupt bedeutet: Jeden Morgen fragte ich mich, wie ich mich fühlte, und ich sagte mir jedes Mal, dass ich müde sei. Tag für Tag, immer die gleiche Antwort.

Leute, die mit Radprofis zu tun haben und sich mit Radsport auskennen, brauchen einen Athleten nur anzusehen, um beurteilen zu können, ob er in Form ist oder nicht – anhand des Gangs, des Teints und der Farbe des Weißen in den Augen. Als ich in Italien eintraf, um wieder Rennen zu fahren, waren meine Augen zwei winzige, leere, in den Kopf gebohrte Löcher, und statt mich mit der latenten Kraft eines professionellen Athleten zu bewegen, schlurfte ich umher wie ein Obdachloser. Als ich Damiani zum ersten Mal seit der Tour gegenüberstand, schreckte er bei meinem Anblick buchstäblich zurück. Er blickte mich an und fragte entgeistert: »Was ist mit dir denn los?«

Ich hatte keine schriftliche Diagnose eines Arztes, aber ich wusste, was mit mir los war: Zehn Jahre Erschöpfung hatten mir mit einem Mal den Rest gegeben. Mein Körper war nicht nur erschöpft, er hatte so gut wie aufgehört zu funktionieren, und je schlechter ich mich körperlich fühlte, desto schlechter war es auch um meinen mentalen Zustand bestellt.

Das letzte der drei Rennen, die Coppa Bernocchi, war früher ein Heimspiel für mich gewesen. Ich hatte es scheinbar unzählige Male bestritten; ich kannte es in- und auswendig. Ich war früher gerne dabei gewesen, nicht zuletzt, weil ich am späten Nachmittag schon wieder auf dem heimischen Sofa lag – das gab der Sache so etwas wie einen Anschein von Normalität. Aber als ich an jenem Sonntagmorgen im August im Bus saß und wir durch kleine Städte hindurch Richtung Start fuhren, schaute ich aus dem Fenster und sah einen Mann mittleren Alters mit einer Zeitung unterm Arm aus einem Kiosk hinauskommen. Als wir vorbeifuhren, sah ich ihn zum Bus aufschauen und ein Lächeln huschte über sein Gesicht. Vielleicht wusste er nicht genau, wer wir waren, aber er erkannte den strahlenden, mit Aufklebern übersäten Teambus und wusste, welcher Tätigkeit wir nachgingen. Ich fragte mich, ob er, nur für eine Sekunde, in diesem Bus sitzen wollte, um den Fesseln des banalen Lebens, das er zumindest in meiner Vorstellung führte, zu entgehen. Ich hatte keine Ahnung, was er darum gegeben hätte, mit mir zu tauschen, aber ich wusste eins: Ich hätte in diesem Moment alles darum gegeben, an seiner Stelle zu sein.

Während meiner Genesung hatte ich viel Zeit zum Nachdenken gehabt, und mir war einiges klar geworden: Körperlich war ich an einem Tiefpunkt angelangt, und meine Karriere hatte im Zuge meiner schlechten Tour de France einen verhängnisvollen Abwärtstrend genommen. Was aber viel wichtiger war, war die Erkenntnis, dass es nicht das Ende der Welt war. Das dringliche Ticken meines Ehrgeizes war nicht zurückgekehrt, selbst als ich wieder in Italien war. Glücklich zu sein und mit Camilla in Finnland heimisch zu werden, hatte das krankhafte Bedürfnis, mich zu verausgaben, abgestellt. Es gab nichts mehr, was ich hätte beweisen müssen. Ich sah mich unter meinen Kollegen um, den Fahrern, die das Peloton bildeten. Da war keine Spur vom guten, sauberen, »noblen« Streben nach sportlichen Höchstleistungen, von dem die Leute glauben, dass er Sportler antreibt. Diese perfekt austrainierten Athleten waren in der Regel einfach nur im Eimer. Sie waren verlorene Söhne auf der Suche nach ihren Vätern oder nach der Anerkennung anderer oder ein wenig Selbstachtung. Es ist ganz normal, den Radsport zu lieben und in seiner Freizeit gerne Rad zu fahren, aber es als Beruf zu betreiben, ist etwas völlig anderes. Nichts ist normal daran, ein professioneller Radfahrer zu sein.

Es ist nicht nur das bedingungslose Engagement. Auf sehr einfache Weise übersteigt der Schmerz, den ein Radprofi selbst an einem normalen Tag empfindet, bei weitem das Maß dessen, was die meisten Menschen in ihrem ganzen Leben erfahren. Als Radprofi lernt man, mit dem Schmerz zu leben. Es ist nicht der gleiche Schmerz, den jemand erfährt, der das Radfahren nur zum Spaß oder als Freizeitsport betreibt. Er ist viel gravierender und hinterlässt viel tiefere Spuren. Als Profi erfährt man mehr als nur den Schmerz körperlicher Anstrengung; man erfährt den Schmerz leistungsorientierter Höchstbelastung. Es ist ein Schmerz, der sich tief einbrennt, und man lernt damit zu leben, sich körperlich und mental bis an die äußerste Grenze zu quälen.

Gerade bei Fahrern aus Ländern, in denen der Radsport kein Teil der Kultur ist, muss man sich die Frage stellen, warum sie sich das antun. Es ist so, als ginge ein Finne nach Japan, um dort Judo zu betreiben – warum sollte er das tun, wo doch daheim alles okay war? An Menschen, die Leistungen auf diesem Niveau bringen wollen, ist nichts normal oder ausgeglichen.

Mein bizarres Verhalten zeugte von meinem unsteten Dasein auf der Straße: ein Leben voller Schmerzen, Unbehagen und einem, wie mir jetzt klar wurde, seit langem schwelenden Gefühl der Bitterkeit. Früher hatte ich über das zwanghafte Verhalten meiner Kollegen gelacht, aber inzwischen war ich selbst davon besessen, dass mein Hotelzimmer so bequem und meiner vertrauten häuslichen Umgebung so ähnlich wie möglich sein müsste.

Ich reiste mit meinem eigenen Kissen zu den Wettkämpfen und hatte auch immer ein Werkzeugset im Gepäck, um den Raum gegebenenfalls abdunkeln zu können. Ich führte stets eine Reihe von Augenmasken, eine Schere und Isolierband mit. Das Erste, was ich tat, wenn ich in ein neues Hotelzimmer kam, war, jede blinkende LED-Lampe zu überkleben, jedes digitale Weckerdisplay und jeden winzigen Schlitz hinter Vorhängen oder Fensterläden und sogar unter Türen. Ich hatte nicht einmal bemerkt, dass ich mich in einen Irren verwandelt hatte. Wie immer musste Camilla mich erst darauf hinweisen, wie absonderlich mein Verhalten war. Als ich eines Morgens mein Verdunkelungsset zusammenpackte, um zu einem Rennen aufzubrechen, bemerkte sie ganz ruhig, mit einem Kopfschütteln: »Weißt du, Schatz … das ist nicht normal.« Ich schaute sie an und musste lachen. Es war nicht normal, aber andererseits führte ich ja auch kein normales Leben.

Als ich an jenem Sonntagmorgen aus dem Busfenster blickte, sah ich den lächelnden Mann mit der Zeitung wieder in sein Leben verschwinden. Ich wendete meinen Kopf und sah mich im Bus um. Ich wusste genau, was als Nächstes passieren würde. Wir würden auf einen Parkplatz voller Leute fahren, und ich würde noch größeren Unwillen verspüren gegen das unvermeidliche Los, meinen erschöpften Körper durch das Rennen quälen zu müssen. Ich würde durchs Fenster auf eine Horde Radsportfans blicken, denen schon beim Anblick des Busses, auf dem für Antischnarchmittel geworben wurde, buchstäblich einer abgehen würde, und ich wünschte aus tiefstem Herzen, irgendwo anders zu sein als dort.

Es war ein tief empfundenes Gefühl, zu dem auch noch das schlechte Gewissen kam, das mich angesichts der Fans beschlich, die zu den Rennen kamen. Ich wusste, dass es auf dem ganzen Parkplatz keinen einzigen Menschen gab, den ich beiseite nehmen und dem ich hätte sagen können: »Ich hasse wirklich, was ich tue … ach ja, und jeder in dem Bus ist ein verdammter Irrer!« Auf dem Parkplatz waren erwachsene Männer, die erfolgreiche Karrieren hatten, glückliche Ehefrauen und Kinder, und die in ihren Radurlauben vermutlich mehr Geld ausgaben, als ich in einem halben Jahr verdiente. Sie hätten alles darum gegeben, mit mir zu tauschen. Wie hätte ich diesen Leuten klarmachen können, was in mir vorging? In gewisser Weise taten sie mir leid: Hätte ich die Wahrheit gesagt, hätte ich ihre Träume zerstören können. Aber gleichzeitig war ich wütend und tat mir *selbst* leid, weil es vor langer Zeit einmal mein eigener Traum gewesen war und weil sich die Wahrheit jetzt so ganz anders anfühlte. Es brachte mich so durcheinander, dass es mich rasend machte. Hätte ich den Leuten sagen sollen, wie es wirklich war? Oder sollte ich einfach weiterlächeln, weiter diesen Traum verkaufen? Diese Leute würden ohnehin niemals in meiner Lage sein. Ich fühlte mich absolut und zutiefst hilflos.

Ich wusste außerdem, dass es niemanden in der Radsportwelt gab, dem ich mich hätte anvertrauen können. Als Radrennfahrer verwendet man so viel Zeit darauf, sich eine unsichtbare Rüstung anzulegen, um gegen die Angriffe von allen Seiten gewappnet zu sein, dass es undenkbarer Wahnsinn wäre, sich eine Blöße zu geben und den Kollegen gegenüber Schwäche zu zeigen. Außerdem hätte keiner von den Menschen, die ich außerhalb des Radsports kannte, meinen Beteuerungen Glauben geschenkt, denn sie hatten ja alle gesehen, wie hart ich dafür gearbeitet hatte, um dahin zu kommen, wo ich war. Ich war in einem Alptraum gefangen, in dem eine Horde wohlgesonnener Menschen mich in Richtung einer Klippe drängte. Je mehr ich protestierte und mich wehrte, umso mehr fühlten sie sich ermuntert, mich noch entschiedener zu drängen.

Mein Leben erschien mir nicht mehr wie mein eigenes. Stattdessen erinnerte ich an eine dieser amerikanischen Fernsehreklamen aus den Fünfzigern, in denen eine schrecklich glückliche Familie ein unbekömmliches und unerreichbares Maß an Perfektion zur Schau stellte. Werbung ist im Radsport omnipräsent, als Rennfahrer hatten wir ständig Unmengen von Reklameaufgaben zu erfüllen. Alles, was wir taten, präsentierte uns als glückliche, strahlende, herausragende Beispiele menschlicher Brillanz auf zwei Rädern. Mir war klar, dass ich auf die Leute auf dem Parkplatz so wirken musste, wie Malcolm Elliott seinerzeit 1990 auf mich gewirkt hatte. Ich war einer dieser strahlenden Männer geworden, aber innerlich fühlte es sich überhaupt nicht so an, wie ich es mir vorgestellt hatte.

Bei Liquigas fühlte ich mich endlich heimisch und angekommen. Nun fuhr ich an der Seite von Teamkollegen wie Dario Cioni, die mich respektierten und wussten, wie sie das Beste aus mir herausholten.

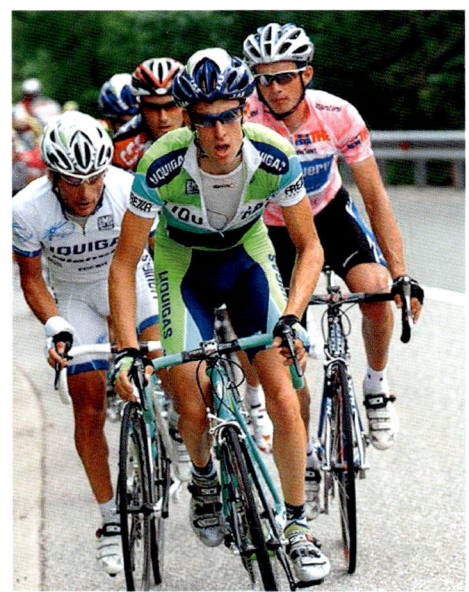

Helferdienste für meinen Kapitän Danilo Di Luca beim Giro 2005. Ein Domestik ist gerade in den Rennsituationen von unschätzbarem Wert, wenn er der einzige Fahrer in der Gruppe der Sieganwärter ist, der für jemand anderen fährt und nicht um selbst zu gewinnen.

Der *grand départ* der Tour de France 2007 in London mit der Teampräsentation (unten) und dem Prologzeitfahren vor berühmter Kulisse (rechts). Vom britischen Hotelessen waren meine italienischen Teamkollegen weniger angetan. »Muss die Queen auch Bohnen in Tomatensauce zum Frühstück essen?«, fragten sie mich.

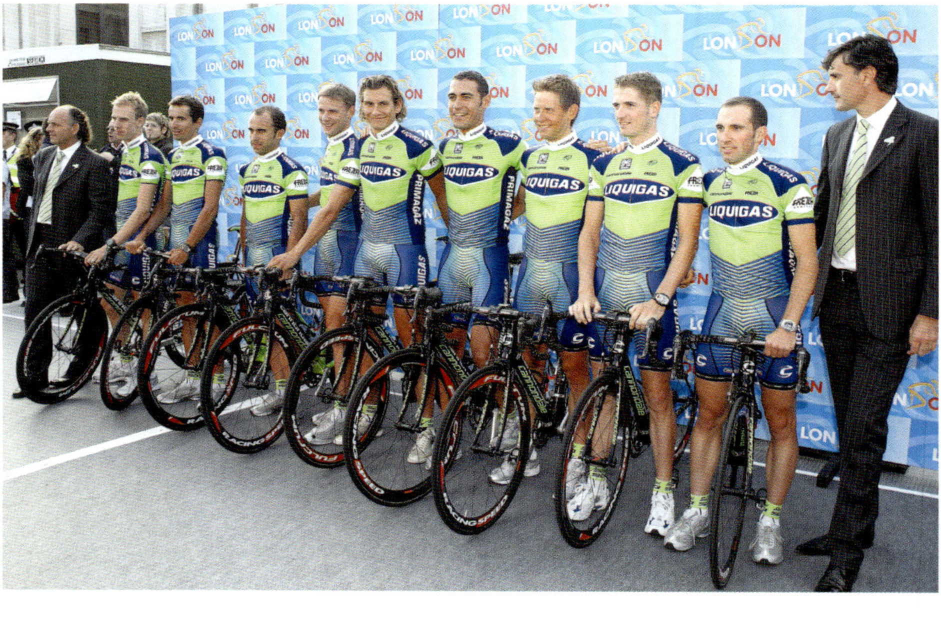

Foto: Hennes Roth

Auf einer Bergetappe der Tour 2007 in den Alpen. Bei Liquigas machten sie das meiste aus meinen Fähigkeiten als Radfahrer. Dass ich das Team nach der Saison 2008 verließ, sollte sich als Fehler erweisen.

Bei der Tour de France 2009 in Diensten von Silence-Lotto. Auf den ersten Blick schien ich nun der Rennfahrer geworden zu sein, der ich all die Jahre hatte sein wollen, aber innerlich begann ich immer mehr zu zweifeln – an mir selbst und an meiner Profession.

Führungsarbeit für meinen Teamkollegen und häufigen Zimmergenossen Matthew Lloyd beim Giro 2010. Bei dieser Rundfahrt passte noch einmal vieles zusammen: Matts couragierte Fahrweise, mit der er das Grüne Trikot des besten Bergfahrers behauptete, beflügelte unsere gesamte Mannschaft.

Foto: Hennes Roth

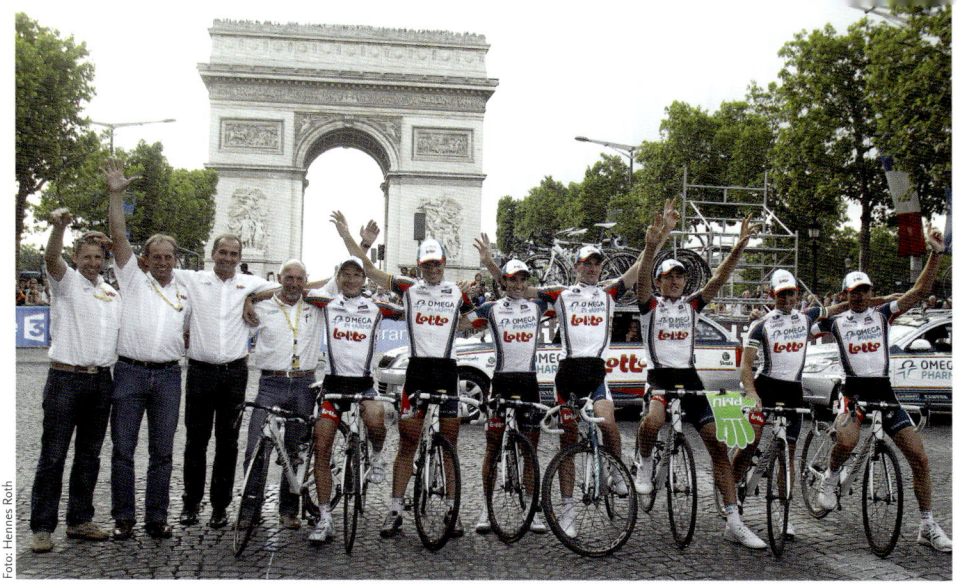

Nach der Tour 2010 feiert das Team Omega Pharma-Lotto ohne mich auf den Champs-Élysées. Dies war ein Bild und eine Welt, von denen ich wusste, dass ich nicht länger Teil von ihnen sein wollte.

Glücklich zu Hause: mit meiner Frau Camilla, unserem Sohn Emil und meiner Mutter Jane im Jahr 2012 im Janakkala, Finnland.

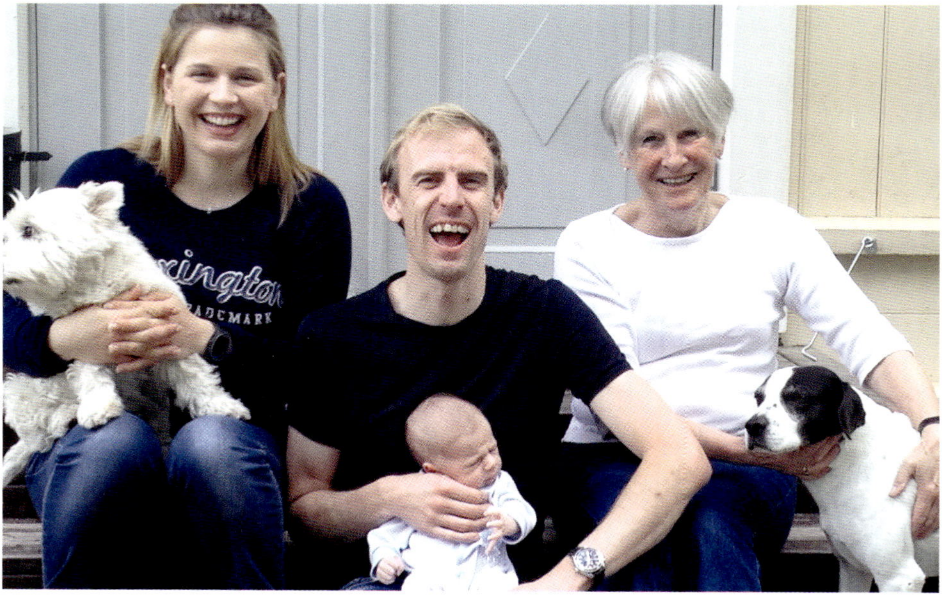

An Tagen wie diesen wandelte sich meine Hilflosigkeit in Wut, und ich war zutiefst überzeugt davon, den Radsport zu hassen. Ich hasse den Radsport wegen des krassen Missverhältnisses zwischen der Art und Weise, wie sich dieser Sport nach außen präsentierte, und der Wahrheit, wie ich sie kannte. Ich hasse ihn, weil ich meine Jugend für ihn aufgegeben und so vieles geopfert hatte und weil der Lohn dafür so dürftig und vergänglich war – gerade auch im Vergleich mit anderen, die große Risiken in Kauf genommen hatten und denen die Konsequenzen egal waren. Ich hasste ihn, weil ich ständig müde war, so müde, dass ich, von meinem 18. Lebensjahr an, nicht mehr wusste, ob ich traurig oder nur erschöpft war. Und ich hasse ihn, weil ich nicht sicher war, ob ich ohne ihn leben könnte.

Ich hatte mich immer über den Radrennsport als Mann definiert, was könnte ich also tun, wenn meine Profikarriere vorbei wäre? So viele Sportler auf der Welt sehen sich mit der gleichen Frage konfrontiert: Ungeachtet der Disziplin und der Person ist das Ende einer Laufbahn als Leistungssportler immer eine Art Tod. Man fühlt, wie nach einem langsamen Niedergang das Ende naht, aber man hat keine Ahnung, was danach auf einen wartet. Ich wusste zwar, dass ich am Wochenende die Hunde ausführen und die Zeitung kaufen würde, aber ich wusste auch, dass das nicht alles sein könnte. Aber ich war nicht sicher, was es sonst noch für mich gäbe. Der Radsport hatte mich im Griff. Ich und mein Rad brauchten uns gegenseitig, und diese komplizierte Abhängigkeit ließ mich das Rad und alles, was es symbolisierte, noch mehr hassen. Profi zu werden und das, was ich liebte, zu meinem Beruf zu machen, hatte mich gezwungen, mit diesem unauflöslichen und seltsamen Widerspruch zu leben. Als das Ende nahte, konnte ich spüren, wie sich die Gewichtung verschob. Es war noch nicht vorbei, aber es fehlte nicht mehr viel.

KAPITEL 15

VUELTA A ASTURIAS, 5. ETAPPE

Als ich attackierte, wusste ich nicht einmal, ob noch jemand vor mir lag. Aber während ich weitertrat und vor mir in den eisigen Dunst blickte, stellte ich mit Schrecken fest, dass niemand mehr zwischen mir und der Ziellinie lag. Ich lag an der Spitze. Ich war alleine in Front und fuhr Richtung Sieg. Es war so weit.

Die Vuelta a Asturias von 2011 war ein schweres Rennen. Kleinere und wenig bekannte Rennen waren immer schwer. Weil es keine klaren Favoriten gab, machte sich jeder Hoffnungen auf den Sieg, und diese fünftägige Rundfahrt im Nordwesten von Spanien bildete da keine Ausnahme. Das Rennen war bis dahin brutal und unberechenbar gewesen, und das schlechte Wetter hatte ein Übriges getan.

Nachdem wir am Morgen in Lugones losgefahren waren, hatte sich auf den ersten 170 Kilometern dieser fünften und letzten Etappe ein so hartes Rennen entwickelt, dass das Feld auf die stärksten und tapfersten Fahrer zusammengeschrumpft war, als wir den letzten Anstieg am Alto del Naranco erreichten. Anfang der Woche hatte ich mir eine Lebensmittelvergiftung zugezogen, verursacht durch eine Mahlzeit, die uns in einem abstoßenden Hotel serviert wurde – das Gericht war so dubios, dass wir nicht einmal sicher waren, ob es sich um Fisch oder Truthahn handelte. Aber trotz dieses Malheurs war ich in guter Form. Die Müdigkeit in meinen Knochen war noch da, aber sie hatte ihre Umklammerung ein wenig gelockert. Christan Meier, mein Teamkollege bei United Healthcare, war in der Gesamtwertung gut mit dabei und belegte den achten Platz. Es waren nur noch fünf Kilometer bis zum Ziel der Etappe und somit der Rundfahrt, aber es war noch lange nicht überstanden. Eine Ausreißergruppe hatte sich auf den kurvigen Straßen in Richtung des finalen Anstiegs abgesetzt, und ich wusste, dass mir noch eine Menge Arbeit bevorstand, wollte Christian noch einmal in den Kampf um den Sieg eingreifen ...

Und so fand ich mich mittendrin im Geschehen in diesem kleinen spanischen Rennen, bei dem ich mehr oder weniger durch Zufall für eine amerikanische Mannschaft an den Start ging. Beinahe wäre ich 2011 überhaupt nicht mehr gefahren. Nach einem schwierigen Sommer hatte ich im Herbst 2010 ein paar frustrierende Vertragsverhandlungen erlebt. Nur zwei Jahre zuvor, als ich meinen Vertrag bei Silence-Lotto unterschrieben hatte, war ich von allen Seiten umworben worden, aber wie es aussah, hatte sich die Lage nach meinen 24 Monaten bei der belgischen Mannschaft dramatisch verändert, und jetzt waren Teams, bei denen ich früher hoch im Kurs gestanden hatte, kaum noch zu erreichen und wollten sich auf nichts festlegen.

Obwohl ich meinem Sport zunehmend skeptisch gegenüberstand, waren meine kläglichen und sporadischen Auftritte im Herbst nicht die Art und Weise, wie ich meine Karriere beenden wollte. Ich wollte wenigstens noch ein Jahr dranhängen, um mich zu rehabilitieren und meine Laufbahn nach meinen Vorstellungen zu beenden.

Die Radsportwelt ist so grausam und launisch wie eine Boulevardzeitung. Dann einen Schlussstrich zu ziehen, wenn man sich dazu entschließt, und nicht, wenn man dazu gezwungen wird, ist der einzig würdige Abgang für einen Sportler. Das ist etwas, was sich jeder Fahrer wünscht, aber nur wenigen vergönnt ist. Ich glaubte, meinen Beruf in würdiger Weise ausgeübt zu haben, und ich wollte, dass mein Beruf mir einen würdigen Abschied bereitete.

Zunächst hatte es nicht danach ausgesehen, als wäre es ein großes Problem, einen Vertrag für 2011 zu bekommen: Im Frühjahr 2010 ergab sich ein Interesse von unverhoffter Stelle. Bradley Wiggins hatte sich bezüglich eines möglichen Wechsels zum Team Sky an mich gewandt, dem neuen Rennstall, den British Cycling aufbaute. Ich glaubte an Brad und habe großen Respekt vor ihm und wäre gerne für ihn gefahren, ungeachtet dessen, was in der Vergangenheit zwischen mir und dem Verband vorgefallen war.

Bei der Tour hatte Marc Sergeant meinem Berater Alex noch mitgeteilt, dass Lotto mich für das gleiche Geld behalten wolle und einem weiteren Engagement nichts im Wege stehe. Weil also alles in Butter zu sein schien, machte ich mir keine Gedanken. Selbst für den Fall, dass Sky einen Rückzieher machen sollte – was sie letzten Endes auch taten –, wäre ich bei Lotto gut aufgehoben. Dachte ich zumindest.

Ich hatte meinen frühen Ausstieg bei der Vuelta 2009 vollkommen vergessen, aber das Management von Lotto anscheinend nicht. Im September 2010 erhielt ich eine E-Mail von der Teamleitung, in der die Worte standen, die ich noch nie zuvor hatte lesen müssen: »Wir werden deine Dienste nicht länger benötigen.«

Es folgte Enttäuschung auf Enttäuschung. Teams bekundeten Interesse, nur um im letzten Moment auszusteigen oder mich hinzuhalten. Es zermürbte mich allmählich, und irgendwann musste ich eine Entscheidung treffen. Ich wollte noch ein Jahr dranhängen, und mir lag das Angebot einer amerikanischen Mannschaft vor – United Healthcare. UHC suchte einen erfahrenen *capitaine de route*, der den jungen amerikanischen Fahrern helfen sollte, sich an das Leben in Europa zu gewöhnen. Nachdem ich es in der Vorsaison sehr genossen hatte, Adam Blythe unter meine Fittiche zu nehmen, gefiel mir die Vorstellung, meine Kenntnisse an junge Fahrer zu vermitteln. Nach einer gewissen Bedenkzeit beschloss ich schließlich, es zu machen. Ich verspürte nicht die Genugtuung wie bei meinen beiden vorigen Verträgen, aber mir war klar, dass meine Optionen überschaubar waren. An dem Tag im November, als ich den Vertrag unterschrieb, sah ich Camilla an, nachdem ich beim Essen kaum ein Wort gesprochen hatte, und sagte:

»Letztlich gibt uns das neun Monate Zeit, darüber nachzudenken, was wir in Zukunft machen wollen.«

Das Ende rückte näher, und ich hatte es endlich akzeptiert. Mir stand noch eine Saison bevor, und es würde meine letzte sein. Diese Gewissheit schien einen beruhigenden Effekt auf mich zu haben. Es war, als wäre eine Bürde von mir genommen worden. Die große Show war vorbei, ich war wie eine Band, die für eine letzte Zugabe noch einmal auf die Bühne kommt. Wann immer ich in diesem Winter aufs Rad stieg, war ich wie berauscht von den einfachen Freuden des Trainings. Nach einer längeren Pause wieder in Wettkampfform zu kommen, ist wie ein Wechsel der Jahreszeiten im Körper, und ich liebte dieses Gefühl. Ich spürte die vertrauten Empfindungen der Fitness durch die Fasern meiner Muskeln strömen, während ich mit jedem Tag stärker wurde. Ich genoss es, immer schneller fahren zu können und die Veränderungen in meinem Körper wahrzunehmen. Ich genoss es auch, meine Leistungswerte zu beobachten: die Mathematik meiner Arbeit. Ich wusste, welche Werte ich erreichen müsste, um konkurrenzfähig zu sein, und diese Werte waren es, die meine Motivation aufrechterhielten. Die Zahlen logen nicht, sie setzten mich nicht unter Druck und sie betrogen mich nicht. In ihrer Reinheit machten sie meinen Kopf frei und fegten all die Sorgen und unguten Gefühle hinweg, die das Radsportleben mit sich brachte.

Klarheit ist etwas, das einem als Radsportler nur selten vergönnt ist: Viele Entscheidungen werden durch überbordernden Ehrgeiz getrübt und gehen dann im Nebel der Erschöpfung verloren. Ich verspürte keinen Druck mehr, und obwohl sich UHC als kleine und chaotische Mannschaft erwies, brannte ich darauf, meine neu gewonnene Freiheit im Wettkampf zu entfesseln.

* * *

Als wir uns in Richtung Ziel der letzten Etappe der Vuelta a Asturias arbeiteten, bot sich mir ein Szenario, das mir aus meinen zehn Jahren im Profipeloton wohlbekannt war: eine Bergankunft und eine Lücke zu einer

Spitzengruppe, die es zu überbrücken galt. Ich wusste genau, was ich zu tun hatte. Sobald wir in den Anstieg gingen, juckte es mir in den Beinen. Ich zog das Tempo an, während es immer steiler wurde, und begab mich in die vertraute Zone des Unbehagens. Ich fühlte mich gut, meine Beine arbeiteten hart, aber meine Hände waren entspannt. Ich musste nicht am Lenker reißen und ziehen, wie ich es tat, wenn ich Mühe hatte, das Tempo hochzuhalten. Stattdessen hatte ich das Gefühl, mein Rad mit den Beinen von mir wegzustoßen. Ich erreichte meine Schmerzschwelle und tastete mich in den tiefroten Bereich hinein, im Versuch, irgendwie noch ein bisschen mehr aus mir herauszuholen und noch ein wenig schneller zu fahren. Hinter mir meinte ich das herrliche Geräusch von Fahrern zu vernehmen, die einer nach dem anderen abreißen lassen mussten. Wir kletterten in hohem Tempo. Nach jeder Kehre trat ich so hart ich konnte, mit Christian direkt am Hinterrad. Dreieinhalb Kilometer vor dem Ziel bekamen wir die Zeitabstände: 23 Sekunden bis zur Spitze.

Das Spiel in meinem Kopf begann. Es war ein Spiel, das ich schon viele Male gespielt hatte. Ich musste bis zum Ziel die Lücke schließen. Ganz gleich, wie schnell die Ausreißer auch waren, ich musste schneller sein. Es war ein Spiel, das ich blind zu spielen verstand. Ich redete mir ein, sie wären schneller, als sie tatsächlich waren, und verlangte mir noch mehr ab. Zweieinhalb Kilometer vor dem Ziel kam die nächste Zeitnahme: 19 Sekunden. Ich holte auf, aber nicht schnell genug. Ich musste noch mehr geben. Welches Tempo sie auch vorlegten, ich musste es überbieten.

Etwas mehr als zwei Kilometer vor dem Ziel kamen wir aus den Bäumen heraus, und der Gipfel ragte vor uns auf. Endlich konnte ich meine Beute sehen. Das Spiel würde jetzt einfacher sein, war aber noch nicht vorbei. Ich musste reinhauen und mehr geben. Ich konnte spüren, dass Christian hinter mir am Limit war. Ich schaute mich um und sah ihn an meinem Hinterrad kleben. Nur noch ein anderer Fahrer war bei uns. Mit meinem Tempo hatte ich das Feld gesprengt. Die kalte Luft, die um mich herum immer dünner wurde, gierig einsaugend, erhöhte ich noch einmal die Schlagzahl. Ich musste Christian zurück zu den Führenden bringen, damit er eine Chance auf den Gesamtsieg hätte. Ich musste das Letzte aus mir herausholen.

Ich kämpfte mich Zentimeter um Zentimeter heran wie ein Mann, der sich in Sicherheit schleppt. Auf den nächsten hundert Metern quetschte ich das letzte Quäntchen Energie aus mir heraus. Ich hatte mir meine Kräfte perfekt eingeteilt. Als wir den Teufelslappen erreichten, war es geschafft. Wir stellten den Anschluss her und zum ersten Mal, seitdem der Anstieg begonnen hatte, befand ich mich am Hinterrad eines anderen Fahrers.

Ich war so darauf konzentriert gewesen, diese Gruppe einzuholen, dass es in meinem Kopf plötzlich ganz still wurde, als es geschafft war. Ich hatte meinen Job erledigt. Ich hatte es aus meiner Sicht und der Sicht meines sportlichen Leiters und meiner Teamkollegen, die sich auf mich verließen, geschafft. An diesem Tag gab es kein Scheitern mehr zu fürchten.

Aber ich war noch nicht fertig. Ich ruhte mich eine halbe Pedalumdrehung lang aus und ohne auch nur einen einzigen Gedanken im Kopf übernahm mein Instinkt das Kommando. 800 Meter vor dem Ziel ging ich aus dem Sattel und griff an.

Zwischen mir und der Gruppe schien sich sofort eine Lücke aufzutun. Ich schaute ein Mal über die Schulter zurück, und die Gruppe sah bereits kleiner aus. Ich sah mich ein zweites Mal um, und sie schien verschwunden zu sein. Der Abstand wurde so schnell größer, dass ich mich fragte, ob ich wirklich allein auf weiter Flur war. Vielleicht war noch jemand vor mir, und ich fuhr nur um den zweiten Platz? Aber als ich nach vorne blickte, sah ich, dass sämtliche Motorradkameras auf mich gerichtet waren. Ich war an der Spitze des Rennens. Mich überkam ein Gefühl, das seit so langer Zeit verborgen war, dass ich gedacht hatte, seine bloße Existenz verleugnen zu können. Etwas erschrocken wurde mir klar, dass ich um den Sieg fuhr.

Zwischen mir und der noch jungfräulichen Ziellinie lagen knapp 600 Meter. Ich konnte bereits die Absperrungen sehen, die die letzten Kurven säumten. Ich war so nah dran. Da wurde mir klar, dass ich, mehr als alles andere auf der Welt, ein Profirennen gewinnen wollte.

Die ganze Zeit hatte ich das Gefühl gehabt, mein Herz würde im nächsten Moment meinen Brustkorb sprengen. Jetzt schien es, als hätte es sich in meinem Magen verkrochen. Im Vorbeifahren sah ich die Tafeln, die die Entfernung bis zum Ziel anzeigten: noch 500 Meter. Ich hatte die Absperrungen auf der Zielgeraden erreicht. Ich konnte an nichts anderes mehr denken. Ich mochte Christian Meier und arbeitete gern für ihn, aber das hier gehörte mir. Dies war für mich. Ich musste meinem sportlichen Leiter bei UHC nichts beweisen, ich musste Damiani nichts beweisen oder Amadio oder Stanga oder irgendeinem anderen Teamchef, von dem ich hoffte, dass er mich im nächsten Jahr in seiner Mannschaft haben wollte.

Ich war schon einige Male in der entscheidenden Phase eines Rennens vorne mit dabei gewesen und jedes Mal leer ausgegangen. Bei der Baskenland-Rundfahrt, bei der Tour de Suisse und beim Giro hatte ich in aussichtsreicher Position gelegen, aber immer war einer da gewesen, der ein bisschen besser war als ich. Ich wusste, dass nur ein schlechter Fahrer behaupten würde, um alles betrogen worden zu sein, also hatte ich diese Niederlagen auf die einzige Art geschluckt, die es mir ermöglichte, mit dem ständigen Scheitern klarzukommen: Ich hatte sie weit von mir weggeschoben.

In meiner Rennfahrerpsyche hatte sich eingebrannt, dass das Siegen nicht wichtig sei, dass es einfach nicht meine Rolle sei. Ich war so vernünftig und emotionslos gewesen, dass ich mir selbst vorgemacht hatte, dass es mir scheißegal sei. Ich hatte andere Dinge gefunden, die ich als Erfolge wertete und die ich stattdessen anstrebte, und mir eingeredet, dass ich damit zufrieden sei, Lücken zu schließen oder anderen das Leben schwerzumachen, und dass es reichte, Radprofi zu sein und ich nicht auch noch Rennen gewinnen musste. Ich war wie ein sitzengelassener Liebhaber, der es nicht fertigbrachte, sich neu zu verlieben. 200 Meter vor dem Ziel wurde mir klar, dass alles, was ich mir in meinem Kopf so kaltblütig eingeredet hatte, ausgemachter Blödsinn war. Ich wollte gewinnen. Ich *musste* gewinnen, und ich war bereit, alles dafür zu geben. Inzwischen wand sich mein Körper vor Schmerzen. Ich spürte jeden Pedaltritt. Es gab keinen Teil von mir, der nicht alles daran setzte, mein Rad als Erster über die Linie zu bringen und nur ein einziges Mal, nach elf Jahren, meine Arme in die Luft zu strecken.

Ich war jetzt so nah dran, dass in mir ein Gefühl hochkam, das ich seit mehr als zehn Jahren nicht mehr verspürt hatte. Es war, als hätte jemand meine Jugend abgestaubt und mir zurückgegeben. Ich würde gewinnen. Ich wusste es jetzt, da ich jede Faser meines Körpers in den Pedaltritt legte und jegliche Selbstbeherrschung überwand. Meine Gestalt, die sonst so ruhig und perfekt auf dem Rad saß, krümmte sich nun über dem Lenker, meine Schultern rollten hin und her, und mein Mund stand offen. Mir war egal, wie ich aussah oder wie ich es anstellte. Ich würde gewinnen.

100 Meter vor dem Ziel durchfuhr mich plötzlich das schauderhafte Frösteln, das man verspürt, kurz bevor das Telefon mit schlechten Nachrichten klingelt. Ich spürte die Furcht in mir pochen: die anderen Fahrer. Plötzlich und unbegreiflich waren sie da. Erst hörte ich sie und dann sah ich sie – Constantino Zaballa und Javier Moreno, die beiden früheren Ausreißer, die ich einen Kilometer zuvor eingeholt hatte. Sie rauschten einfach an mir vorbei, ohne mich auch nur anzusehen. Ich konnte es nicht fassen. Sobald sie an mir vorübergezogen waren, nahm ich die Beine hoch. Es war vorbei. Meinetwegen hätte ich jetzt auch 80. werden oder sogar vom Rad steigen können. Es war um alles oder nichts gegangen.

Die beiden machten den Sieg unter sich aus, und ich kam als Dritter mit einem Gefühl ins Ziel, als hätte man mir das Herz aus der Brust gerissen. Ich wusste nicht, wohin ich schauen oder was ich tun sollte. Ich sank auf den Lenker und begann zu weinen. Es war zu viel. Ich hatte mir selbst gegenüber eingestanden, dass es mir nicht mehr genügen würde, der Fahrer zu sein, der eine lange, erfolgreiche Karriere hinter sich hatte, ohne je auch nur ein einziges Rennen gewonnen zu haben. Das war nun für immer dahin. Ich hatte mich Gedanken gegenüber entblößt, die ich lange vor mir verborgen hatte. Ich wollte gewinnen, und es war mir wichtig, und jetzt musste ich mit dem Scheitern fertig werden.

Als mich die Emotionen überwältigten, war es, als wären die Nähte einer Wunde aufgeplatzt und alles würde aus mir herausquellen. Ich dachte, wenn ich nur gewonnen hätte, würde alles einen Sinn ergeben: meine ganze Karriere, abgerundet durch einen Sieg auf dem Gipfel eines berühmten Anstiegs. Es würde den ganzen Dreck rechtfertigen, den ich im Winter erlebt hatte, als die Teams mich wie einen Spielball herumkickten; es würde die elf Jahre bei Rennen rechtfertigen, in denen ich an den Start gegangen war, ohne einen Gedanken an meine eigenen Chancen zu verschwenden; die unzähligen Rennen, in denen ich mir die Seele aus dem Leib gefahren hatte, um im entscheidenden Moment da zu sein, nur um dann festzustellen, dass mein Kapitän mich gar nicht brauchte; die Tage fernab von meiner Frau, die Tage fernab von meiner Familie und das Leben, das ich als Radprofi führen musste. Es hätte eine lange Karriere der Knechtschaft gerechtfertigt, denn es wäre mein Sieg gewesen, mein persönlicher Triumph. Es wäre die eine Aufnahme gewesen, die ich mir hätte einrahmen können: ich, der als Sieger über die Linie fuhr; das Gegengeschenk des Radsports an mich. Aber es sollte nicht sein. In dem Moment, als ich in meine Hände schluchzte und die Tränen sich mit dem Schweiß und dem Dreck der schmutzigen Straßen mischten, der mein Gesicht bedeckte, erkannte ich die Wahrheit über den Profiradsport: Er ist kein verfluchtes Märchen.

DANKSAGUNG

Für die Hilfe, die er in seiner Karriere erfahren hat, und die Unterstützung bei diesem Buch bedankt sich Charly Wegelius herzlich bei den folgenden Personen:

Camilla und Emil
Meine Mutter und ihr armer weinroter 1-Liter-Fiesta
Aldo Sassi
Das Team von Mapei Sport
Die Familie Zanini
Mike und Pat Taylor
Ken Matheson
John Herety
Tim Buckle und George Ellis
Alle Mechaniker und Soigneurs, die sich jemals um mich gekümmert haben
Jonathan Vaughters und Slipstream Sports
David Luxton
Die verfluchten Anwälte

Für ihre Unterstützung beim Verfassen dieses Buchs möchte Tom Southam diesen Menschen danken:

Georgie
Dad
Mum
Basia Lewandowska Cummings
Allen aus der Radsportwelt, die mit ihren Erinnerungen und Erzählungen dazu beigetragen haben, dass dieses Buch zustande kam
Allen aus der schreibenden Zunft, die mich von Anfang an bestärkt haben
Kilgore Trout
Jane Wegelius
Camilla
Und vor allem Charly – danke für dein Vertrauen und deine Geduld … ach ja, und sorry, dass ich dein Waschbecken kaputt gemacht und deinen Wagen zu Schrott gefahren habe …